普通高等教育实践教学系列规划教材

高等学校毕业设计（论文）指导教程
——艺术设计类专业

主　编　王树彬　薛春艳

副主编　刘　洋　魏秋菊　张　漪　赵宇赤

中国水利水电出版社
www.waterpub.com.cn

内 容 提 要

本书系统地介绍艺术设计类毕业设计的相关内容，主要包括三部分：艺术设计类专业毕业设计指南、艺术设计类专业毕业设计流程和艺术设计类专业各方向毕业设计实例及选题。“艺术设计类专业毕业设计指南”部分包括艺术设计类专业毕业设计的选题、调研和文献检索、主体内容设计、论文撰写和答辩准备。“艺术设计类专业各方向毕业设计实例及选题”部分包括环境艺术设计方向毕业设计实例及选题、服装设计方向毕业设计实例及选题、平面设计方向毕业设计实例及选题和工业产品设计方向毕业设计实例及选题。

本书内容针对高等院校艺术设计类专业学生毕业设计的实际需求编写，具有较强的专业性、指导性和应用性，对高等院校艺术设计类专业进行毕业设计和撰写毕业论文的学生具有很强的指导和引领作用；对从事艺术设计专业相关工作的人员也具有很高的参考价值。

图书在版编目（CIP）数据

高等学校毕业设计（论文）指导教程. 艺术设计类专业 / 王树彬，薛春艳主编. -- 北京 : 中国水利水电出版社，2015.5
普通高等教育实践教学系列规划教材
ISBN 978-7-5170-3113-0

Ⅰ. ①高… Ⅱ. ①王… ②薛… Ⅲ. ①艺术－设计－毕业实践－高等学校－教学参考资料 Ⅳ. ①G642.477

中国版本图书馆CIP数据核字(2015)第083221号

策划编辑：石永峰　责任编辑：张玉玲　加工编辑：孙　丹　封面设计：李　佳

书　名	普通高等教育实践教学系列规划教材 高等学校毕业设计（论文）指导教程——艺术设计类专业
作　者	主　编　王树彬　薛春艳 副主编　刘　洋　魏秋菊　张　漪　赵宇赤
出版发行	中国水利水电出版社 （北京市海淀区玉渊潭南路 1 号 D 座　100038） 网址：www.waterpub.com.cn E-mail：mchannel@263.net（万水） sales@waterpub.com.cn 电话：（010）68367658（发行部）、82562819（万水）
经　售	北京科水图书销售中心（零售） 电话：（010）88383994、63202643、68545874 全国各地新华书店和相关出版物销售网点
排　版	北京万水电子信息有限公司
印　刷	三河市铭浩彩色印装有限公司
规　格	184mm×260mm　16 开本　17 印张　417 千字
版　次	2015 年 5 月第 1 版　2015 年 5 月第 1 次印刷
印　数	0001—3000 册
定　价	36.00 元

前 言

本书由艺术设计类专业一线教师编写，作者希望把多年指导艺术设计类专业学生毕业设计的教学经验和教学实践成果融入教程中，为艺术设计类专业学生的毕业设计提供一本高质量的指导教程。

在内容布局上，本着理论与实践并重的原则，首先从总体上介绍与艺术设计类专业毕业设计的相关内容和组织管理，然后详细介绍艺术设计类专业毕业设计的整体流程，最后从环境艺术设计方向、服装设计方向、平面设计方向和工业产品设计方向分析实例并进行选题列举，达到实战示范的效果。

本书选材注意把握艺术设计类相关专业学生的知识背景与接受能力，以内容的新颖性、实例的应用性以及教程布局的系统性调动学生的阅读兴趣，帮助学生更好地完成毕业设计任务。

毕业设计及论文撰写是大学教育阶段的最后教学环节，是每个受高等教育的学生在毕业前必须完成的一门重要的实践必修课程。各类教育院校都要求学生在指导教师的监督引导下，顺利完成毕业设计（论文），成绩合格是学生毕业和获得学位的必要条件。

围绕艺术设计类专业毕业设计（论文）的特点，本书内容安排如下：

第一部分　艺术设计类专业毕业设计指南

1．艺术设计类专业毕业设计概述

介绍了艺术设计类专业毕业设计的指导思想、目的和原则，艺术设计类专业毕业设计和论文撰写所涉及的主要领域和内容。

2．艺术设计类专业毕业设计管理

介绍了毕业设计的目标要求、组织管理、工作要求、选题管理、毕业设计答辩管理、毕业设计归档和诚信原则。

第二部分　艺术设计类专业毕业设计流程

1．艺术设计类专业毕业设计的选题

介绍了选题的原则、选题的流程、选题的策略和撰写开题报告。

2．艺术设计类专业毕业设计的调研和文献检索

介绍了毕业设计的调研工作、毕业设计的文献检索理论、文献检索实例和文献综述实例。

3．艺术设计类专业毕业设计的主体内容设计

介绍了艺术设计类专业毕业设计的主体内容，包括分析国内外研究现状和发展动态、认清关键问题和难点、毕业设计的进度规划、毕业设计的具体实施过程等。

4．艺术设计类专业毕业设计的论文撰写

介绍了艺术设计类专业毕业设计论文的撰写方法，论文的格式要求、内容规范、名词术语约束等内容。

5．艺术设计类专业毕业设计的答辩准备

介绍了答辩的演示文稿设计、答辩的表现和答辩的问题准备。

第三部分　艺术设计类专业各方向毕业设计实例及选题

1．环境艺术设计方向毕业设计实例及选题

概述了环境艺术设计方向，介绍了环境艺术设计方向毕业设计实例分析和室内与景观方面的各类选题。

2．服装设计方向毕业设计实例及选题

概述了服装设计方向，介绍了服装设计方向毕业设计实例分析和服装设计方面的各类选题。

3．平面设计方向毕业设计实例及选题

概述了环境艺术设计方向，介绍了平面设计方向毕业设计实例分析和平面广告、公司标志、包装、书籍装帧等各类选题。

4．工业产品设计方向毕业设计实例及选题

概述了工业产品设计方向，介绍了工业产品设计方向毕业设计实例分析和工业产品设计方面的各类选题。

本书分三大部分，共10章。全面系统地阐述了艺术设计类专业毕业设计的相关内容和文档、执行流程、论文撰写、实例应用。对艺术设计类专业各方向进行了实例设计展示和相关选题列举。

全书由王树彬统稿，王树彬、薛春艳任主编，刘洋、魏秋菊、张漪、赵宇赤任副主编。另外，张宇、李知非、刘博洋、王凤、李友文、惠天华也参与了部分编写工作。

由于时间和水平有限，书中难免出现一些疏漏，请读者批评指教。

编　者

2015年2月

目　　录

第三部分 艺术设计类专业各方向毕业设计实例及选题

第一部分　艺术设计类专业毕业设计指南

本部分概要

- 艺术设计类专业毕业设计的指导思想、目的和原则；
- 艺术设计类专业毕业设计和论文撰写所涉及的主要领域和内容；
- 艺术设计类专业毕业设计的总体规范；
- 艺术设计类专业毕业设计的监督考核工作和组织管理工作。

本部分导言

毕业设计及论文撰写是大学教育阶段的最后教学环节，是每个受高等教育的学生在毕业前必须完成的一门重要的实践必修课程。各类教育院校都要求学生在指导教师的监督引导下，顺利完成毕业设计（论文），成绩合格是学生毕业和获得学位的必要条件。

围绕艺术设计类专业毕业设计（论文）的特点，本部分概括了艺术设计类专业毕业设计的相关内容，描述了艺术设计类专业毕业设计的管理工作。

第 1 章　艺术设计类专业毕业设计概述

本章概要

- 艺术设计类专业毕业设计的指导思想、目的和原则。
- 艺术设计类专业毕业设计和论文撰写所涉及的主要领域和内容。

1.1　艺术设计类专业毕业设计的指导思想

艺术设计类专业的毕业设计是指各类艺术设计类专业的毕业生在所在专业教师的指导下，运用已掌握的专业基础知识与设计表现技能，结合社会需要，以实际性课题或有针对性的虚拟性课题，进行一次全面系统的综合性实践教学活动，是学生对四年学习成果的一次总体汇报，亦是学校对学生综合专业技能的一次全面考核。

1.1.1　艺术设计类专业的毕业生应具备的能力

1. 环境艺术设计方向

环境艺术设计专业属实践性特别强的专业，其毕业生应具备对室内外空间环境设计和景观环境设计的能力。

2. 服装设计方向

掌握服装设计的相关能力，具备服装动手制作能力，有创新意识和团队合作精神。

3. 工业产品设计方向

工业产品设计专业的综合技能很强，学生应掌握设计方法与理论，以及有关技术、材料、设备、法规等知识的综合运用能力。

4. 平面设计方向

掌握相关视觉传达设计原理，运用 Photoshop、3D、Flash、DreamWeaver 等软件和创新理念制作视觉传达作品。

1.1.2　艺术设计类专业毕业设计（论文）指导思想

基于艺术设计类专业特点和艺术设计专业毕业生的专业能力要求，结合国家教育部办公厅关于加强普通高等学校毕业设计（论文）工作的通知，列出艺术设计专业毕业设计（论文）指导思想如下：

1. 重视艺术设计专业毕业设计（论文）的教学工作。艺术设计专业毕业设计（论文）是艺术设计专业教学的重要实训环节，是培养大学生的创新能力、实践能力和创业精神的重要实践环节，对学生掌握艺术设计专业知识、提高综合实践能力与素质等方面具有不可替代的作用。

2．严格把关学生完成毕业设计（论文）的质量情况，制定等级评判条例。毕业设计（论文）的质量和等级是衡量教学水平、学生毕业与学位资格认证的重要依据，学院应该在学生进行毕业设计的过程中严格要求，结合艺术设计专业特点，制定详细的成绩评判标准。

3．依据艺术设计专业毕业设计和论文撰写的特点，强化各个设计环节，包括：选题、调研、文献查阅、需求分析、概要设计、详细设计、具体实现和系统调试，以及论文的撰写和答辩等。对于各个设计环节，学院都要制定明确的规范和标准约束学生的设计流程。所有的设计环节都要以实践为基础分析问题、解决问题。

4．艺术设计专业强调学业与职业和岗位的“零距离对接”，毕业设计（论文）要更侧重于实践性、工程性和技能性。建立和完善校内外实习基地，改善实习、实验及设计条件，为学生毕业设计创造良好的环境和实践平台。

5．针对艺术设计专业实践性强、应用性强的特点，提倡建立校内外指导教师相结合、以校内教师为主体的指导教师队伍，提高指导教师队伍的质量，加强在各类实践活动中对学生综合能力的训练。

6．倡导科学、求实、勇于创新、团结协作的优良学风，纠正艺术设计专业毕业设计（论文）脱离实际的问题，严肃处理弄虚作假、抄袭等不良行为。

7．专业毕业设计一般安排在大学毕业前的最后一个学期，在毕业实习的基础上，进行毕业设计和论文撰写。

1.2　艺术设计类专业毕业设计的目的和原则

1.2.1　艺术设计类毕业设计的目的

毕业作品的设计、论文的撰写和最后的答辩考核是艺术设计类专业学生毕业的标志性作业。主要目的如下。

1．考查学生的综合专业水平和应用能力

艺术设计类专业学生在大学教育阶段要进行公共课、选修课、基础课、专业基础课和专业课的学习和考核，这些课程都是单科考试，着重于对各项单门知识的理解和掌握的考查。这些独立的课程作为艺术设计知识体系的组成部分，相互关联、相互作用。毕业设计（论文）就是要把这些课程联系起来，考核学生对艺术设计类专业知识的综合掌握程度。

在毕业设计过程中，除了考核学生的综合专业水平，还检查了学生的应用能力。毕业设计（论文）需要分析问题、应用专业知识来解决问题。这就要求学生有较强的实际应用能力，利用专业知识和其他背景知识设计毕业作品。优秀的毕业设计（论文）可以为大学阶段的学习画上一个圆满的句号。

2．提高学生的实践创新能力

艺术设计类专业学生一般要通过毕业实习进行相关毕业设计。在实习过程中，学生遇到新问题、新现象，要具备分析能力、开发能力和设计能力。从背景资料的整理、可行性分析、方案的设计到最后的实施过程，都是在锻炼学生的实践能力，提高学生新问题的解决能力和创新能力。

3. 提高学生的项目开发能力

艺术设计类专业学生在学好本专业各门课程的基础上，需要多参加项目实战，为将来的就业打好基础。毕业设计阶段，学生有充足的时间（通常是一个学期），可以进行大型项目的设计工作。另外，学校和教师的监督指导也利于学生更好地完成项目开发任务，提高他们的项目开发能力。

4. 培养学生的职业技术能力

在艺术设计类的专业领域，一个作品的实现通常都要通过一个团队来完成，个人的力量不足以支撑整个项目的开发与设计。学生通过团队能够培养职业责任感、沟通能力和协作精神。另外，学生通过项目设计还能培养科学、严谨、务实的职业作风，为将来的职业生涯打下良好的基础。

5. 提高学生的论文写作能力

毕业作品设计过程中，要形成一系列文字描述材料：实习报告、开题报告、中期报告以及最后的毕业论文。

在写作过程中，学生锻炼了文字表述能力和专业技术的展现能力。学生通过论文叙述项目的设计过程、专业技术的运用情况和开发过程中的实战经验。学生要按照专业论文的格式规范、文字表述形式进行撰写。这些都有利于学生今后进行学术论文的写作和发表。

协助定位学生的就业方向和未来发展方向

学生进行作品设计和论文撰写的同时，也对所学专业的某个领域进行了细致、深入研究，他们为此搜集大量资料，不断探索创新，力求完善自己的设计。学生对本专业领域有了全面的了解，对今后的就业方向和发展方向有很好的引导性作用。

1.2.2 艺术设计类专业毕业设计的原则

1. 专业性原则

艺术设计类专业毕业设计（论文）的选题和内容要在本专业范围内，要基于艺术设计科学的基本理论和专业知识，选择对本领域有理论意义和实践意义的题目。

学生根据大学阶段的专业学习情况，可以选择自己擅长和感兴趣的方向进行毕业设计，但是不能偏离艺术设计类的学科范围，要切合艺术设计类专业实际特点发现问题、分析问题和解决问题。

2. 原创性原则

艺术设计类专业领域的各种设计，都需要学生自己动手完成整个设计过程，最终成果都应该是原创的作品。学校和指导教师应该要求学生把项目的建立过程、调查方法的选择、设计制作的步骤等都详细地描述出来，既可以检验学生设计作品的完成情况，也可以避免学生的抄袭之风。

3. 创新性原则

艺术设计类专业是一个宽口径专业，涉及领域广，设计方法和途径多种多样。毕业设计（论文）不能照搬前人的某些系统模块和项目方案，要针对新问题、运用新思路、解决新问题。艺术设计类专业学生要有创新意识，并在毕业设计中体现出创新性。

4. 发展性原则

艺术设计类专业领域发展日新月异，是更新换代速度极快的行业。为了给将来的就业打下良好基础，学生要紧跟设计更新的速度，这样才能适应就业市场的用人要求。毕业设计（论文）的题材和内容要具有发展性特质，设计过程中尽量选取当前流行并通用的设计元素。毕业设计作品应该具有可升级性、可持续开发性。

5. 规范性原则

毕业设计（论文）的规范性包括设计逻辑严谨、科学，论文写作符合文体规范和学术规范等。

毕业设计要有严密的逻辑思维，依据专业理论对项目进行科学的推导、论证并进行开发。通用的逻辑方法是：发现问题、分析问题和解决问题。

论文要符合毕业论文的文体、文风，注意论文的整体布局和结构层次。语言表述要准确、清晰、简明。论文格式要符合学校的毕业设计论文格式要求。

1.3　艺术设计类专业毕业设计（论文）的类别和文档内容

1.3.1　艺术设计类专业毕业论文的方向和类型

艺术设计类专业涵盖范围广、类别多样，各个学校的艺术设计专业都有自己的特色和侧重点。这里对常见的艺术设计专业毕业设计方向进行归纳，可划分为环境艺术设计方向、服装设计方向、平面设计方向、工业产品产品设计方向。

艺术设计类专业毕业论文的类型一般包括理论研究型和创新设计型。

（1）理论研究型：主要是指针对艺术设计类专业某些理论问题进行深入分析、发表自己观点的论文。对多项领域都有很多亟待解决的问题需要专业人员探讨和研究。当然，理论研究型选题对于学生来说难度较大、学术性较强。选择此类题目的学生一般是在前人研究的基础上，进行新思路探索和技术改进。

（2）开发设计型：主要是指学生首先具体动手进行各类产品开发、设计、平面图形创意设计等，然后用论文表述出开发文档，并对设计作品进行详解和总结。这类设计（论文）能够运用所学专业知识解决实际问题，锻炼了实践动手能力，是许多艺术设计类专业学生愿意选择的。

1.3.2　艺术设计类专业毕业设计（论文）的文档

艺术设计类专业毕业设计（论文）的文档内容包括：毕业设计任务书、文献综述、开题报告、中期报告、论文正文等。每种文档都有自己的内容规范和格式规范，这些规范由学校统一制定。

1. 毕业设计任务书样式

毕业设计任务书样式如表 1-1 所示。

表 1-1　××××大学毕业设计（论文）任务书

姓　名		学　号		系　别	
专　业		年级班级		指导教师	
论文题目					
任务和目标					
基本要求					
研究所需条件					
任务进度安排	序号	主要任务		起止时间	
	1				
	2				
	3				
	4				
	5				
	6				
	7				
指导教师签字			日期	年　月　日	
系部领导签章			日期	年　月　日	

2. 文献综述样式

文献综述样式如表 1-2 所示。

表 1-2　××××大学毕业设计（论文）文献综述

姓　名		学号		系别	
专　业		年级班级		指导教师	
论文题目					
查阅的主要文献					
文献综述					
备注					
指导教师意见：				指导教师签字： 年　月　日	

3. 毕业设计开题报告样式

毕业设计开题报告样式如表 1-3 所示。

表 1-3　××××大学毕业设计（论文）开题报告

<table>
<tr><td>姓　　名</td><td></td><td>学　　号</td><td></td><td>系　　别</td><td></td></tr>
<tr><td>专　　业</td><td></td><td>年级班级</td><td></td><td>指导教师</td><td></td></tr>
<tr><td>论文题目</td><td colspan="5"></td></tr>
<tr><td>选题依据与意义</td><td colspan="5"></td></tr>
<tr><td>研究内容</td><td colspan="5"></td></tr>
<tr><td>方案</td><td colspan="5"></td></tr>
<tr><td>写作进度安排</td><td colspan="5"></td></tr>
<tr><td>指导教师意见</td><td colspan="5">指导教师签字：
年　　月　　日</td></tr>
<tr><td>学术委员会意见</td><td colspan="5">主任签章：
年　　月　　日</td></tr>
</table>

4. 毕业设计中期检查报告样式

毕业设计中期检查报告样式如表 1-4 所示。

表 1-4　××××大学毕业论文中期检查报告

姓名		学号		指导老师	
论文题目					
论文中期完成情况					
完成情况评价	1．按计划完成，完成情况优（　） 2．按计划完成，完成情况良（　） 3．基本按计划完成，完成情况合格（　） 4．完成情况不合格（　） 补充说明： 指导教师签名： 年　月　日				

5. 毕业论文封皮样式

毕业论文封皮示样图如图 1-1 所示。

××××**大学**（居中，小 1 号）

毕　业　论　文（设 计）（居中，小 1 号）

题　　目：＿＿＿＿＿＿＿＿＿＿＿＿＿＿（3 号）

系　　部：＿＿＿＿＿＿＿＿＿＿＿＿＿＿（3 号）

专　　业：＿＿＿＿＿＿＿＿＿＿＿＿＿＿（3 号）

班　　级：＿＿＿＿＿＿＿＿＿＿＿＿＿＿（3 号）

学　　号：＿＿＿＿＿＿＿＿＿＿＿＿＿＿（3 号）

学生姓名：＿＿＿＿＿＿＿＿＿＿＿＿＿＿（3 号）

指导教师：＿＿＿＿＿＿＿＿＿＿＿＿＿＿（3 号）

完成日期：××××年 XX 月 XX 日＿＿＿＿＿＿（3 号）

图 1-1　毕业论文封皮示样图

6. 毕业设计论文的排版格式

毕业设计论文的排版格式要求如下：

（1）文字

行文按文章结构段落自然排列，每段起行空两格，自然折返顶格，用“小四号宋体”。强调部分可加粗或加下划线、着重点，但全文要保持统一风格。

论文中汉字必须使用国家公布的规范字，所有文字字面清晰，不得涂改。

（2）正文主体格式

中文论文撰写通行的题序层次格式如表 1-5 所示。

表 1-5　中文论文题序层次格式

第一种	第二种	第三种	第四种
一、	1	第一章	第一章
（一）	1.1	一、	第一节
1.	1.1.1	（一）	一、
（1）		1.	（一）

格式是保证文章结构清晰、纲目分明的编辑手段，撰写毕业论文可任选其中的一种格式，但采用的格式必须符合上表规定，并前后统一，不得混合使用。格式除题序层次外，还应包括

分段、行距、字体和字号等。

（3）主要表示方法

计量单位，一律采用国家标准 GB3100－GB3102-93。非物理量的单位可采用汉字与其他符号构成组合形式的单位。

标点符号，应采用国家新闻出版署公布的中华人民共和国国家标准《标点符号用法》（1995年12月13日发布，1996年6月1日实施）。

科学技术名词，应采用全国自然科学技术名词审定委员会公布的规范词或国家标准、部标准中规定的名称，尚未统一规定或有争议的名称可采用习惯用法。

数字使用，除部分结构层次序数、词组、惯用语、缩略语、具有修辞色彩语句中作为词素的数字必须使用汉字外，应使用阿拉伯数字。论文数字表示方法应前后一致。

（4）表格

正文中所有表格须列明标题，并通篇统一编制序号，如全文篇幅较长，可按章编制。正文中与相关表格对应文字处须在括弧中注明“见表 n”字样，表序及表名置于表的上方。表内必须按规定的符号注明单位。

（5）表格内数字须上下对齐，相邻栏内的数字相同时，不能用“同上”、“同左”和其他类似用词，应一一重新标注。

（6）表序和表题置于表格上方中间位置，无表题的表序置于表格的左上方或右上方（同一篇论文位置应一致）。

7. 注释和引证

（1）正文注释采用脚注。注释序号用阿拉伯数字加圆圈标注，行文标注为上标，注释序号保持正常位置，字体的大小由 Word 软件自然生成。注释序号本页连续，全文连续。

（2）中文独立文献注释格式

首次引用，注明著者姓名、文献名、卷册序号、出版地、出版单位、出版时间、页码；

再次引用同一文献来源的资料时，只需注出作者姓名、著作名和资料所在页码，如在同一页且紧接同一资料来源的上一注释，可以用“同上”代替作者姓名、著作名，仅标明页码；

转引，按上述要求标注原始资料出处，用句号结束。用“转引自”表明转引，标明载有转引文献的资料出处。

注释行文中，作者与文献名间用冒号，多个作者间用逗号分开。

（3）期刊杂志注释格式

应注明作者姓名、期刊名、刊号、页码，如刊号不表示时间，应注明发表时间。

（4）中文析出文献注释格式

引证标注内容及顺序为：作者，析出文献名，文集编者，文集题名，卷册，出版者与出版时间，版本，页码。

（5）外文文献注释格式

首次引用需注明资料所在文献的作者姓名、文献名、出版地、出版时间及资料所在页码；

再次引用同一文献来源的英文资料时，如注释相邻，可以用 Ibid 代替作者姓名、著作名，如果注释有间隔，可以只注出作者姓、著作简短题目和资料所在页码。

（6）网络文献注释格式

原则上应注出作者、题目、网址和文献所在网页、发布日期或阅读日期；电子数据库应注明资料所在网址和查询时间。

（7）其他来源文献注释可根据具体情况，参照有关学术刊物标注，或根据指导教师的意见确定注释方式。

（8）篇幅较长且相对独立的有助于读者完整深入地理解正文内容或了解正文中不得不省略的解释、论证过程，供读者参阅的相关文献，如样本、问卷、图表、范例等可以作为附录置于论文之后。

8. 参考文献

参考文献一律放在文后，参考文献的格式按国家标准 GB7714－87 规定编写。参考文献按文中出现的先后，统一用阿拉伯数字进行自然编号，一般序码宜用方括号[ ]标明，顺序为：作者名称，文章题目，期刊名称，年、卷、期、页码。具体各类参考文献的编排格式如下：

（1）文献是期刊时，书写格式为：

[序号] 作者．文章题目[J]．期刊名，出版年份，卷号（期数）：起止页码。

（2）文献是图书时，书写格式为：

[序号] 作者．书名[M]．版次．出版地：出版单位，出版年份：起止页码。

（3）文献是会议论文集时，书写格式为：

[序号] 作者．文章题目[A]．主编．论文集名[C]，出版地：出版单位，出版年份：起止页码。

（4）文献是学位论文时，书写格式为：

[序号] 作者．论文题目[D]．保存地：保存单位，年份。

（5）文献是来自报告时，书写格式为：

[序号] 报告者．报告题目[R]．报告地：报告会主办单位，报告年份。

（6）文献是来自专利时，书写格式为：

[序号] 专利所有者．专利名称：专利国别，专利号[P]．发布日期。

（7）文献是来自国际、国家标准时，书写格式为：

[序号] 标准代号．标准名称[S]．出版地：出版单位，出版年份。

（8）文献来自报纸文章时，书写格式为：

[序号] 作者．文章题目[N]．报纸名，出版日期（版次）。

（9）文献来自电子文献时，书写格式为：

[序号] 作者．文献题目[电子文献及载体类型标识]．电子文献的可获取地址，发表或更新日期/引用日期（可以只选择一项）。

示样图如图 1-2 所示。

[1] 李巍．平面广告新思维[M]．重庆：重庆出版社．2001．

[2] Huang S C, Huang Y M, Shieh S M．Vibration and stability of a rotating shaft containing a transerse crack[J], J Sound and Vibration, 1993, 162（3）: 387－401．

[3] 廖伦建．应用写作美学．北京：中国文史出版社．2013.9．

图 1-2　文献格式示样图

电子参考文献建议标识：

[DB/OL]——联机网上数据库（database online）。

[DB/MT]——磁带数据库（database on magnetic tape）。

[M/CD]——光盘图书（monograph on CD-ROM）。

[CP/DK]——磁盘软件（computer program on disk）。

[J/OL]——网上期刊（serial online）。

[EB/OL]——网上电子公告（electronic bulletin board online）。

9. 文献综述

文献综述包括题目、前言、正文、总结等几个部分。

（1）题目：一般应直接采用《文献综述》作为标题，经指导教师批准也可以所研究题目或主要论题加“文献综述”的方式作为标题。

（2）前言：点明毕业设计（论文）的论题、学术意义及其与所阅读文献的关系，简要说明文献收集的目的、重点、时空范围、文献种类、核心刊物等方面的内容。

（3）正文：无固定格式，文献综述在逻辑上要合理，可以按文献与毕业设计（论文）主题的关系由远而近进行综述，也可以按年代顺序或不同的问题进行综述，还可按不同的观点进行比较综述。总之，要根据毕业设计（论文）的具体情况撰写，对毕业设计（论文）所采用的全部参考文献分类、归纳、分析、比较、评述，应特别注意对主流、权威文献学术成果的引用和评述，注意发现已有成果的不足。

（4）总结：对全文的评述做出简明扼要的总结，重点说明对毕业设计（论文）具有启示、借鉴或作为毕业设计（论文）重要论述依据的相关文献已有成果的学术意义、应用价值和不足，提出自己的研究目标。

第 2 章　艺术设计类专业毕业设计的管理

本章概要

- 毕业设计是对毕业生综合素质教育和创新能力培养的重要途径，是检验学校教学水平和学生学习质量的重要手段，在培养学生综合运用本学科基础理论、基本知识、专业技能以及提高分析解决问题能力和创新能力具有重要的作用。毕业设计的质量是检验教学质量、衡量教学水平和认证学生毕业资格的重要依据。
- 加强毕业设计的管理工作，可以监督教学管理人员和指导教师的工作，规范学生在毕业设计中的相关操作。毕业设计的有效管理对提高毕业设计的质量和水平具有十分重要的意义。

2.1　毕业设计的目标要求

毕业设计要培养学生严肃认真的科学态度和求实的工作作风，形成正确的世界观，掌握科学的方法论。毕业设计要培养学生综合运用所学基础理论、专门知识、基本技能以发现、分析、解决与本专业相关的实际问题，以及从事科学研究工作或担负专门技术工作的初步能力。毕业设计要训练与提高学生查阅文献资料，运用各种工具书搜集、整理、分析与综合各类材料的能力；阅读、翻译本专业外文资料的能力；培养学生良好的协作精神，提高学生勇于探索的创新能力。

在毕业设计教学环节中，教学管理人员和指导教师应注重以下几方面的能力培养工作，同时根据本专业培养目标与要求以及课题的实际情况有所侧重：

（1）调查研究、中外文献检索与阅读等快速学习的能力。

（2）综合运用专业理论与知识去发现问题、分析问题、解决问题的能力。

（3）专业技术应用能力和应用创新能力。

（4）设计绘画能力。

（5）逻辑思维与形象思维相结合的能力。

（6）借助计算机等智能工具对艺术设计的二次开发能力。

（7）撰写毕业设计说明书或毕业论文的文字及书面表达能力。

2.2　组织管理

全校的毕业设计工作应由校领导统一领导，由教务处、学院、系、指导教师分级落实完成。

2.2.1 教务处职责

教务处作为学校教学主管部门，负责全校毕业设计的宏观组织管理工作。其主要职责包括：

1．制定全校毕业设计工作的有关政策、制度和规定。

2．负责年度毕业设计经费的分配与管理。

3．负责组织全校毕业设计工作的抽查、检查、评估和总结，汇总全校毕业设计题目类型、成绩等有关信息，对学院毕业设计工作进行考核、评价。

4．加强与各学院间的联系，协调、解决学院在毕业设计工作过程中出现的问题。

5．组织校级优秀毕业设计和优秀指导教师的评选工作，编印《××××大学优秀毕业设计摘要选编》。

6．组织毕业设计管理工作的教学研究和改革。

2.2.2 学院职责

学院负责本院学生毕业设计工作的全过程管理。各学院成立由教学院长、系主任、教学秘书和部分指导教师组成的毕业设计工作领导小组。其主要职责是：

1．贯彻落实学校有关毕业设计工作的管理规定和安排，根据本院各专业特点，明确和细化毕业设计的教学基本要求，拟定本院毕业设计工作实施细则、计划和措施。

2．向各系布置毕业设计工作任务，对学生进行毕业设计动员。

3．组织审定毕业设计选题，为学生选配合适的指导教师，下达任务书，填报题目落实情况统计表，报教务处备案。

4．定期检查各系毕业设计工作的进度和质量。抓好题目审查、实习检查、开题、中期检查、答辩检查等各个环节。

5．负责对本院毕业设计工作及教学过程的各个环节进行质量检查和评价。

6．成立学院答辩委员会和各专业答辩小组，组织全院答辩工作，审查答辩小组对毕业设计的成绩评定。

7．进行本院毕业设计工作总结，填写有关统计数据和表格。

8．负责评选、推荐校级优秀毕业设计和优秀指导教师。

9．做好毕业设计文件的归档工作。

2.2.3 各系职责

各系负责本单位学生毕业设计工作的具体组织和实施，成立由系主任为组长的毕业设计工作指导小组。其主要职责是：

1．贯彻执行校、院两级对毕业设计管理的规定。

2．根据教师的条件，确认指导教师名单并报学院审核。

3．根据选题原则组织毕业设计选题并报学院审核。

4．填报《××××大学毕业设计计划题目统计表》和《××××大学毕业设计题目落实情况统计表》，并报学院。

5．召开指导教师会议，就指导要求、日程安排、评阅标准等，统一认识和要求。

6．组织指导教师填写及向学生下达毕业设计任务书。

7．检查毕业设计的进度和质量，考核指导教师的工作，组织对学生的日常管理。

8．组成毕业设计答辩小组，组织毕业设计评阅、答辩和成绩评定。

9．进行本系毕业设计工作总结。

10．将毕业设计材料汇总并交学院存档。

2.2.4　指导教师职责

毕业设计实行指导教师负责制。毕业设计的指导教师，必须由具有讲师（或相当于讲师）以上职称或具有硕士、博士学位，并经学院领导批准的教师、科研人员、工程技术人员担任。每个指导教师应对整个毕业设计阶段的教学活动全面负责。其主要职责如下：

1．提出毕业设计课题。

2．根据课题的性质和要求，填写《××××大学生毕业设计任务书》，经系和学院签署意见后下发给学生，并定期检查学生的工作进度。

3．向学生介绍进行毕业设计的工作方法和研究方法，为学生介绍、提供有关参考书目或文献资料，审查学生拟定的设计方案或写作提纲。

4．负责指导学生进行调查研究、文献查阅、方案制定、开题报告、实验研究、图纸绘制、论文撰写、毕业答辩等各项工作。

5．按时完成对学生的毕业设计初稿的审阅，提出具体的修改意见并督促学生进行修改。

6．必须在学生答辩前审查完毕业设计正式稿（包括设计说明书、计算资料、实验报告、或论文等），实事求是地向答辩委员会写出对学生工作态度、能力、毕业设计水平、应用价值等评语、意见和建议，并认真填写毕业设计成绩评分表。

具体评阅内容如下：

（1）课题与任务评价：岗位贴近度、专业贴近度、训练实效性；

（2）质量与水平评价：科学性与创新性、规范性、实用性；

（3）工作量评价：工作量大小、独立完成性；

（4）态度评价：钻研与勤奋、团队合作精神、学导合作；

（5）写作质量评价：文字表述及图表质量等；

（6）指导学生做好毕业设计答辩工作。

（7）在整个毕业设计过程中，应保证对学生指导答疑的周学时数，定期对学生进行答疑。

2.2.5　学生的职责

1．学生在毕业设计开始前两周向指导教师索取《毕业设计任务书》和《××××毕业设计（论文）指导记录》。

2．根据毕业设计任务书的要求，学生应向指导教师提呈调研提纲，拟定毕业设计工作计划，并在毕业设计工作开始两周内写出开题报告，主要内容包括调研资料准备情况，设计的目的、要求、思路与预期成果，工作任务分解，各阶段完成的内容与时间分配以及需要解决的问题等。在交指导教师审查批准后，正式开始毕业设计工作。

3．学生必须在规定时间内完成毕业设计各项任务。毕业设计说明书或论文书写格式要符合毕业设计撰写规范。

4．毕业设计答辩开始前一周，学生需向指导教师提交毕业设计全部成果，文档部分按规定装订成册。答辩前需写出设计说明书或论文提要、答辩提纲、必要的图表等。

5．学生答辩后，应交回所有资料（包括设计说明书、图纸、论文、阶段资料、实验原始记录、译文、软件文档等）。对于设计内容中涉及的有关技术资料，未经许可不得擅自对外发表或转让。

6．毕业设计成绩不及格者不能毕业。学生可提出重修申请，经二级学院院长批准，报教务处办理重修手续后，安排在下一届毕业设计期间进行。

2.3 工作要求

2.3.1 指导教师

1．指导教师应由具有中级及以上技术职称且具有科研工作背景和实践经验、责任心强的教师担任。提倡建立校内外指导教师相结合、以校内教师为主体的指导教师队伍。

2．首次独立担任毕业设计指导工作的青年教师要认真学习毕业设计的有关规定，并拟定详细的指导方案，由学院批准。系（教研室、研究所）应指派经验丰富的教师对学生进行指导，帮助他们提高指导水平。

3．为保证学生毕业设计质量，原则上中级职称指导教师指导学生不超过 4 人，高级职称指导教师指导学生不超过 8 人；对师资充足的专业，根据情况，指导人数可适度降低。

指导教师一经确定，不得随意更换。确因工作需要变更时，必须经学院毕业设计领导小组组长批准。

4．指导教师要注意培养学生独立分析问题和解决问题的能力，鼓励学生的创新精神。

在选题、文献查阅、设计方案、设计过程记录、设计结果、论文或设计说明书撰写等方面要切实加强指导，对学生提出的总体设计方案、实验分析的结论、译文、外文摘要等做必要的审查。在指导过程中，努力培养学生严肃、严密、严谨和勇于创新的科学作风。

5．指导教师对学生必须严格要求，工作中注意防止学生的抄袭、拼凑行为，杜绝学术腐败现象。

6．指导教师应对学生的论文质量（除学生自身的能力和水平外）承担相应的责任。因教师不负责任造成教学事故的，按照有关规定进行处理。

7．指导教师要以身作则、教书育人，定期检查学生的工作进度和工作质量，解答和处理学生提出的有关问题，并随时做好记录，认真填写指导记录。

毕业设计（论文）指导记录示例如表 2-1 所示。

表 2-1 ××××大学毕业设计（论文）指导记录表

姓　名		学　号		系　别	
专　业		年级班级		指导教师	
论文题目					
指导时间	指　导　内　容				教师签字

8．毕业设计完成后，指导教师和评阅教师要认真审阅，并根据学生的工作态度、工作能力、设计质量等方面，对毕业设计做出较全面、准确的评价，写出书面评语，给出成绩。

2.3.2　学生

1．毕业设计的学生应充分认识毕业设计对培养自身能力和素质的重要性，要以严肃认真的态度进行工作，要有高度的责任感和自觉性，力争高质量地完成毕业设计。

2．毕业设计的学生既要虚心接受导师的指导，又要充分发挥主观能动性。要结合课题，独立思考，努力钻研，勇于实践，敢于创新。

3．毕业设计期间要遵守学校及所在单位的劳动纪律和规章制度。严格按照本科毕业设计要求和撰写规范要求撰写毕业设计，不得弄虚作假，不得抄袭、剽窃他人的论著或成果。

4．毕业设计期间要严格遵守实验室规章制度和仪器设备操作规程，爱护设备，节约材料。

5．在做毕业设计期间，要严格遵守学院有关管理规定，接受指导老师的指导与检查。不按要求执行者，不得参加答辩；

6．答辩结束后，学生必须将所有资料交回学院。其资料包括毕业设计、设计说明书、图纸、阶段资料、实验原始记录、电子文档等。

7．未在规定时间内完成毕业设计或不按时参加答辩者，无毕业设计成绩。

2.4　选题管理

毕业设计选题要采取“公布题目，自拟题目，按需选题，导师负责”的做法，突出学生的主体地位，以充分调动学生的主动性和积极性。

2.4.1　选题原则

1．必须符合本专业的培养目标及基本教学要求，体现本专业的基本理论应用和基本技能训练需要，充分发挥学生的主动性和创造性，使学生得到全面的训练。可采取以指导教师公布参考题目为主，学生自拟题目为辅的方式。

2．选题要有明确的任务或研究对象，且工作量和难易程度适当，使学生能在规定的时间内，在教师的指导下独立完成。

3．选题要体现先进性，要有利于学生深化所学知识并拓宽知识面。选题时，要尽可能选择与科研和生产实际相结合的题目，引导与学科建设紧密相关的题目，有条件的选择与当地政策有重大指导意义的调查综述类题目，鼓励指导教师带领学生开展具有一定深度和前沿的专题研究。

4．选题要坚持因材施教的原则，充分发挥每个学生的积极性与创造性，提高学生独立思考、自主创新的能力。

5．参考题目由指导教师根据本人的学术研究方向在学生选题前拟出后，经教研室审定并按专业划分指导教师及研究方向，报系部审查批准备案后实施。学生自拟题目要与指导教师充分沟通后确定。

6．指导教师及参考题目批准备案后，由系部组织毕业生选题，调整汇总后，再反馈至指导老师及毕业生，并通知学生到指导教师处报到，接受设计（论文）任务。

7. 指导教师与学生按照选定的论文题目充分地沟通，反复地论证，合理地确定毕业设计（论文）框架结构、主要内容、进度安排等事项。

8. 选题、审题工作要在规定时间内完成，以便学生及早考虑和准备。任务书要在毕业设计（论文）开始前发给学生。

9. 任务书一经审定，原则上不得随意更改。如确需变更，须在规定时间内提出书面报告，说明变更原因，经教研室主任同意，并报系部批准后方可执行。

2.5　毕业设计答辩管理

艺术设计类的毕业设计答辩分为两部分：第一部分是毕业设计论文的审核；第二部分是创作作品的审核。因为每个艺术设计专业的研究方向、研究内容、作品完成形式都有不同，所以本节中只对艺术设计类毕业设计的论文答辩管理做了详述。第二部分的创作作品审核将在各艺术设计类的章节中有所详述。

毕业设计（论文）审核

毕业设计完成以后，必须经指导教师、评阅教师评审并审查合格后方能参加答辩。毕业设计（论文）指导教师评分规则示例如表 2-2 所示，毕业设计（论文）评阅教师评分规则示例如表 2-3 所示。

表 2-2　××××大学毕业设计（论文）指导教师评分表

<table>
<tr><td>姓　　名</td><td></td><td>学　　号</td><td></td><td>系　　别</td><td colspan="2"></td></tr>
<tr><td>专　　业</td><td></td><td>年级班级</td><td></td><td>指导教师</td><td colspan="2"></td></tr>
<tr><td>论文题目</td><td colspan="6"></td></tr>
<tr><td colspan="6">由指导教师根据学生的毕业论文写作完成情况确定（总计 40 分）</td><td>评分</td></tr>
<tr><td colspan="6">1. 文献检索及阅读能力（计 5 分）
A 文献检索、翻译、阅读能力很强，参考文献十分充足（5 分）
B 文献检索、翻译、阅读能力较强，参考文献较为充足（4 分）
C 文献检索、翻译、阅读能力一般，参考文献基本充足（3 分）
D 文献检索、翻译、阅读能力较差，参考文献不足（3 分以下）</td><td></td></tr>
<tr><td colspan="6">2. 论文研究方案设计能力（计 5 分）
A 能独立地提出可行性研究方案（5 分）
B 能独立地提出部分可行性研究方案（4 分）
C 只有在指导教师的指导下，才确定可行性研究方案（3 分）
D 在指导教师的多次指导下，才确定研究方案（3 分以下）</td><td></td></tr>
<tr><td colspan="6">3. 基本概念、基本理论掌握情况及独立研究能力（计 8 分）
A 基本概念清楚、基本理论扎实、广泛，有很强的独立研究能力（8 分）
B 基本概念较清楚、基本理论较扎实，有较强的独立研究能力（7 分）
C 基本概念、基本理论掌握程度一般，独立研究能力一般（6 分）
D 基本概念、基本理论掌握程度较差，独立研究能力较差（6 分以下）</td><td></td></tr>
</table>

续表

4．分析问题、解决问题及计算机运用能力（计 7 分） A 能正确分析解决写作中遇到问题，计算机运用技能很强（7 分） B 能分析写作中遇到问题，并部分地解决相关问题，计算机运用技能强（6 分） C 能部分分析写作中遇到问题，并部分地解决相关问题，计算机运用技能一般（5 分） D 分析、解决问题能力较差，计算机运用技能较差　（5 分以下）	
5．科学素养及论文写作态度情况（计 7 分） A 科学素养好，撰写论文态度认真、严谨（7 分） B 科学素养较好，撰写论文态度较认真，严谨（6 分） C 科学素养一般，撰写论文态度一般（5 分） D 科学素养较差，撰写论文态度不够端正（5 分以下）	
6．工作量及毕业设计（论文）进度（计 8 分） A 学生对自己的工作量要求很饱满，能很好地完成规定的进度（8 分） B 学生对自己的工作量要求较饱满，基本上能完成规定的进度（7 分） C 学生对自己的工作量要求一般，勉强完成进度（6 分） D 学生对自己的工作量要求不饱满，也没有完成进度（6 分以下）	
合计：	
指导教师评语：	
评定意见：是否同意参加答辩	□ 同意　□ 不同意
指导教师签字：	年　　月　　日

表 2-3　××××大学毕业设计（论文）评阅教师评分表

姓　　名		学　　号		系　　别	
专　　业		年级班级		指导教师	
论文题目					
由评阅教师根据论文质量给出（总计 20 分）					评分
1．论文书写规范得分（计 5 分） A 格式规范，符合毕业论文撰写格式要求（5 分） （封面、中英文摘要（含关键词）、目录、正文、注释、参考文献、封底） B A 中所列项目中有 1 项或 2 项不合格（4 分） C A 中所列项目中有 3 项或 4 项不合格（3 分） D A 中所列项目中超过四项不合格（3 分以下）					
2．论文行文基本要求得分（计 5 分） A 论文语句通顺、流畅；标点符号、语法正确；叙述简明扼要；思路、层次清晰；概括全面准确；重点突出（5 分） B 论文行文水平较好（4 分） C 论文行文水平一般（3 分） D 论文语句不通，有标点符号和语法错误，思路不清（3 分以下）					

续表

3．论文正文质量得分（计 5 分） A 能熟练运用本专业所必须的基本理论和基本专业知识，分析问题、解决问题；概念清楚、方案可行；逻辑合理、论证严密（5 分） B 论文正文质量较好（4 分） C 论文正文质量一般（3 分） D 论文正文质量很差 （3 分以下）		
4．论文创造性得分（计 5 分） A 具有合理、切实可行的新观点，采取新视角或新的研究方法，能够填补学术空白或完善相关学术理论（5 分） B 具有较合理的新观点，能够完善相关理论（4 分） C 仅对已有理论进行综述、分析，缺乏自己的见解（3 分） D 仅对已有理论进行综述，没有自己的见解（3 分以下）		
合计：		
评阅教师评语：		
评定意见：是否同意参加答辩	□ 同意 □ 修改后同意 □ 不同意	
评阅教师签字：	年 月 日	

1．各系部要成立毕业设计答辩委员会，并设立答辩组，其成员由系部领导、教研室主任、专业教师等人员组成，答辩组人数要在 3 人以上，指导教师要回避本人指导学生的答辩。毕业设计答辩开始前，答辩组教师要认真阅读论文，并根据论文所涉及的内容，准备好不同难度的问题，拟在答辩中提问选用。

2．答辩时间：学生陈述约 5 分钟，教师提问及学生答辩 10～15 分钟。

3．答辩组要认真填写毕业设计答辩记录表（如表 2-4 所示）和毕业设计（论文）答辩组评分表（如表 2-5 所示），客观地给出答辩评语。

表 2-4 ××××大学毕业设计（论文）答辩记录表

姓 名		学 号		系 别	
专 业		年级班级		指导教师	
论文题目					
答辩时间		地 点		记录人	
答辩组人数			出席人数		
答辩记录	记录人签字： 年 月 日 答辩组组长签字： 年 月 日				

表 2-5　××××大学毕业设计（论文）答辩组评分表

姓　　名		学　　号		系　　别	
专　　业		年级班级		指导教师	
论文题目					
由答辩组根据学生论文答辩情况给出（总计 40 分）					评分
1．答辩准备情况得分（计 10 分） A 答辩准备情况很好（9～10 分） B 答辩准备情况较好（7～8 分） C 答辩准备情况一般（5～6 分） D 答辩准备情况较差（5 分以下）					
2．毕业论文介绍表现情况得分　（计 10 分） A 毕业论文介绍简洁、流利、重点突出，表现出对所研究问题掌握的很透彻（9～10 分） B 毕业论文介绍表现较好（7～8 分） C 毕业论文介绍表现一般（5～6 分） D 毕业论文介绍表现较差（5 分以下）					
3．回答表现得分（计 20 分） A 回答问题全部正确，概念清楚、理论知识掌握扎实、简明扼要（18～20 分） B 回答问题表现较好（16～18 分） C 回答问题表现一般（12～15 分） D 回答问题表现较差（12 分以下）					
合计：					
答辩组评语：					
评定意见：是否通过答辩			□ 通过　　□ 未通过		
答辩组成员签字：			年　　月　　日		

2.6　诚信原则

指导教师在指导论文过程中应该本着对学生高度负责的精神，认真指导学生的毕业论文，坚决反对学生的弄虚作假行为，倡导学生遵守诚实守信的毕业设计原则。

1．学生在撰写毕业设计前应签署《毕业设计（论文）诚信声明》，示样图如图 2-1 所示。

2．学生在撰写毕业论文过程中，应认真研究所关注的问题，坚守学术诚信原则，尊重他人的劳动成果，尊重指导教师的工作，对指导教师给予的辅导和他人成果的启示应在“致谢”中予以体现。

3．学生在论文中出现抄袭、剽窃他人成果的现象，一律按考试作弊处理，视其错误的严重程度和对错误的认识态度，分别给予延期答辩、不予答辩、开除学籍等处分。

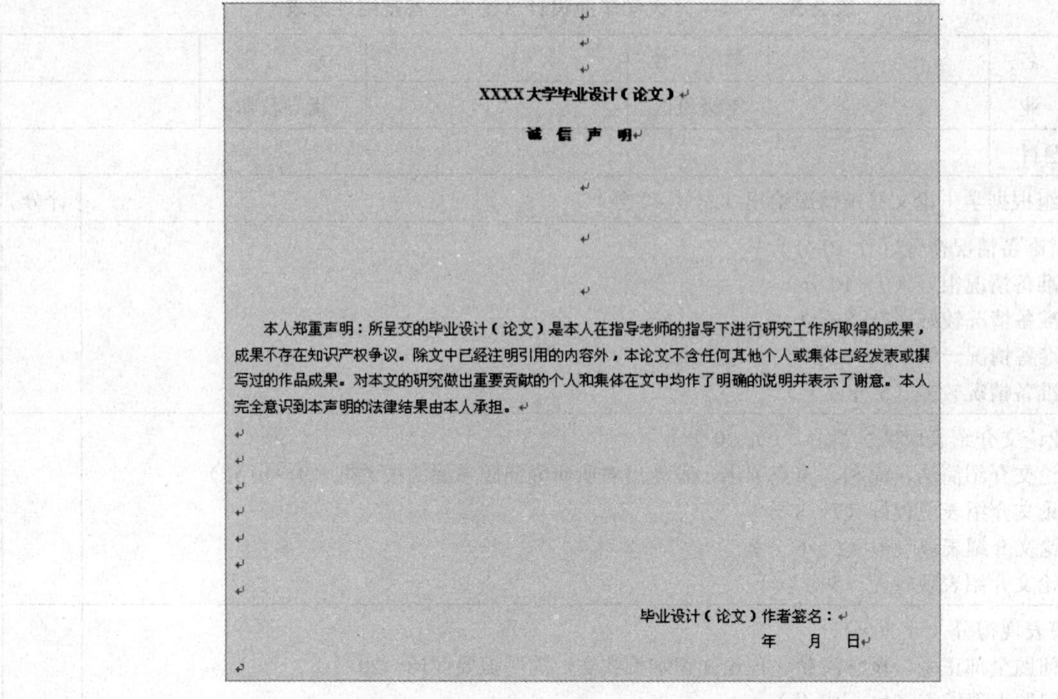

XXXX 大学毕业设计（论文）

诚 信 声 明

本人郑重声明：所呈交的毕业设计（论文）是本人在指导老师的指导下进行研究工作所取得的成果，成果不存在知识产权争议。除文中已经注明引用的内容外，本论文不含任何其他个人或集体已经发表或撰写过的作品成果。对本文的研究做出重要贡献的个人和集体在文中均作了明确的说明并表示了谢意。本人完全意识到本声明的法律结果由本人承担。

毕业设计（论文）作者签名：

年 月 日

图 2-1 《毕业设计（论文）诚信声明》示样图

第二部分　艺术设计类专业毕业设计流程

本部分概要

本部分介绍了艺术设计类专业毕业设计流程，具体环节包括：

- 选题
- 调研工作
- 信息和文献检索
- 主体内容设计
- 论文撰写
- 答辩

本部分导言

艺术设计类的毕业设计流程由多个环节组成，每个环节的目标和任务不同，按照一定的时间顺序排列。学生按照顺序有条不紊地执行设计流程，就会高效率地完成设计任务。

第 3 章　艺术设计类专业毕业设计的选题

本章概要

- 选题的原则
- 选题的流程
- 选题的策略
- 撰写开题报告

3.1　选题的原则

选题是毕业设计的第一步，也是非常重要的一步。选题的成功与否直接关系学生能否顺利完成最终的毕业设计任务。选题不仅确定了毕业设计的方向和研究目标，还确定了学生需要运用的专业知识范围以及最后毕业论文的类型。

如果能够选择一个有实际应用性的、有研究价值的、适合个人专业能力的题目，毕业设计就成功了一半。

选题具体原则如下：

1. 符合艺术设计类专业培养目标

艺术设计类专业的综合培养目标是培养具有扎实艺术设计理论知识和良好艺术设计类专业技能，掌握跨界知识领域，能够胜任设计、专业技能、新产品的开发需求，能够从事艺术设计学术研究的专门人才。在毕业设计选题上，学生应该选择与艺术设计类专业培养目标相吻合的课题。

2. 选题符合所学课程范畴

选题要符合艺术设计类专业所学课程范畴，课题要涵盖在本专业主干课程或者本专业主要研究方向中。要运用所学的专业知识进行设计。

3. 具有一定理论价值和应用价值

选题要注意理论上的价值和社会应用价值。

理论研究型毕业设计（论文）注意贴近本专业最近流行的、热门的科研方向。开发设计型毕业设计（论文）注意解决常见的一些实用技术问题。艺术设计类学科技术在各行各业都有广泛的应用和实践，应该尽量选择某个应用项目进行设计。

4. 可行性原则

（1）难度适当

选题要本着大小适中、难度适当的原则。不可好高骛远，选择一些复杂的、大型的企业级项目进行设计。因为这些项目要靠庞大的专业团队来完成，几个学生构成的课题小组不足以在技术水平上、财力物力上支持项目的实现。不可选择一些自身不擅长的专业领域进行毕业设计。如果在专业课学习阶段，某些专业方向没有接触过，不能抱着边学新知识边做毕业设计的心态，这样会导致设计不能保质保量完成，影响毕业设计的成绩，甚至影响毕业学位的获得。学生应该选择在规模上超过课程设计、课程实训，在时间上保证 3～4 个月能够顺利完成的、自身擅长的课题。

（2）可以选取指导教师罗列的选题。

（3）可以选取自己感兴趣的有实际意义的选题。

（4）可以选取毕业实习工作中的项目。

（5）可以选取和未来工作岗位有关的项目。

5. 实际性原则

根据艺术设计类专业的实际性强的特点，尽量做到“真问题真解决”，选择实用性强、有推广价值的课题，检验学生实际问题解决能力。

6. 创新性原则

选题的创新性体现在以下几个方面：

（1）选题可以是前人没有研究过的问题；

（2）选题可以是前人研究过，但是存在难点和疑点的问题；

（3）选题可以是前人研究过，但是可以进一步升级和扩展的问题。

（4）选题可以是前人研究过，但是可以采用新思路、新工艺设计的问题。

以上几个方面的选题都符合创新性原则。当然，创新性的前提是理论和实践是科学合理的，要有艺术设计专业知识做支撑。

3.2　选题的流程

艺术设计类专业毕业设计的题材来源多种多样，可以是学校指导老师罗列的选题范围中的题目，可以是和实习单位所做工作相关的课题内容，也可以是学生感兴趣的、擅长的、有应用价值的自选题目。

无论哪种类型的毕业设计题材，选题都要有一个过程，不能一步而成。多数同学要经过一个不断探索、斟酌的过程，才能选好自己的理想题目。在这个过程中，指导教师要不断监督和指导，学生要舍弃不切实际的题目，选择有意义的、易于展开研究的题目。

通常，选题的流程如下：

1. 学院和指导教师列出选题范围

在组织学生开始毕业设计之前，各个指导教师上报《艺术设计类专业毕业设计选题指导范围（讨论稿）》，学院组织专业骨干教师进行审核和修改，最终确定《艺术设计类专业毕业设计选题指导范围》并发放给学生参阅。

2. 学生申报选题

学校一般采取多向选择原则，学生可以选择《艺术设计类专业毕业设计选题指导范围》中感兴趣的题目，也可以选择在实习单位做的课题，或者自拟选题。

学生拟好选题后，上报给学校，接受审核。

3. 学校审核学生选题

学校对汇总的学生选题进行逐一审核，一般情况下个人独立完成，题目之间不可以重复。如果选题任务较繁重，允许多名同学共同承担，但是必须明确毕业设计组内每名同学的具体任务和责任。

学校要组织毕业设计指导教师和学生详细沟通，保证选题的可行性，保证毕业设计能够顺利开展。对于不合适的选题，坚决要求学生另作更换。

4. 学生确定选题，填写《毕业设计任务书》和《毕业设计开题报告》

经过审核和沟通，学生最终确定选题，一般不允许设计中途再做更改。学生要填写《毕业设计任务书》和《毕业设计开题报告》，制定详细的设计开展计划，上交给学院。

3.3 撰写任务书和开题报告

本书第 1 章展示了艺术设计毕业设计任务书和毕业设计开题报告的样式。本节将列举两种文档实例，并对具体条目进行解析，供读者参考。

3.3.1 毕业设计任务书实例和解析

1. 毕业设计任务书实例

毕业设计任务书实例如表 3-1 所示。

表 3-1 ××××大学毕业设计（论文）任务书

姓　　名	×××	学　　号	×××	系　　别	艺术设计
专　　业	服装设计	年级班级	×××	指导教师	×××
论文题目	手稿图册在服饰设计中的应用				
任务和目标	毕业设计(论文)的任务和目标： 本毕业设计主要完成“手稿图册在服饰设计中的应用”方法，并撰写题目为《手稿图册在服饰设计中的应用》的论文。完成以手稿为设计方法的系列服装；完成服装毕业设计展板；论文撰写必须符合学院所规定的标准来完成。 手稿图册在服饰设计中需要符合服装设计的中心思想，在了解当今时尚流行趋势的前提下，使用手稿图册等相关手段来体现自己的创造性和特色。主要实现的任务如下： 1. 了解什么是手稿图册 2. 手稿图册在服饰设计中的用途及意义 3. 服饰设计的过程及设计任务 4. 编辑灵感图片 5. 分析与聚焦 6. 系列的发展引申 7. 绘制设计效果图 8. 手稿图册在成衣制作中的应用 9. 成衣展示				
基本要求	毕业论文基本要求： 论文撰写应在指导教师指导下独立完成，论文应做到中心突出、层次清楚、结构合理；必须观点正确，论据充分，条理清楚，文字通顺；并能进行深入分析，见解独到。同时论文字数不得少于 5000 字，还要有 300 字左右的论文摘要，关键词 3～5 个（按词条外延层次，由高至低顺序排列）。最后附上参考文献目录和致谢辞				

续表

研究所需条件	研究（设计）所需条件： 1．具备足够的服装设计专业基础知识。 2．具有服装设计的表达技能和表现工具、实物材料。 3．具备搜集资料的网络、图书馆等资源和条件		
任务进度安排	序号	主要任务	起止时间
	1	任务书下达、毕业设计正式开始	～2013 年 11 月 12 日
	2	完成文献综述、开题报告	～2013 年 12 月 10 日
	3	完成需求分析	～2013 年 12 月 24 日
	4	完成论文二稿或中期检查	～2014 年 4 月 1 日
	5	上交论文成稿	～2014 年 4 月 13 日
	6	设计类论文上交程序代码	～2014 年 4 月 15 日
	7	论文答辩	～2014 年 4 月 20 日
指导教师签字		日期	年　月　日
系部领导签章		日期	年　月　日

2．毕业设计任务书解析

（1）毕业设计题目要求

1）要反映毕业设计的核心内容和核心技术；

2）要表明设计的主题思想；

3）要含有若干简明、恰当的关键字；

4）一般中文题目不超过 20 个字。

（2）毕业设计内容

此部分要言简意赅，清楚表述三方面内容：毕业设计做什么、如何做、做成什么。

做什么，即选题内容和方向，毕业设计涉及的具体领域。

如何做，即具体采用什么方法和策略进行课题的研究和开发。例如，采用何种软件平台进行系统开发、利用哪些计算机技术进行设计等。

做成什么，即毕业设计最终要实现的目标和任务。

（3）毕业设计的进度和起止时间

此部分描述毕业设计的实施步骤。学生对毕业设计要有具体的进度安排和时间限制。制定合理的时间分配和详细的实施计划有益于学生顺利完成毕业设计。时间安排要张弛有道，既要紧凑、保证按时完成设计任务，又要留有余地、提供设计进行过程中的机动时间。

（4）毕业设计任务书的字数一般是 1000～3000 字。

3.3.2　毕业设计开题报告实例和解析

1．毕业设计开题报告实例

毕业设计开题报告实例如表 3-2 所示。

表 3-2　××××大学毕业设计（论文）开题报告

<table>
<tr><td>姓　　名</td><td>×××</td><td>学　　号</td><td>×××</td><td>系　　别</td><td>×××</td></tr>
<tr><td>专　　业</td><td>×××</td><td>年级班级</td><td>×××</td><td>指导教师</td><td>×××</td></tr>
<tr><td>论文题目</td><td colspan="5">手稿图册在服饰设计中的应用</td></tr>
<tr><td>选题意义</td><td colspan="5">一、手稿图册在服饰设计中的应用学术价值、应用价值
1．手稿图册（sketchbook）是服饰设计过程中的重要环节，目前已被很多国家的艺术家和设计师们所广泛应用，国内虽有相关课程，但无论从理论方面还是内容方面，与西方国家还是有一定的差距，也没有得到足够的重视。本课题针对手稿图册对服饰设计的启发和影响，以突破思维的局限与传统的束缚为目标，以手稿图册在服饰设计过程中的应用为主要内容进行了实践研究。
2. 笔者着眼于手稿图册应用于服饰设计过程中的基本理论与方法进行探索。通过实践法（笔者在实践作品中对于手稿图册的实际应用）及调研法（理论考察与文件搜索），在导师的指导下，通过大量的图片资料与实例分析，对手稿图册在服饰设计过程中的全面细致的实践研究与探索，为国内服饰设计的发展提供可借鉴的思路与方法，对改变传统教学模式与思维方式等方面提供了新思路与有益探索。
二、国内外研究现状分析
根据笔者实地考察，发现手稿图册在西方国家的服饰设计中有普遍并主要的应用。而国内虽有相关课程，但内容较形式化，没有很好地结合实际。目前为止，这方面的相关资料较少。服饰设计也处于进步阶段，需要不断地研究探索与开拓创新。从这一出发点考虑，本文针对这一现实情况，结合自身在服饰设计过程中对手稿图册的应用，对如何从根本改变设计思维、拓宽思路进行了思考</td></tr>
<tr><td>研究内容</td><td colspan="5">第 1 章　手稿图册及服饰设计
1.1　什么是手稿图册
1.2　手稿图册的产生及发展
1.3　什么是服饰设计
第 2 章　手稿图册在服饰设计中的用途及意义
2.1　手稿图册在服饰设计中的用途
2.2　手稿图册在服饰设计中的意义
第 3 章　服饰设计的过程及手稿图册的应用
3.1　服饰设计的设计任务
3.1.1　定位和目标
3.1.2　风格与主题
3.2　搜索灵感来源
3.2.1　收集实物资料：主料、辅料、旧物等
3.2.2　收集信息资料
3.2.3　树立缪斯：具体人物、虚幻人物、照片肖像等
3.3　服饰设计过程中需要收集哪些方面的灵感
3.3.1　造型与比例
3.3.2　色彩
3.3.3　材料
3.3.4　材料
3.4　提纯灵感</td></tr>
</table>

续表

<table>
<tr><td>研究内容</td><td>3.4.1　功能性
3.4.2　文化与历史影响
3.4.3　流行趋势与市场影响
3.5　编辑灵感图片
3.5.1　剪切与拼贴
3.5.2　并置与比较
3.5.3　绘图与描述
3.6　分析与聚焦
3.7　系列的发展引申
3.8　绘制设计效果图
3.8.1　手绘
3.8.2　计算机软件处理
第 4 章　手稿图册应用于服饰设计时需注意的问题
4.1　灵感资料的过度搜集
4.2　手稿图册的过度编辑
4.3　对现有资料的重复
第 5 章　手稿图册对服饰设计师思维模式的影响</td></tr>
<tr><td>研究方案</td><td>一、本课题研究的目标
通过大量的图片资料与实例分析，对手稿图册在服饰设计过程中的全面细致的实践研究与探索，目的在于深入了解研究课题的系统性、实验性及其重要意义，以及对服饰设计师思维模式的影响，为国内服饰设计的发展提供可借鉴的思路与方法。
研究价值：对于改变传统教学模式与思维方式等方面提供了新思路与有益探索。
二、本课题研究的内容
本课题以手稿图册在服饰设计中如何应用为研究对象，主要对运用图册搜集各类服装信息（包括网络图片、画册图片、书籍、各种布料、各种材质、各种辅料、人物造型、色彩来源等），培养设计师良好的职业习惯，从而有效快速地找到设计思路，完成设计过程。
三、本课题研究要解决的问题
1．设计思路的优化问题
手稿图册在国外早已大量应用于服饰设计中，在搜集、整理手稿图册的过程中，可以迅速有效地保证设计思路的导向，可以在调查搜集整理的过程中，列出限制因素、有利条件以及可能存在的问题，这对整个设计进程起着引导作用，如果没有事先了解就盲目地进行设计，可能会导致重大失误，无法顺利达到预期目标。
2．设计完成的质量保证
盲目设计所导致的失误是设计中容易出现的问题。服装设计中，其客户群、销售价格、产品数量等方面的不同会对产品的材料、质地、细节处理与制作工艺等方面产生直接影响。这也需要设计者在设计之前对需要考虑的因素进行深入的调查了解，列出限制因素、有利条件以及可能存在的问题，服饰种类的需求随着气候、地域、文化、性别、观念、身份等诸多方面的变化而决定着服饰产品的性质与分类，设计者无论在艺术性还是思想性，都要跟着潮流进行设计。手稿图册的引用可以有效保证设计的完成。
四、本课题的研究方法
1．实践法
通过将各类信息和资料整理在手稿图册中，从中找到设计灵感。根据搜集的素材进行设计</td></tr>
</table>

续表

<table>
<tr><td>研究方案</td><td>定位，包括款式、造型、色彩、配饰、工艺等。并将设计的思路通过绘画、制作而转化为服装设计作品。
2．调研法
在导师的指导下，通过大量的图片资料与实例分析，对手稿图册在服饰设计过程中的全面细致的实践研究与探索，为国内服饰设计的发展提供可借鉴的思路与方法，对改变传统教学模式与思维方式等方面提供了新思路与有益探索。
五、可行性分析
1．技术可行性分析
手稿图册目前已被很多国家的艺术家和设计师们所广泛应用，国内虽有相关课程，但无论在理论方面还是内容方面，与西方国家还是有一定的差距，也没有得到足够的重视。本课题针对手稿图册对服饰设计的启发和影响，以突破思维的局限与传统的束缚为目标，以手稿图册在服饰设计过程中的应用为主要内容进行了实践研究，是可行的。
2．经济可行性分析
手稿图册早已被广泛应用于各类艺术创作于设计当中，其形式能迅速、便捷、省时地为设计者提供灵感来源，找到设计点，节省大量时间，提高工作效率，推动设计师设计风格的确立。
3．法律可行性分析
所有技术资料都为合法来源，开发过程中不存在知识产权问题，未抄袭任何网站和专著，不存在侵犯版权问题，符合国家法律和软件法律法规。
六、预期成果
完成论文，实现手稿图册在服饰设计中的应用，积累手稿制作图册，设计故事板，设计效果图，根据搜集的素材进行设计定位，包括款式、造型、色彩、配饰、工艺等。并将设计的思路通过绘画、制作而转化为服装设计作品，完成成衣的制作</td></tr>
<tr><td>设计进度安排</td><td>1．2013 年 11 月 22 日—2013 年 12 月 10 日，完成文献综述及开题报告；
2．2013 年 12 月 11 日—2014 年 3 月 25 日，进行系统需求分析，完成论文初稿（或框架）；
3．2014 年 3 月 28 日—2014 年 4 月 1 日，完成论文二稿或中期检查；
4．2014 年 4 月 2 日—2014 年 4 月 13 日，上交论文成稿；
5．2014 年 4 月 14 日—2014 年 4 月 15 日，设计类论文上交程序代码，并完成测试、验收</td></tr>
<tr><td>指导教师意见</td><td>指导教师签字：
年　　月　　日</td></tr>
<tr><td>系学术委员会意见</td><td>主任签章：
年　　月　　日</td></tr>
</table>

2. 毕业设计开题报告解析如下

（1）毕业设计的选题依据与意义

在这部分中，学生要阐述毕业设计要研究什么、为什么要研究此课题、研究的价值是什么。

（2）毕业设计的研究方案

这部分包括：研究目标、研究对象、设计方法和途径、技术路线和预期成果等。本部分涉及了毕业设计的整体思路和方法以及具体操作途径。

开题阶段是毕业设计的开始阶段、计划阶段，学生还没有真正实施，只是表述期望取得怎样的研究成果。因此，这部分表述切记不可好高骛远，要切合实际，追求力所能及的研究成果，规划合理的完成时间。计算机专业毕业设计研究成果的形式多种多样，依据选题门类不同，可以是软件产品、硬件设计，也可以是理论方面的研究报告、实验报告等。

（3）毕业设计开题报告一般是2000～4000字。

第 4 章　艺术设计类方向毕业设计的调研和文献检索

本章概要

- 毕业设计的调研工作
- 毕业设计的文献检索理论
- 文献检索实例
- 文献综述实例

4.1　毕业设计的调研工作

毕业设计（论文）的调研工作和文献检索是毕业设计的一个基础环节。

进行深入调研、详尽的文献检索有助于学生开展毕业设计工作，有助于顺利取得最终设计成果。搜索参考文献是容易被忽略的一个部分，多数学生认为只是一些相关书目的罗列，这是不对的。参考文献的每一项都要和选题密切相关，都要在具体的设计工作中起到引导作用，要具有代表性、实时性。特别是艺术设计类，创意的设计、时尚的元素和实现的技术发展都在不断更新，一些涵盖陈旧设计理念的参考资料不可选用。

毕业设计的参考文献体现了学生前期选题工作是否做得充分和具体。好的参考文献能够代表选题相关领域的经典理论和核心技术，能够指引学生选择正确的设计路线。这部分应该引起学生的高度重视。

4.1.1　调研的必要性

调研是毕业设计一个很重要的步骤，学生开题后，要根据具体题目进行细致的调查研究。

学生不可以忽略调研阶段，也不可以为了节省时间缩短调研时间。调研工作既是一个花费时间长、收益不明显的活动，也是一个打好设计基础的过程。调研越充分、越深入，毕业设计过程越顺畅、最终成果越显著。

毕业设计作品（论文）的实际应用意义很多都是从调研中得来的。调研来自生活，毕业设计服务于生活，好的调研会使毕业设计具有更好的社会实用价值。

4.1.2　调研的途径

调研的途径多种多样，具体形式如下：

1. 通过毕业实习进行调研

毕业实习阶段，学生要深入工厂、企业和一些专门的艺术设计类开发公司进行短期学习、调查和实践。利用这个阶段，按照自己选题的方向，多做调查，观察产品的开发流程、设计工艺、销售方式和市场需求状况，体验实践工作中解决技术问题的方法等。把这些发现问题、解决问题的经验用于毕业设计中。

2. 参与相关课题研究

积极参与学院、导师的一些国家级、省市级课题，了解毕业设计研究领域的国内外、省内外现状，明确毕业设计的研究背景、目的和意义。

3. 参加学术报告、专题讲座、学术会议等进行调研

学校经常会请艺术设计行业的专家做学术报告、专题讲座等。这些活动要积极参与，从中了解本专业设计发展的最新趋势，利用新思维、新技术设计毕业作品。

4. 访谈本领域的专家、导师和一线开发人员进行调研

前面三种调研方式都会令学生在做毕业设计时受益匪浅，但是针对性不强。学生可以依据自己毕业设计选题的技术难点和重点，直接、快速地咨询相关专家、导师和一线相关人员，获得最准确和有用的信息和经验。

5. 深入实验基地进行调研

艺术设计类专业毕业设计的很多课题偏重于实践，比如环艺设计、服装设计、产品设计等。这些课题可以在生产现场和实验室进行实地调研。实验基地能够获得一手的数据、一手的资料，这些都是毕业设计最有力的实践依据。

4.2　文献检索和整理

文献检索和整理是艺术设计专业毕业设计和论文写作中的必经环节，是学生顺利完成毕设任务的“资本”。

据美国科学基金会统计，科研人员花在搜集信息资料上的时间占到全部科研时间的 50.9%，计划思考又占 7.7%，实验研究占 32.1%，写报告和论文占 9.3%。由上述统计数字可以看出，文献检索和整理对于科研人员来说是非常重要的，占据了他们一半的时间。

对于艺术设计专业做毕业设计的学生来说，不一定要花费这么大比例的时间用于查找信息资料，但是也要留出 1～3 周的时间来查阅资料、收集文献和整理信息。

4.2.1　含义

文献（document）在现代的解释为“记录信息和知识的一切有形载体”。文献将信息和知识用文字、图像、符号、声频、视频等技术手段记录在一定的物质载体上。现在通常理解为图书、期刊等各种出版物的总和。

文献检索（Document Retrieval）有狭义和广义之分。

（1）广义的文献检索包括文献的存储和检索两个过程（Storage and Retrieval），是将大量原始文献按照一定的逻辑方式组织和存储起来，使其系统化和有序化，构成一个数据库或者检索系统，能够根据人们的特定需要随时检索出相关信息。广义的文献检索又称为“文献的存储与检索”。

（2）狭义的文献检索主要是指文献的检索部分，即按照一定的方法，从已经组织好的文献集合中搜索和获取人们所需的特定信息的过程。

4.2.2 文献的种类

1．按照文献的载体不同可以分为：印刷型、缩微型、声像型和机读型。

（1）印刷型是文献的最基本方式，包括铅印、油印等。

（2）缩微型包括胶卷、胶片等。

（3）声像型包括幻灯片、唱片、录音带、录像带、电影等。

（4）机读型即计算机阅读型，是以计算机处理技术为核心记录信息和知识的一种文献形式。这是当今非常流行和常用的文献载体，具有搜索速度极快、内容涵盖量超大、方便灵活的优势，例如电子图书。机读型文献又分为光盘文献和网络文献。

2．根据文献的印刷出版形式不同可以分为：图书、期刊和特种文献。

其中特种文献包括：专刊文献、标准文献、学位论文、科技报告、会议文献、政府出版物、档案资料、产品资料、年鉴和地方志等。

3．依据文献的加工深度不同可以分为：一次文献（原始文献）、二次文献和三次文献

（1）一次文献是指科研人员直接撰写的文献，包括学术论文、会议论文、科技期刊、科技报告、专利文献和政府出版物等。一次文献是人们进行文献检索的主要对象。

（2）二次文献是指把一次文献进行加工、归纳和分类后的有序文献，包括文摘、目录、索引等。二次文献是一次文献检索的辅助工具。

（3）三次文献是指把大量相关联的一次文献进行综合整理、浓缩提炼成系统性文献，全方位展现某一研究领域的信息情况。三次文献包括工具书、年鉴、教科书、专著、论丛、手册和报告等。

4.2.3 文献检索的方法

1．直接法

直接法是利用检索系统直接检索文献的方法，是文献检索最常用的方法，包括顺查法、倒查法和抽查法。

1）顺查法是指由远到近的查找方式。针对某个课题，按照年代顺序，从前到后依次查找相关资料，这种方式可以概览该课题的发展全过程，适合于大型选题的文献检索。

2）倒查法是指由近到远的查找方式。针对某个课题，按照年代顺序，从新到旧依次查找相关资料，这种方式以最快速度获取新近流行的技术资料，适合于着重创新点的课题。计算机专业领域发展快、变化大，科研人员经常会用到倒查法来掌握最新最快的科技动态。

3）抽查法是指针对某一个课题发展兴旺的时间段进行文献检索。学科和课题的发展通常是波浪式前行，有高潮发展时期，也有缓慢延伸时期。针对更新频率较快时期的文献重点检索，有益于获取更多有建设性的参考资料。

2．追溯法

追溯法是指利用论文、专著中提及的文献来源或者结尾处的参考目录追溯有用文献的方式。这种方法有利于了解课题的相关论点、论据，获取大量的相关背景资料，有利于学生做毕业设计时思路的扩展。

3．循环法

循环法又称综合法，即结合直接法和追溯法进行交替运用。这种方法兼有直接法和追溯

法的优点，能够获得全面而准确的课题资源，是科研人员常用的文献检索方法。

以上三种方法，学生在做毕业设计和撰写论文时要因情况灵活运用。

4.2.4　文献检索系统

1. 世界三大文献检索工具

《科学引文索引》（SCI）、《工程索引》（EI）、《科技会议录索引》（ISTP）是世界著名的三大科技文献检索系统，是世界公认的进行科学研究、统计和评价的主要检索工具。

（1）《科学引文索引》（Science Citation Index，SCI）是由美国科学信息研究所（ISI）出版的引文数据库，开始于 1961 年。《科学引文索引》涵盖各个学科领域，化学、物理学、医学和生命科学所占比例较大，是文献计量学和科学计量学的重要工具，也是当今世界上最重要的检索性刊物。

（2）《工程索引》（The Engineering Index，EI）是美国工程信息公司（Engineering Information Inc.）出版的工程技术类综合性检索工具，创刊于 1884 年。《工程索引》收录的文献涉及工程技术各个领域，包括电力工程、机械工程、自动控制、土木工程、交通运输工程等。

（3）《科技会议录索引》（Index to Scientific & Technical Proceedings，ISTP）由美国科学情报研究所（ISI）编辑出版，创刊于 1978 年。《科技会议录索引》收录了每年世界各个地区科技会议的会议文献，包括一般性会议、座谈会、研究会、讨论会、发表会等。《科技会议录索引》涉及科学技术的各个领域，其中工程技术与应用科学类文献约占 35%。

2. 国内常用检索系统

（1）中国知网（CNKI）。网址：http://www.cnki.net/。

（2）中国学位论文全文数据库。网址：http://www.cnki.net/。

（3）中国重要会议论文全文数据库。网址：http://www.cnki.net/。

（4）中国重要报纸全文数据库。网址：http://www.cnki.net/。

（5）万方数据平台。网址：http://www.wanfangdata.com.cn/。

（6）超星数字图书馆。网址：http://book．chaoxing.com/。

（7）维普资讯（主导产品：中文科技期刊数据库）。网址：http://www.cqvip.com/。

（8）中国人大复印报刊全文数据库。网址：http://ipub.zlzx.org/。

（9）读秀学术搜索。网址：http://www.duxiu.com/。

3. 国外常用检索系统

（1）CSA（剑桥科学文摘）

剑桥科学文摘（Cambridge Scientific Abstracts，CSA）数据库是由美国的 CSA 私营信息公司出版，有 40 余年历史。CAS 主要编辑出版科学技术研究文献的文摘及索引，共有 60 多种数据库。

（2）INSPEC

INSPEC（Ination Service in Physics, Electronics Technology and Computer and Control）是全球著名的科技文摘数据库，是理工学科最重要、使用最频繁的数据库之一，包含物理学、电子学、电子工程、计算机科学及信息技术领域的权威性文摘索引数据库。

（3）SpringerLink

SpringerLink 是国际著名科技出版集团 Springer 的网络版全文文献服务系统。

（4）EBSCO

EBSCO 是一个具有 70 多年历史的大型文献服务系统，涵盖近 100 多个在线文献数据库，涉及自然科学、社会科学、人文和艺术等多种学术领域。

（5）Proquest

Proquest学位论文全文数据库是目前国内唯一提供国外高质量学位论文全文的数据库，主要收录了来自欧美国家 2000 余所知名大学的优秀博硕士论文，涉及文、理、工、农、医等多个领域，是学术研究中十分重要的信息资源。

（6）Emerald

Emerald 数据库主要包含管理学、图书馆学、工程学等专业领域的文献。世界许多著名的商学院和大型企业都订阅 Emerald 数据库期刊。

（7）RSC

RSC数据库是化学领域具有权威性的数据库。

（8）Elsevier

Elsevier 数据库提供 1100 种电子期刊，是全球研究人员、教师、学生等常用的文献检索工具。

（9）Wiley

Wiley是全球最大、最全面的经同行评审的科学、技术、医学和学术研究的在线多学科资源平台之一，收录了来自 1500 余种期刊、10000 多本在线图书以及数百种多卷册的参考工具书、丛书系列、手册和辞典、实验室指南和数据库的 400 多万篇文章，并提供在线阅读。

（10）Google 学术搜索

Google 学术搜索是一个可以免费搜索学术文章的 Google 网络应用。

（11）Scirus 学术搜索

Scirus 学术搜索是一个混合型的搜索引擎。它不仅包含科学、技术类期刊文章概要，还包含精选的科学类网页。Scirus 学术搜索是专门用于科技信息检索的世界上最全面的科技搜索引擎之一。

4. 常用搜索引擎（抓图）（网址）

（1）Google：全球最大的机器搜索引擎之一。

网址：http://www.google.com.hk/，主页如图 4-1 所示。

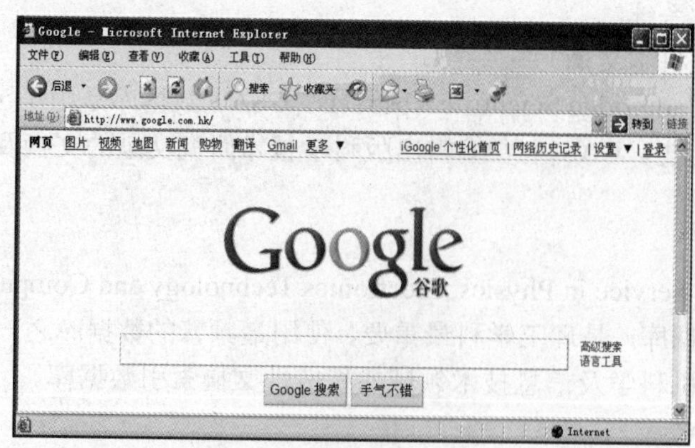

图 4-1 Google 主页界面

（2）Yahoo!：全球最大的门户网站之一。

网址：http://www.yahoo.com/，主页如图 4-2 所示。

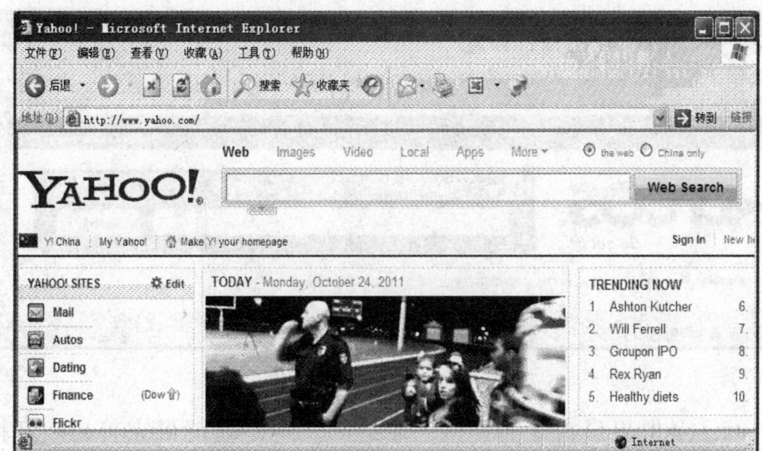

图 4-2 Yahoo!主页界面

（3）MSN：隶属于微软公司。

网址：http://www.msn.com/，主页如图 4-3 所示。

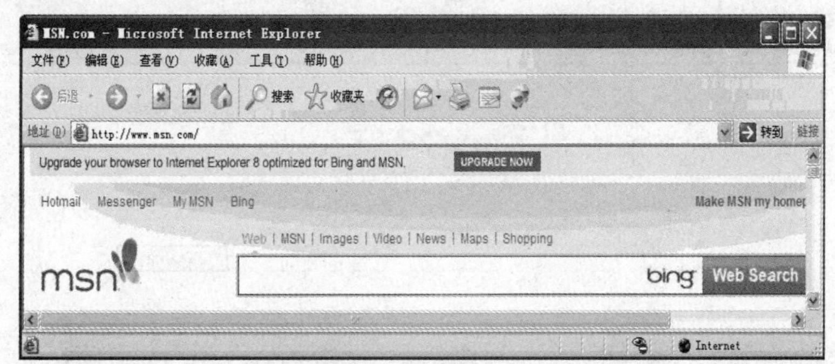

图 4-3 MSN 主页界面

（4）AOL（美国在线）：世界上最早的门户网站之一。

网址：http://www.aol.com/，主页如图 4-4 所示。

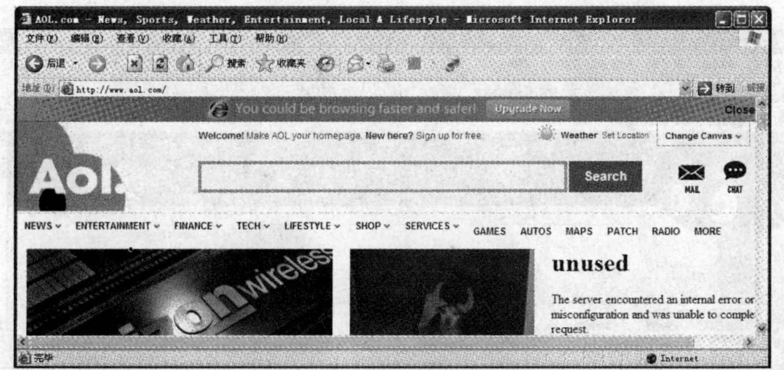

图 4-4 AOL 主页界面

（5）Lycos：全世界最早的搜索引擎之一。

网址：http://www.Lycos.com/，主页如图 4-5 所示。

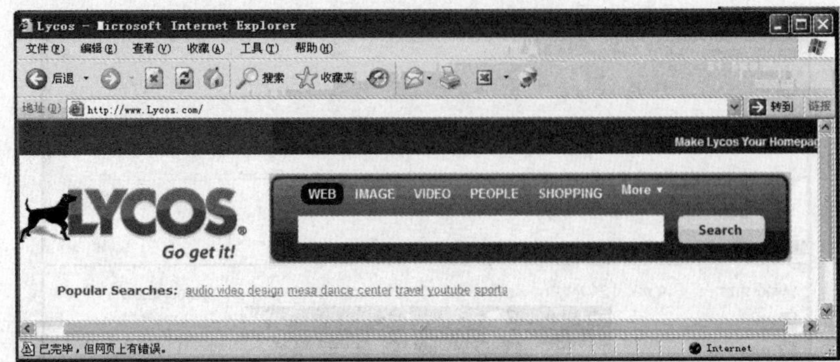

图 4-5 Lycos 主页界面

（6）AltaVista：全世界最古老的搜索引擎之一，也是功能最完善、搜索精度较高的全文搜索引擎之一。

网址：http://www.AltaVista.com/，主页如图 4-6 所示。

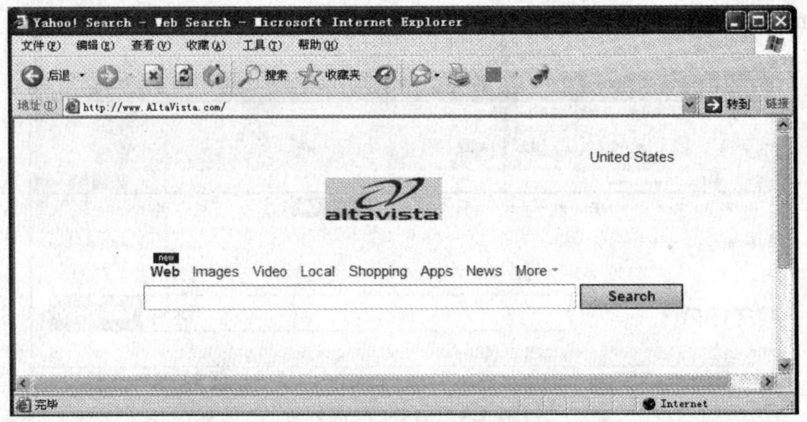

图 4-6 AltaVista 主页界面

（7）HotBot：是比较活跃的搜索引擎，数据更新速度较快。

网址：http://www.HotBot.com/，主页如图 4-7 所示。

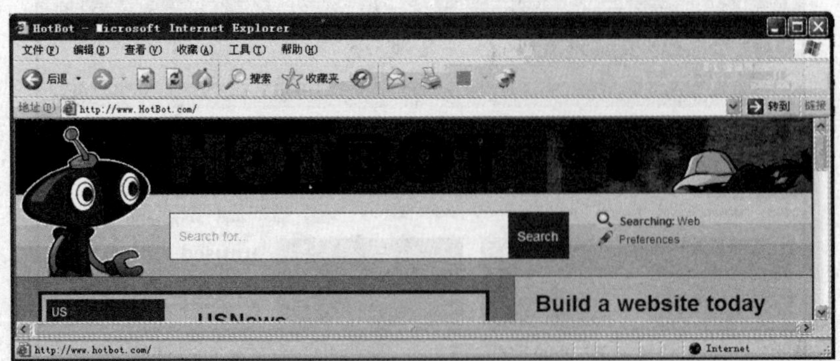

图 4-7 HotBot 主页界面

（8）百度：国内最大的商业化全文搜索引擎

网址：http://www.baidu.com/，主页如图 4-8 所示。

图 4-8　百度主页界面

4.2.5　文献的加工整理

1. 文献的筛选

文献筛选是把检索到的文献进一步加工整合，真正做到“为设计所用”。在文献检索中，学生获取了大量的选题信息和知识，而这些资源需要再次甄别真伪、提取精华。指导教师应该督导学生对大量的检索文献进行筛选，并且按照一定逻辑顺序编排归类，这样处理过的文献更有利于学生在毕业设计中的参考之用。同时，筛选的过程也是学生对本选题领域文献充分理解、消化和吸收的过程，使得选题的研究思路更加清晰，选题的开展更加顺畅。

2. 文献的引用

文献的引用要注意以下几个方面：

（1）在阐述选题来源、背景知识和发展现状的时候，可以引用相关文献，说明其他研究者所做的相关工作，表述本课题的着重点、创新点和现实意义；

（2）毕业设计和论文中用到一些理论知识时，可以引用一些权威文献作为支撑和佐证；

（3）引用他人观点时，要说明文献的准确出处。

4.3　文献检索实例

4.3.1　中国知网文献检索实例

中国知网（Chinese National Knowledge Infrastructure，CNKI）是目前世界上全文信息量范围最大的动态数据库，文献总量逾 5000 万篇，其中人文社科文献和科技文献均分别超过 2500 万篇。CNKI 的含义是中国国家知识基础设施，是由世界银行于 1998 年提出的。CNKI 工程是以实现全社会知识资源传播共享与增值利用为目标的信息化建设项目。

CNKI 旗下的主要网站如下：

（1）中国期刊全文数据库。

（2）中国工具书网络出版总库。

（3）中国研究生网。

（4）中国社会团体网。

（5）CNKI 知网数字图书馆。

（6）中国医院数字图书馆。

（7）中国企业创新知识网。

（8）中国城建数字图书馆。

（9）中国农业数字图书馆。

（10）中小学多媒体数字图书馆。

（11）文献规范与计量评价网。

（12）CNKI 系列软件。

（13）CNKI 汉语词典在线。

（14）CNKI 翻译助手 辅助在线翻译系统。

（15）CNKI 英汉－汉英词典在线。

（16）CNKI 专科辞典在线。

（17）CNKI 百科全书在线。

（18）CNKI 医学图谱在线。

（19）CNKI 图鉴图录在线。

（20）CNKI 知识超市。

（21）知网空间。

（22）飞度 BOOK。

其中，科技人员常用的是中国期刊全文数据库。

4.3.2 具体文献检索步骤如下：

1. 登录网站

登录网站地址http://www.cnki.net，进入 CNKI 首页，如图 4-9 所示。因为 CNKI 网站上的数据库是收费检索数据库，所以用户要先购买使用权，通过网站注册得到用户名和密码，然后才能登录已经购买使用权的全文数据库进行文献检索。对于高校学生，可以通过校园网进入本校图书馆的中国期刊全文数据库镜像站点，直接搜索内容，如图 4-10 所示。

2. 使用文献检索方法

中国期刊全文数据库提供四种检索方式：简单检索、标准检索、高级检索和专业检索，它们的检索功能依次扩展，专业检索的功能最为强大。

（1）简单检索

简单文献检索只包含“检索词”。用户只要在“检索词”一栏输入关键词，就会列出在检索字段中含有此关键词的所有文献，并且按照一定规则排序。排序规则可以选择“相关度”、“发表时间”、“被引频次”和“下载频次”。

例如，检索词为“手稿图册在服装设计中的应用”，得到的文献列表如图 4-11 所示。

图 4-9　CNKI 首页

图 4-10　CNKI 镜像站点界面

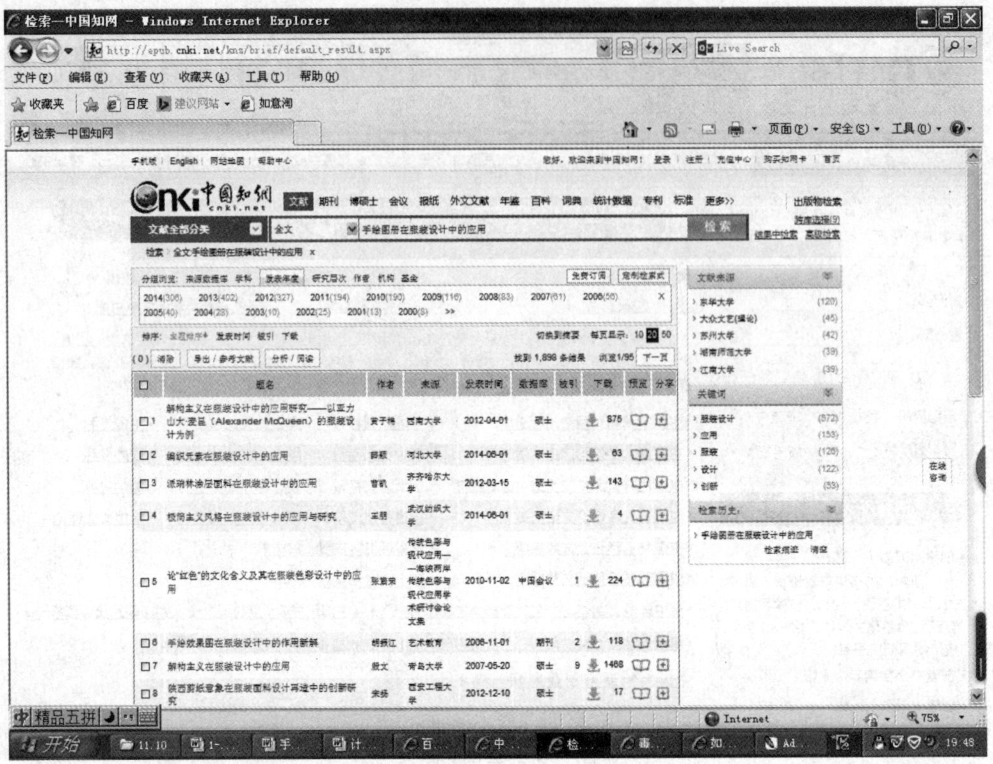

图 4-11　简单检索结果

（2）标准检索

标准检索比简单检索的检索条件更加具体。标准检索的项目包括：发表时间、文献出版来源、作者、主题等。例如，检索发表于 2010-01-01 到 2011-10-01 时间段、出版在期刊《电子商务》、主题是电子商务和 B2C 的文献，得到如图 4-12 所示的结果。

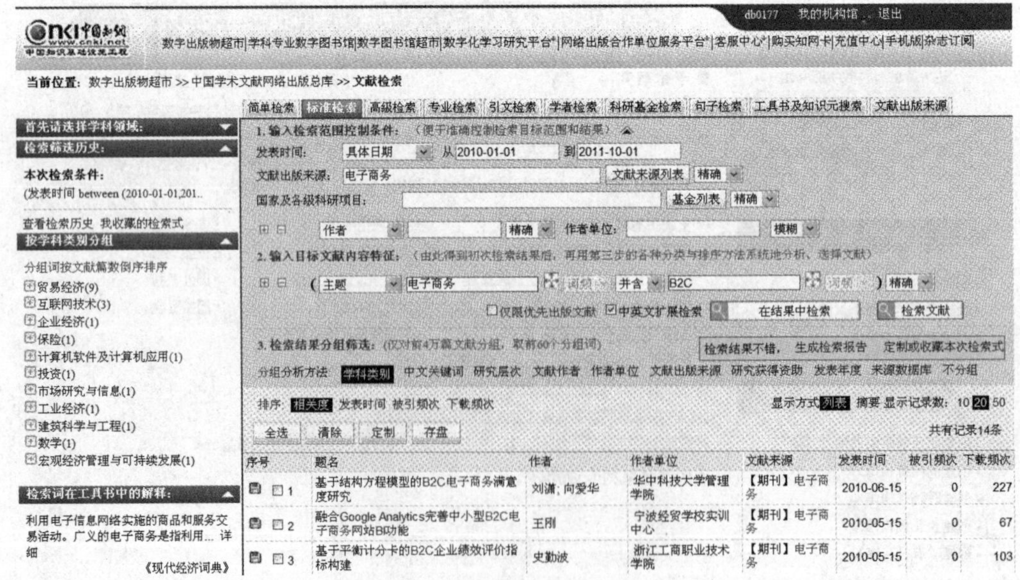

图 4-12　标准检索结果

（3）高级检索

高级检索比标准检索功能更强大。高级检索的功能包括：发表时间、选取检索范围、设定检索字段、输入检索词、确定各个检索词之间的逻辑关系等。

例如，搜索全文包含“满意度”，主题包含“服装设计”以及关键词包含“B2C”的文献，会得到如图 4-13 的结果。

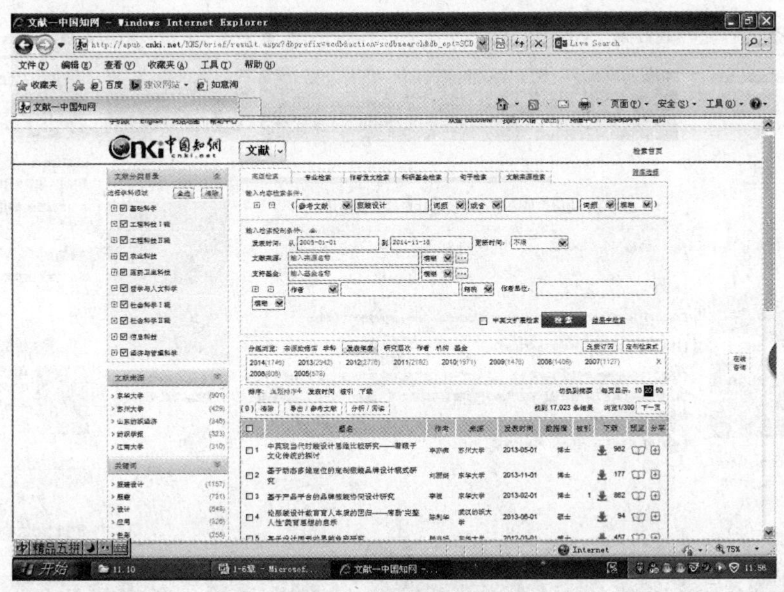

图 4-13 高级检索结果

（4）专业检索

专业检索比高级检索功能更加强大。专业检索可以用 17 个检索项构造检索表达式，如图 4-14 所示。检索表达式中的各个检索项之间可以用逻辑运算符 AND、OR 和 NOT 进行组合。

例如：检索表达式：SU=电子商务*满意度*结构方程模型 and KY=B2C and （AU%向+刘）。表示主题包括电子商务、满意度和结构方程模型，关键词包括 B2C，并且作者为“向”姓和“刘”姓的所有文章。检索结果如图 4-14 所示。

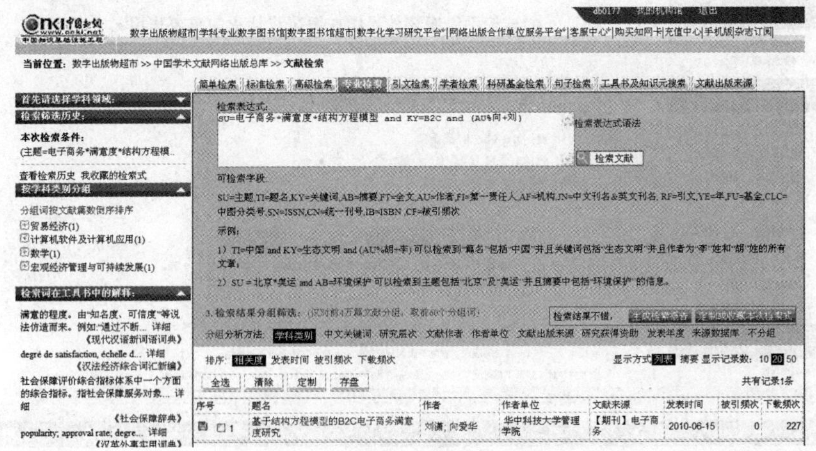

图 4-14 专业检索结果

3. 文献下载和存储

检索到所要的文献后，单击进入文献所在页面，单击“CAJ 下载”或者“PDF 下载”就可以下载并存储，如图 4-15－图 4-17 所示。

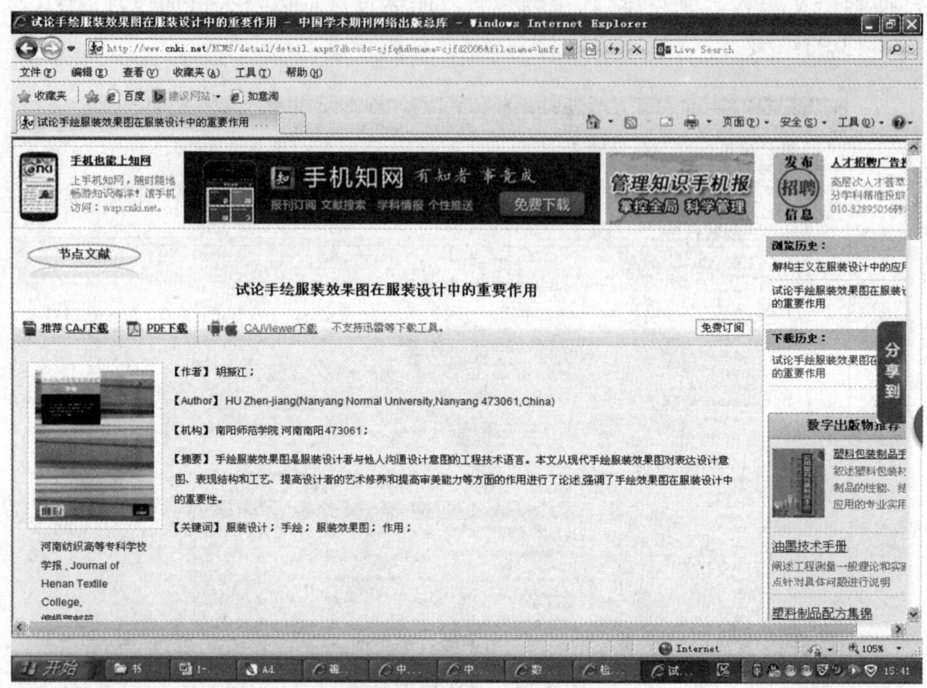

图 4-15 文献下载

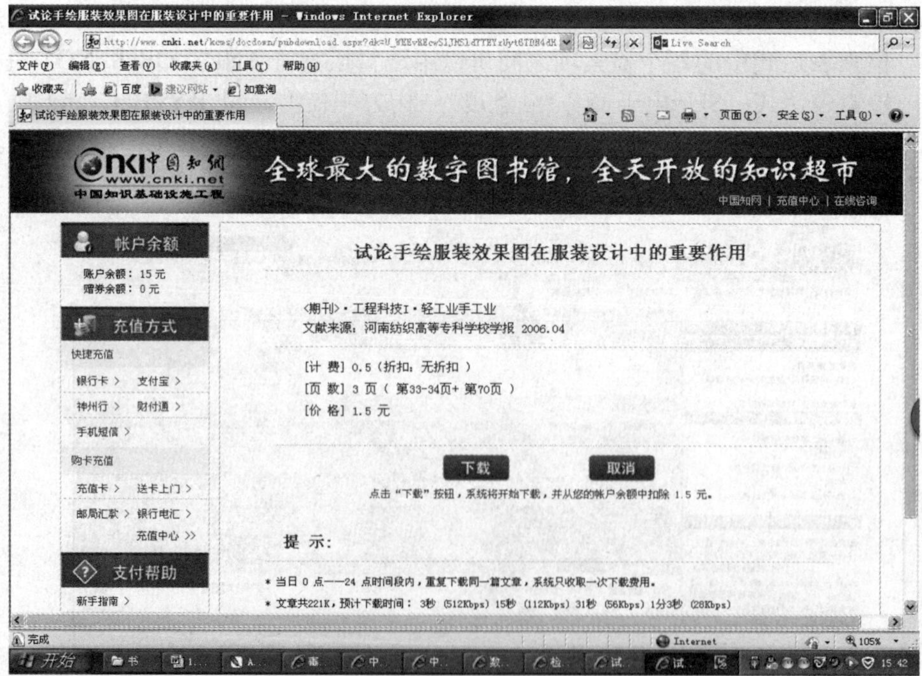

图 4-16 文献下载

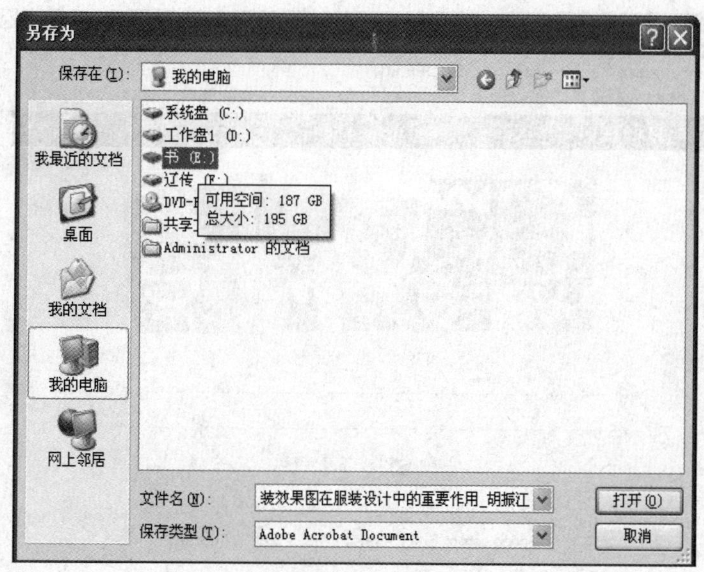

图 4-17　文献保存

4. 文献的读取

存储好的文献可以通过 CAJViewer 阅读器或者 Adobe Reader 阅读器读取，如图 4-18 所示。

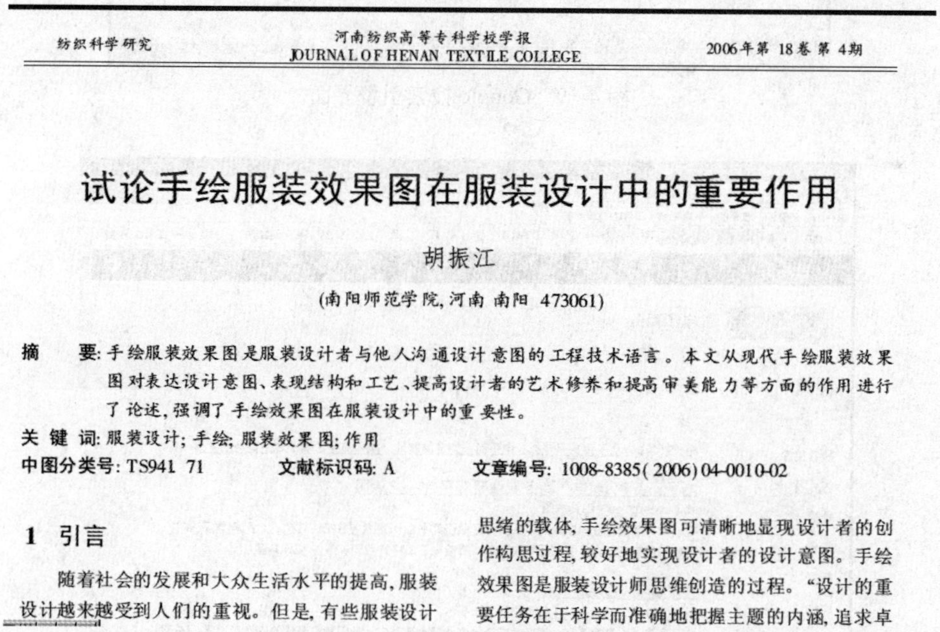

纺织科学研究　　河南纺织高等专科学校学报 JOURNAL OF HENAN TEXTILE COLLEGE　　2006年第 18卷 第 4期

试论手绘服装效果图在服装设计中的重要作用

胡振江

(南阳师范学院, 河南 南阳 473061)

摘　要: 手绘服装效果图是服装设计者与他人沟通设计意图的工程技术语言。本文从现代手绘服装效果图对表达设计意图、表现结构和工艺、提高设计者的艺术修养和提高审美能力等方面的作用进行了论述, 强调了手绘效果图在服装设计中的重要性。

关 键 词: 服装设计; 手绘; 服装效果图; 作用

中图分类号: TS941 71　　文献标识码: A　　文章编号: 1008-8385(2006)04-0010-02

1 引言

随着社会的发展和大众生活水平的提高, 服装设计越来越受到人们的重视。但是, 有些服装设计思绪的载体, 手绘效果图可清晰地显现设计者的创作构思过程, 较好地实现设计者的设计意图。手绘效果图是服装设计师思维创造的过程。“设计的重要任务在于科学而准确地把握主题的内涵, 追求卓

图 4-18　CAJView 阅读器读取文献

4.3.3　Google 搜索引擎文献检索实例

Google 搜索引擎的普通界面如图 4-19 所示，其网址是http://www.google.com．hk。Google 界面的操作非常简单易学。

例如，输入关键词“电子商务”，搜索结果如图 4-20 所示。

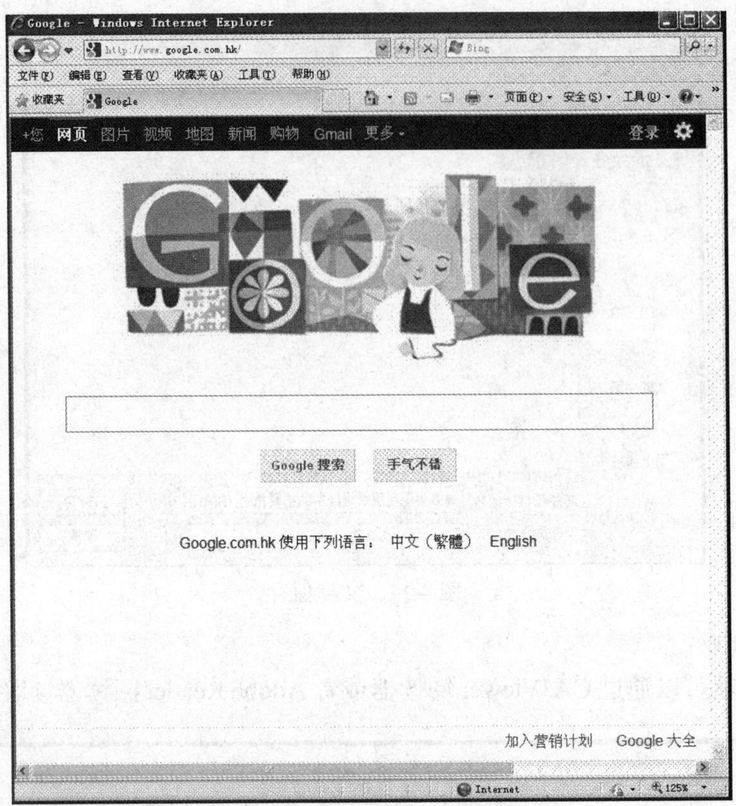

图 4-19 Google 搜索引擎界面

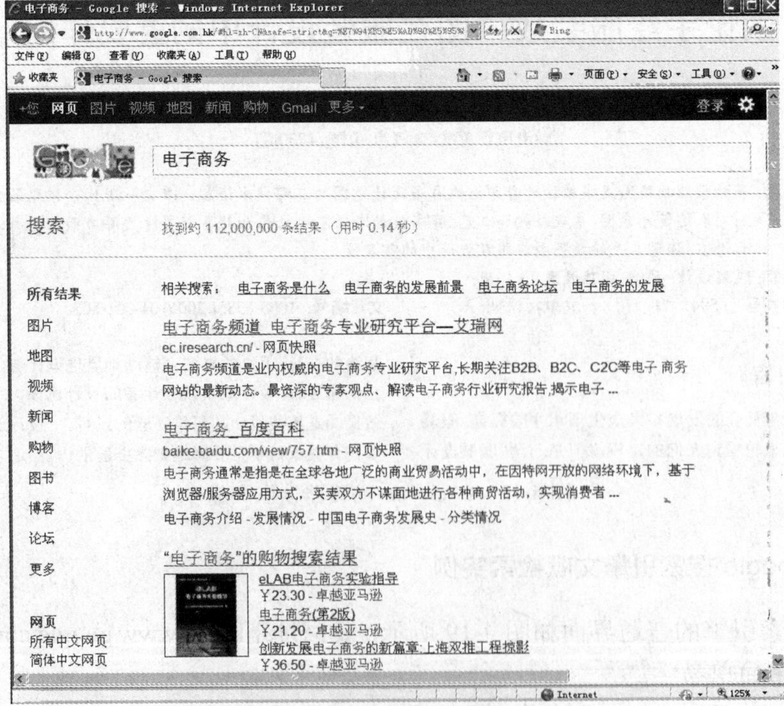

图 4-20 Google 搜索结果

Google 学术搜索界面（如图 4-21 所示）提供了广泛搜索学术文献的简便方法。用户可以从一个位置搜索众多学科和资料来源（学术著作出版商、专业性社团、预印本、各大学及其他学术组织）的经同行评论的文章、论文、图书、摘要和文章。Google 学术搜索可帮助用户在整个学术领域中确定相关性最强的科研文献。

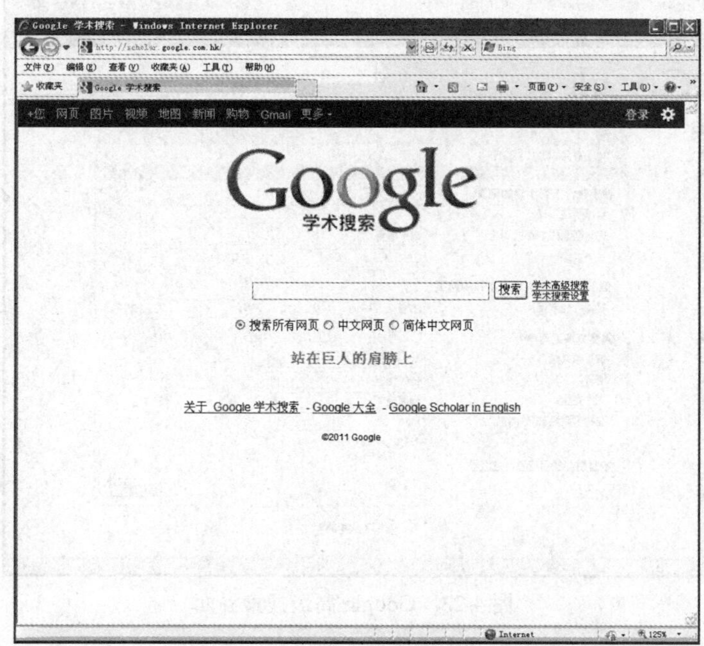

图 4-21　Google 学术搜索界面

例如，输入关键词“电子商务”和“B2C”，搜索结果如图 4-22 所示。

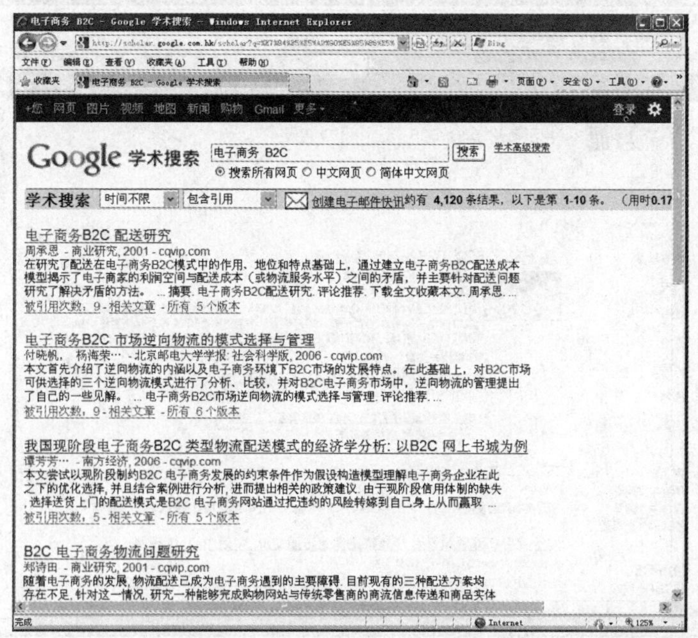

图 4-22　Google 学术搜索结果

Google 高级搜索界面提供了大量搜索选项，用户能够更加精确地获取所需文献，单击 Google 首页上“选项”下拉栏中的“高级搜索”链接就可以进入高级搜索界面，如图 4-23 所示。

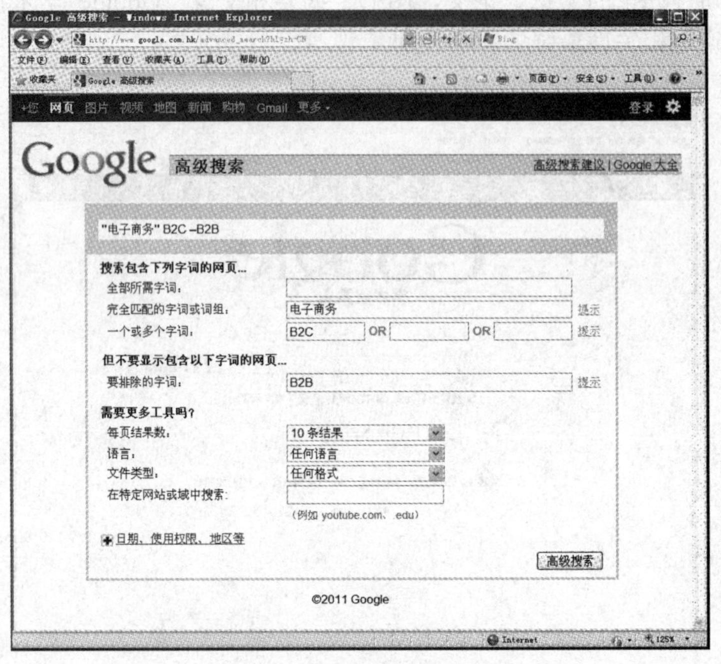

图 4-23 Google 高级搜索界面

例如，搜索包含关键词“电子商务”和“B2C”，但是不包括关键词“B2B”的网页，设置搜索结果每页显示 10 项，搜索结果如图 4-24 所示。

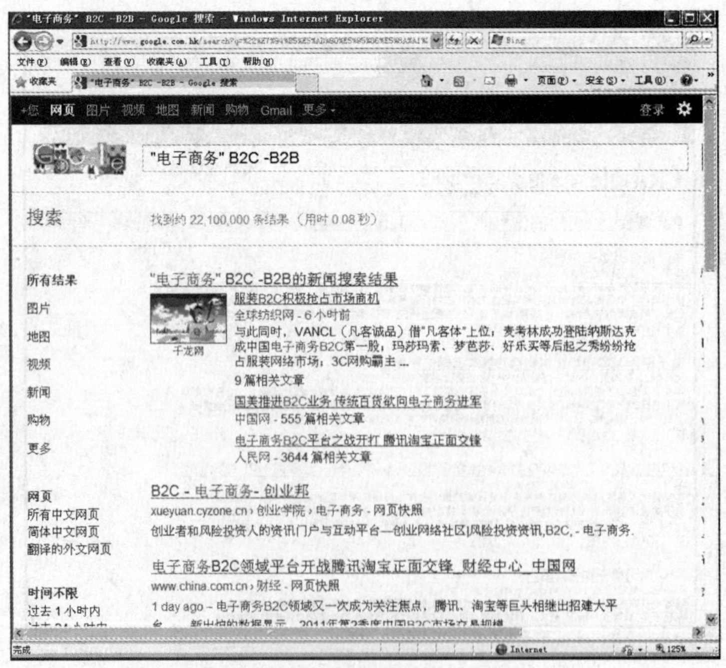

图 4-24 Google 高级搜索结果

4.4　文献综述实例

文献综述是学生在开题前阅读过某一主题的文献后，经过理解、整理、融会贯通，综合分析和评价而形成的一种不同于毕业论文的文体。综述的目的是反映某一课题的新水平、新动态、新技术和新发现。介绍和评论其历史、现状、存在问题以及发展趋势等，并在此基础上提出自己的见解，预测未来的发展趋势，提出论文的中心论点，为选题和开题奠定良好的基础。

文献综述实例如表 4-1 所示。

表 4-1　××××大学毕业论文（设计）文献综述

姓　名	×××	学　号	×××	系　别	×××
专　业	×××	年级班级	×××	指导教师	×××
论文题目	《手稿图册在服饰设计中的应用》				
查阅的主要文献	[1]（英）西蒙·希弗瑞著．时装设计元素：调研与设计．袁燕，肖红译．北京：中国纺织出版社，2009. [2]（英）古米尔特·马塔鲁著．什么是时装设计．江莉宁，刁杰译．北京：中国青年出版社，2011. [3]（英）科林·伦弗鲁著．Research and Design:AVA Publishing SA．北京：中国纺织出版社，2011. [4]（美）费尔姆著．国际时装设计基础教程．北京：中国青年出版社，2006. [5]（英）麦克阿瑟，边克利著．时装设计元素：造型与风格．袁燕译．北京：中国纺织出版社，2013. [6]（英）索格等著．时装设计元素．袁燕，刘驰译．北京：中国纺织出版社，2008. [7]（英）卓沃斯·斯宾塞，瑟蒙著．时装设计元素款式与造型．董雪丹译．北京：中国纺织出版社，2009. [8]（英）琼斯著．时装设计．张翎译．北京：中国纺织出版社，2009. [9]（英）艾丽诺·伦弗鲁著．时装设计元素——拓展系列设计．袁燕译．北京：中国纺织出版社，2010. [10]（英）麦凯维，玛斯罗著．时装设计：过程、创新与实践． 郭平建，武力宏，况灿 译．北京：中国纺织出版社，2004. [11]（美）杰·卡尔德林著．形式适合时尚．周明瑞译．济南：山东画报出版社，2011. [12]（英）阿特金森著．时装系列设计拓展与创意．于杨译．北京：中国青年出版社，2011.				
文献综述	**一、前言** 伴随着服饰设计的发展，手稿图册已广泛应用于西方国家的服饰设计过程中，更是成为了服饰设计师收集并整合灵感来源的主要方式之一；而国内虽然有与此方面相关的课程，但无论从理论方面还是内容方面，与西方国家还是有一定的差距，也没有得到足够的重视。随着国际间越来越多的交流往来，手稿图册将会为更多人熟知，同时也会被更广泛地应用于服饰设计的过程中。 **二、《手稿图册在服饰设计中的应用》的背景** 根据笔者实地考察，发现手稿图册在西方国家的服饰设计中有普遍并主要的应用。而国内虽有相关课程，但内容较形式化，没有很好地结合实际。目前为止这方面相关资料较少。服饰设计也处于进步阶段，需要不断地研究探索与开拓创新。从这一出发点考虑，本文针对这一现实情况，结合自身在服饰设计过程中对手稿图册的应用，对如何从根本改变设计思维、拓宽思路进行了思考				

续表

<table>
<tr><td rowspan="3">文献综述</td><td>三、《手稿图册在服饰设计中的应用》的研究意义
手稿图册是服饰设计过程中的重要环节，对改变传统教学模式与思维方式等方面提供了新思路与有益探索。本课题针对手稿图册对服饰设计的启发和影响，以突破思维的局限与传统的束缚为目标，以手稿图册在服饰设计过程中的应用为主要内容进行了实践研究。通过大量的图片资料与实例分析，对手稿图册在服饰设计过程中的全面细致的实践研究与探索，目的在于深入了解研究课题的系统性、实验性及其重要意义，以及对服饰设计师思维模式的影响，为国内服饰设计的发展提供可借鉴的思路与方法。在不同的领域中都能体现出其独特的价值</td></tr>
<tr><td>四、设计思路
着眼于手稿图册应用于服饰设计过程中的基本理论与方法进行探索。通过实践法（笔者在实践作品中对手稿图册的实际应用）和调研法（理论考察与文件搜索），在导师的指导下完成本课题的研究。</td></tr>
<tr><td>五、结束语
《手稿图册在服饰设计中的应用》属于创意礼服设计的范畴。通过这段时间的设计和论文撰写过程，查阅、研究了大量的相关文献，分析了国内外相关领域的特色资料并结合实际，使我对手稿图册在服饰设计中如何应用有了更深入的了解，并亲自利用所学知识及参考文献，在老师的指导下，对创意礼服设计中的手稿图册有了初步构思。由于时间和本人水平有限，这个设计还有许多地方有待改进。但这次毕业设计对我来说是对大学学习阶段的一次全面检查，使我在大学阶段学习的理论在毕业设计中得到了实际应用，它使我懂得如何利用手稿图册去积累灵感，丰富设计，也使我对手稿图册在服饰设计过程中各方面知识和表现技能都有了更深入的理解和提高，使我在步入社会前积累了很多经验</td></tr>
<tr><td>备注</td><td></td></tr>
<tr><td>指导教师意见</td><td>指导教师签字：
年　　月　　日</td></tr>
</table>

4.5 毕业设计的实施过程中需要注意的问题

1. 毕业设计一定要有自己的见解，中心明确，避免综合论述，拼凑成章

完成毕业设计时，要掌握前人和今人的研究成果，要了解该选题研究的现状以及发展的趋势。若是他人已解决了的问题，可以不必花力气重复进行研究。另外，不要人云亦云，凑热闹，找“热门”，要经过深入研究，冷静地考虑，确有新见。

此外，还要考虑个人的时间、资料和研究能力。盲目选择论题一般说来是不会成功的。选择自己获取信息、寻找图书资料方便的题目，考虑自己能利用哪些社会关系，到哪些单位调查研究，获取哪方面的文书档案、统计报表、数据资料比较方便，这样可以使资料运用起来得心应手，有助于写作的成功。

毕业设计过程中要关注并了解相关学科领域的学科带头人、著名的理论著作及最新研究

成果，这对论文的写作必不可少；其次，对各种材料必须消化吸收、融会贯通，针对实际工作中的矛盾和经验，重点研究，形成自己的观点，提出独到的见解。看材料、写文章，犹如春蚕吐丝，先吃进桑叶，经过咀嚼、消化，排出废物，然后吐出蚕丝，做成美丽的蚕茧，进而织成五光十色的锦缎，切忌搞大拼盘，进行简单的组合装配。

2. 写论文前要先草拟论文提纲

提纲是文章的骨架，体现作者的总体思路，以及全文的逻辑性和结构框架。通过草拟提纲可以规划基本内容，搭好基本框架，使自己的思想明确、条理清晰，还可以发现构思的缺陷、材料的不足、论据的不充分、思路的不清晰，使论文写作少走弯路。

论文提纲一般应包括文章的基本论点和主要论据，反映文章的体系结构。简单地说，提纲要列出一级题目、二级题目，如有需要，再作一些说明。有的人不习惯于写提纲，提起笔来就写初稿，结果由于构思不成熟，往往费时更多。

提纲写好后，要不断修改、推敲。一是推敲题目是否恰当，是否适合；二是推敲提纲的结构，是否能阐明中心论点或说明主要议题；三是检查划分的部分、层次、段落是否合乎逻辑；四是验证材料是否充分说明问题。这些工作完成后，再开始动笔写初稿也不迟。

3. 论文提纲的结构层次安排方法

（1）并列法。即表现为几个观点或几个问题、几类事情或若干事件并列在一起，形式上彼此独立，内容上共同为说明主题服务。这些内容（任务、原因、措施、成绩、经验、体会）没有谁先谁后、谁主谁次的区分，但须注意的是，各层次之间必须有内在的联系，不能互相矛盾、重复、包容，分类的标准、角度要一致。

（2）递进法。说明主题（问题）的各个层次的内容，或者是按照事情发展过程的先后次序，或者是按照事理逐层深入的关系来安排层次。用递进法安排层次，有明显的逻辑上的严密性，人们容易理解和接受。要注意的是，事情整理的先后顺序必须是确实存在的，而且是实质性的，否则也不能很好地说明问题。

（3）因果法。任何问题的发生总有其原因，任何做法、事态的发展总有其结果。层次的安排可结果在前原因在后，也可原因在前结果在后。

4. 论文提纲按的形式

（1）标题式提纲。用简要的词语概括内容，以标题的形式列出。在正文中一般可以作为主线、大的框架来处理。这种写法简明扼要，一目了然。

（2）句子式提纲。用一个能够表达完整意思的句子概括内容，该句子可以带有标点。

（3）段落提纲。是句子提纲的扩充，常用来编写详细提纲，故又称详细提纲。有时，当论文逻辑构成单位的内容不能用一个句子概括时，就写成一段话来进行表述。

上述三种形式可以综合运用。论文写作者可根据内容和篇幅的需要加以选择，只要用起来得心应手即可。

5. 编写提纲的方法与步骤

（1）先拟标题。拟定标题时，力求简单、具体、醒目，或揭示论点，或揭示论题。需注意的是，编写提纲的标题一般是最后确定的标题。

（2）用主题句子列出全文的基本论点，以明确论文中心，统领全纲。

（3）合理安排论文各大部分的逻辑顺序，用标题或主题句的形式列出，设计出论文的结构和框架。

（4）对于论文中的各大部分，逐层展开，扩展深化，设置细项目，结合搜集使用的材料，进一步构思层次，形成近似论文概要的详细提纲。

（5）将每个层次分成各个段落，写出每个段落的论点句子，并依次整理出需要参考的资料，如卡片、笔记等，标上序号，排列备用。

（6）检查整个论文提纲，作出必要的修改，即增加、删除、调整等。

6. 编写初稿与定稿

俗话说："七分材料三分写"。毕业论文执笔前重要的是准备工作，可为论文执笔成文打下良好的基础。如何将相关领域中好的研究成果演化成创造性的见解和观点，落实在书面篇章中，这是毕业论文写作的关键环节。

（1）起草初稿

根据编写的论文提纲，撰写论文初稿。初稿撰写有两种方法：一是从头到尾、不间断、不停顿，一气呵成写完初稿，然后再从头仔细推敲加工修改；二是根据文章的层次结构，一部分一部分地撰写、推敲、加工修订，全文分部分写完后，再合并起来通读、统稿完成。

学生撰写毕业论文时，在搜集材料充分的前提下，撰写论文初稿应适度掌握论文写作速度，不宜求快，应始终保持充沛的精力和敏捷的思维，做到纲举目张，顺理成章，井然有序，详略得当。

（2）文稿修订

一般说来，好文章是修改出来的。论文初稿完成后，往往存在不成熟、疏漏、重复、有误、用词不当等问题，需要反复推敲修改。修改前，应重新阅读有关参考文献和资料，虚心听取论文指导教师的意见。修改论文也是培养严谨的治学态度和良好学风的难得机会，因此要认真、严肃、不厌其烦地反复修改。修改要注意精炼、简明。

（3）誊清定稿

论文修订后作最后检查，满意后定稿。

（4）要为了"能毕业"才做毕业设计

毕业论文（设计）的基本目标是培养学生综合运用所学的基本理论、基本知识和基本技能，提高自己分析问题、解决问题的能力和初步进行科学研究的能力；培养学生优良的思想品质和探求真理的科学精神，提高综合素质。为此，我们应注重以下几方面能力的培养：

1）综合运用知识的能力

学生将所学的知识和技能运用于毕业论文（设计）中，对相关的实际问题有较强的分析能力和概括能力。

2）获取和应用文献资料的能力

学生能独立检索和多渠道获取文献资料，学习、了解、掌握本学科专业特定领域新的知识和发展动态，并恰当地将其运用到毕业论文（设计）中。

3）文法经管类学生的理论分析能力和理工类学生的设计、计算能力

学生能理论联系实际，运用科学的分析研究方法，对本学科的理论有较深入的分析或对简单的工程项目进行分析、计算和设计。

4）创新能力

结合理论知识和工作实践，鼓励学生在毕业论文（设计）工作中提出自己的见解，对前人的工作有所改进或突破。

第 5 章　艺术设计类专业毕业设计的论文撰写

本章概要

- 本章介绍了艺术设计专业毕业设计的主体内容设计，包括分析国内外研究现状和发展动态，了解关键词及难点、毕业设计的进度规划、毕业设计的具体实施过程等。这是学习本书后续内容的必要准备。
- 毕业设计不同于毕业论文，它的组成部分不只是一篇学术论文，以服装设计专业毕业设计为例：随着服装专业的发展进步，各大高校对服装设计毕业设计的内容提出了一定的要求，其中包括：方案设计文档，服装设计作品，设计方案册，论文，包括开题报告、任务书、实习报告、说明书正文等。这说明做一份优秀的毕业设计是要付出大量的努力，下面我们将介绍如何来完成一个毕业设计的主题内容设计。

5.1　论文的格式要求

根据国家标准局 1987 年发布的 GB7713—87《科学技术报告、学位论文和学术论文的编写格式》，要求论文“就事论事，言简意赅”，“术语”要规范，切勿杜撰，注重论据，条理清晰。毕业论文字数不少于 5000 字。

5.1.1　具体格式要求应参照如下所列条款

1．毕业论文需用学校规定的纸张，用计算机打印，背面不得打印正文和图表。正文中的任何部分不得打印到稿纸边框线以外。稿纸不准左右加贴补写正文和图表的纸条，或随意接长截短。

2．字迹要清楚、端正、切勿潦草。

简体字必须采用已正式公布过的，勿自造或误用非正式的简体字。例如“部分”不要写成“卩分”，“计算”不可写成“计标”，“圆周”不要写成“园周”，“零件”不要写成“另件”。

要按照 1986 年国务院重新发表的汉字《简化字总表》正确使用简化字。

外文字母一律仿印刷体书写。有些外文字母形状相似，书写时注意分清字形。英文的 C，K，O，P，W，X，Y，Z 等字母，其本身的大写和小写相似，书写时在形状大小上要注意有所区别。用作符号的字母的大小写要特别注意分清，例如，光学玻璃的折射率 nd 与 nD 分别表示 d 谱线与 D 谱线的折射率，不能混淆。

符号的上下角标号及数码要求大小分清，位置高低明显，尤其是角标的角标，要格外注意写清楚。

5.1.2　标点符号

毕业论文中的标点符号应符合国家标准 GB/T15834－1995《标点符号用法》的规定，一些需要注意的地方列举如下：

1．行文中的标点符号，除（）、“”、‘’、《》、<>外，其余应点在每格的左下方、格的四分之一处。

2．每行的第一格内可以点的标点符号是‘、“、《、<、（、——……（其中——和……点两格）。其他均不能点在一行的第一格。《、〈、(等标点符号不能单独点在一行的最后一格，应点在另一行的第一格内。如一行的末端需要点——和……这两种标点符号，又只剩下一个格，就将标点符号提出格外一部分，不可分为两截，前一半后一半。

3．句号要求用“。”表示。引号用“”（双引号）和‘’（单引号）。单层引号只使用双引号。引号套引号时，双引号在外，单引号在内，如“什么是‘趋肤作用’”。

4．书名号“《》”用来表示文件名称和书、刊、报名或其当中的文章名。

5．破折号“——”常用来标明行文中的注释性部分或同义词，占两格书写，如“可惜爱因斯坦——相对论的作者——并没有正确地解释他所得到的公式。”

6．连接号中的半字线即“-”，占半个字宽，书写时不占格，写在两格之间。用于结合各种并列和从属关系，例如并列词组（应力-应变曲线，温度-时间曲线），合金系统（Fe-Cr-Al），产品型号（SZB-4 真空泵），化合物（3-羟基丙酸，丁酮-2，α-丁烯酸，甲烷-d），币制（卢布-戈比），图、表、公式的序号（图 3-1，表 2-5，式 7-6）。

7．连接号中的一字线“—”占一个字宽，书写时应比汉字“一”略宽，在稿纸上写作一格位置。它用在化学键（如 C—H—C）、标准代号（如 137—64）、图注（如 1—低碳钢）、机械图中的剖面（如 A—A）等标注符号中。

8．省略号在正文中占两格“……”，在公式中占一格“……”。

9．乘号用“×”，不用“•”。

10．中文的并列字、词一般用顿号分开，如“依该种的特征、习性、产地或用途等确定名称。”在文中夹用外文、符号及数码时，遇并列字、词仍用顿号分开。阿拉伯数字及外文的并列字、词则用逗号分开，如当 x=2，3，4 时，函数 f(x)的值分别等于 14，16，20 或 A，B，C 等，如参考文献等全句都是外文，遇并列字、词时用逗号分开。

11．在并列的词组和短句之中又包含并列词的较复杂情况下，为避免并列的范围混淆不清，外层的并列词组或短句可用逗号或分号分开，其中的并列词用顿号分开。例如：“须解决邻位效应，饱和链中的中性质交递，有机物中氢分子、卤分子的活动性，瓦耳登转化等问题。”

5.1.3 名词、名称

1．毕业论文中的科学技术名词术语尽量采用全国自然科学名词审定委员会审定公布的科技名词或国家标准等标准中编写的名词，尚未编定和叫法有争议的，可采用惯用的名称。

相同名词述语和物理量的符号应前后统一。不同物理量的符号应避免混淆。

2．使用外文缩写代替某一名词术语时，首次出现应在括号内注明其含义，如 Clothing design，服装设计。

除一般很熟知的外国人名（如牛顿、爱因斯坦、门捷列夫、达尔文、马克思等）只须按通常标准译法写译名外，其余采用英文原名，不译成中文。其他语种的人名可译可不译。英文中人名按名在前姓在后的原则书写，如 P.Cray。不可把外国人姓名中名的部分漏写，如不能只写 Cray。

3．国内工厂、机关、单位的名称应使用全称，不得简化，如不得把北京大学写成“北大”。

5.1.4　量和单位

1．毕业论文中量的单位必须符合我国法定计量单位。它以国际单位制（SI）为基础。请参看有关文件。如 GB3100～3102-93 等。

有些单位的名称既可用全称表示，也可用简称表示（如“安培”和“安”，“伏特”和“伏”，“摩尔”和“摩”等），可以任意采用一种表示法，但在全文中用法要一致，不要两者并用。

2．非物理量的单位，如件、台、人、周、月、元等，可用汉字与单位符号构成组合形式的单位，如件/台·h，元/km。

3．表和图中的数值采用量与单位的比值形式表示，如λ/nm=58.9。改变过去把单位放在括号内或用逗号与量隔开的表示方法，如λ(nm)=58.9。

4．在文中不要用物理量符号、计量单位符号和数学符号代替相应的名称。在表示一个物理量的量值时，应在阿拉伯数字之后用计量单位符号。例如：“试样高度 h 为 25mm”不要写成“试样 h 为 25mm”，“钢轨每米质量”不要写成“钢轨每 m 质量”，“绕组电阻小于 1Ω”不要写成“绕组电阻<1Ω”，“铁的百分含量”不要写成“铁的%含量”，“加 15mol 的硫酸”不要写成“加 15mol 的 H_2SO_4”，“正负相消”不要写成“+-相消”，“随着压力 F 的下降而减少”不要写成“随着 F 的↓而减小”。

5.1.5　数字

1．毕业论文中的测量、统计的数据一律用阿拉伯数字，如“5.25MeV”等。

2．公历的年、月、日一律用阿拉伯数字，如“1949 年 10 月 1 日”；夏历的年、月、日一律用汉字。历史上的朝代和年号须加注公元纪年。

3．普通叙述中不很大的数目，一般不宜用阿拉伯数字。例如：“他发现两颗小行星”、“三力作用于一点”，不宜写成“他发现 2 颗小行星”、“3 力作用于 1 点”。

4．大约的数目可用中文数字，也可用阿拉伯数字。例如：“约一百五十人”、“八百公里”、“约二十五万人”，也可写成“约 150 人”、“约 800 公里”、“约 25 万人”。

5．分数可用阿拉伯数字表示，亦可用中文数字表示，但两者写法不同，前者要写成“5/8”（不要写成“8 分之 5”），后者要写成“八分之五”。

5.1.6　标题层次

毕业论文的全部标题层次应有条不紊、整齐清晰，相同的层次应采用统一的表示体例。正文中各级标题下的内容应同各自的标题对应，不应有同标题无关的内容。注意在正文的每个自然段前不得滥加序号。

章节编号应采用分级编号方法，一般不超过四级。

5.1.7　注释

毕业论文中有个别名词或情况需要解释时，可加注说明。

注释用页末注（即把注文放在加注处那一页稿纸的下端），而不用行中注（夹在正文中的注）或篇末注（把全部的注文集中在论文末）。

在同一页中有两个以上的注释时，按各注释出现的先后顺序编注释号，如 1，2，3 等。注释号的顺序取稿纸前一页为准计算，隔页时必须从头开始，不得续接。注释只限于写在注释号出现的同页，不得隔页。较长的注文应在抄写正文时妥善安排，当页写完。

5.1.8 公式

（1）公式应另起一行写在稿纸中央。一行写不完的长公式，最好在等号处或数学符号（如“+”、“－”号）处转行，而在下一行开头不应重复这一记号。

（2）公式的编号用圆括号括起放在公式右边行末，在公式和编号之间不加虚线。公式可按全文统编序号，也可按章单独立序号，如（49）、（7.11），采用哪一种序号应和稿中的图序、表序编法一致。不得有的章里的公式编序号，有的则不编序号。子公式可不编序号，需要引用时可加编 a，b，c，…等，重复引用的公式不得另编新序号。公式序号必须连续，不得重复或跳缺。

（3）文中引用某一公式时，写成“由式（16.20）可见”，而不写成“16.20 可见”或“由第 16.20 式可见”等。

（4）将分数的分子和分母平列在一行而用斜线分开时，注意避免含义不清，例如，a/b•cosx 就会既可能被认为是 a/(bcosx)，也可能被认为是(a/b)cosx。

（5）公式中分数的横分数线要写清楚，特别是连分数（即分子、分母也出现分数时）更要注意分数线的长短，并把主要分数线和等号对齐。

5.2 论文的结构设定

中华人民共和国国标 GB7713－87《科学技术报告、学位论文和学术论文的编写格式》规定，凡是学术论文，通常应包括题名、作者姓名及其所在单位、目录和摘要、关键词、引言（绪论）、正文（本论）、结论、致谢、参考文献等。具体到一篇毕业设计论文，在内容和写作上有着一些特殊的要求，在结构上通常有以下一些项目（详见本节的毕业论文写作框架）。

5.2.1 前置部分

1. 封面

封面是学术论文的门面，不仅对论文起保护作用，而且可以提供应有的信息。一般应包括以下内容：

（1）论文类别（如毕业论文、××学位论文）。

（2）标题。标题又称题目、文题，是以最恰当、最简明的词语反映论文中最重要的特定内容的逻辑组合。一般分为单标题和双标题两种。要求简要、明确，一般不超过 20 字。

（3）署名。其中包括论文作者的姓名、论文指导老师的姓名和职称。学位论文和毕业论文一般不允许两人或多人在同一篇论文上署名。

（4）专业名称。即论文作者主修专业的名称。

使用统一封面，样式根据学校具体要求，封面上的所有有关信息填写准确、完整、清晰。

2. 目录

目录即论文的纲目，主要指学位论文和毕业论文的，其他论文一般不要求有目录。标引论文目录的目的是让读者看完目录之后，对论文的选题、中心内容、结构安排等有一个初步的了解和评价。目录的内容一般由两级标题表明，即“一”和“(一)”两层。

3．摘要

摘要又称概要或内容提要，是对论文基本内容的浓缩，是论文内容不加注释和评论的简短陈述。要求简要概括论文的观点和主要内容。中文摘要一般以 200～300 字为宜，英语专业的外文摘要在 250 个实词左右。

4．关键词

关键词是为文献标引或检索而从论文中选取出来，能表达论文主题内容和属性类别的词、词组或术语。每篇论文选取 3～5 个词作为关键词，另起一行，标在摘要的左下方。标引的秩序应根据含义由大到小、由内容到形式，每一关键词之间留一个空格，不加标点。

5.2.2　主体部分

1．绪论。绪论也称引言、导论、导言、序言，是学术论文正文的开头部分。

2．本论。本论是详细阐述论文作者的个人研究成果，特别是作者提出的新的、创造性的见解。按章节层次排布。文中的图和表按章编号置于相应位置。

3．结论。结论是立论在得到证明之后的自然归宿，应与本论部分的立论相一致。它是对本论部分的主要观点做科学的概括，而不应当是不厌其烦的重复。

4．致谢（必要时）。它是指在毕业论文的研究和写作过程中，对给予过帮助、支持的个人和组织表示感谢。

5．参考文献。文后列出参考文献的目的和作用有三：一是表明作者对他人研究成果的尊重，也表明作者对课题研究的依据以及科学而严谨的治学态度；二是从另一个侧面反映了本课题研究的深度和广度，有利于自己今后进一步研究该课题时作必要的参考；三是有利于研究相同或相似课题的同行了解此项研究前人所做的工作。要求列出 3 篇以上的参考文献或论文所在网址。格式要求如下：

著作：作者、书名、出版社、出版时间、页码。

论文：作者、论文篇名、刊号、年、卷（期）、页码。

6．注释。注释是指对论文中的引文出处和某些词语的说明和解释，分尾注、脚注和夹注。其格式与参考文献的格式一致。

毕业论文（设计）正文小 4 号字，采用 A4 纸打印装订成册，某些专业的毕业论文（设计）还需提供相应的程序设计清单及光盘。

毕业论文写作框架如下（以服装设计的论文为例）：

摘要及关键词

Abstract and Keywords

目录

正文

导言

第一章　研究的意义和内容

- 本课题的研究背景及意义
- 本论文的目的和内容

第二章 研究现状及设计目标

- 相近研究课题的特点及优缺点分析
- 现行研究存在的问题及解决办法
- 本课题要达到的设计目标

第三章 要解决的几个关键问题

- 研究设计中要解决的问题
- 具体实现中采用的实现方法及分析

第四章 手稿图册与设计

- 手稿图册的制作
- 设计实现的策略和方法描述

第五章 手稿图册的实现

- 分模块详述手稿图册在服饰中的实现方法

第六章 手稿图册在服饰设计中的应用

第七章 结束语

致谢

参考文献

5.3 论文的内容规范

5.3.1 内容规范总体要求

毕业论文撰写内容应符合如下要求：

1. 标题

标题应该简短、明确，要有概括性。让人看后能大致了解文章的确切内容、专业的特点和学科的范畴。标题字数要适当，一般不宜超过 20 个字。

2. 摘要

摘要也称内容提要，应当以浓缩的形式概括研究课题的主要内容、方法和观点，以及取得的主要成果和结论，应反映整个论文的精华。中文摘要在 300 字以内为宜，同时要求写出外文摘要，在 250 个实词以内为宜。

摘要应写得扼要、精炼、准确，往往在毕业论文全文完成后再写摘要。一篇几百字的摘要，总要反复修改几遍才能定稿。在写作中要注意以下几点：

（1）用精炼、概括的语言表达，每项内容均不宜展开论证说明；

（2）要客观陈述，不宜加主观评价；

（3）成果和结论性意见是摘要的重点内容，在文字上用量较多，以加深读者的印象；

（4）要独立成文，选词用语要避免与全文尤其是前言和结论部分雷同；

（5）既要写得简短扼要，又要行文活泼，在词语润色、表达方法和章法结构上要尽可能写得有文采，以唤起读者对全文阅读的兴趣。

3. 目录页

4. 引言

引言是全篇论文的开场白。它主要包括：

（1）选题的缘由；

（2）对本课题已有研究情况的评述；

（3）说明本文所要解决的问题和采用的手段、方法。

5. 概述成果及意义

作为摘要和前言，虽然所定的内容大体相同，但仍有很大区别。区别主要在于：摘要一般要写得高度概括、简略，前言则可以稍微具体些；摘要内的某些内容（如结论意见）可以笼统地表述，而前言中所有的内容则必须明确表述；摘要不写选题的缘由，前言则应明确反映；在文字量上，一般情况是前言多而摘要少些。

6. 正文

论文的正文是作者对自己的研究工作的详细表述，占全文的较多篇幅。主体内容包括研究工作的基本前提、假设和条件；模型的建立，实验方案的拟定；基本概念和理论基础；设计计算的主要方法和内容；实验方法、内容及其结果和意义的阐明；理论论证，理论在实际中的应用等。根据课题的性质，一篇论文可能仅包含上述的一部分内容。

正文的写作要求：

（1）哪些是别人用过的，哪些是自己改进的，哪些是自己创造的，以便指导教师审查和纠正。这一部分所占篇幅不宜过多，应以简练、明了的文字概略表述。

（2）课题研究的方法与手段，分别以下面几种方法说明。

用实验方法研究课题，应具体说明实验用的装置、仪器、原材料的性能等是否标准，并应对所有装置、仪器、原材料作出检验和标定。对实验的过程或操作方法，力求叙述得简明扼要，对人所共知或细节性的内容不必过分详述。

用理论推导的手段和方法达到研究目的的，这方面内容一定要精心组织，做到概念准确，判断推理符合客观事物的发展规律，符合人们对客观事物的认识习惯。换言之，要做到言之有序，言之有理，以论点为中心，组织成完整而严谨的内容整体。

用调查研究的方法达到研究目的的，调查目标、对象、范围、时间、地点，调查的过程和方法等，这些内容与研究的最终结果有关系，但不是结果本身，所以一定要简述。但对调查所提的样本、数据、新的发现等则应详细说明。这是结论产生的依据，若写得抽象、简单，结论就立之不牢，分析就难以置信。在写作时应特别予以重视。

（3）结果与讨论是全文的心脏，一般要占较多篇幅。

在写作时，应对研究成果精心筛选，把那些必要而充分的数据、现象、样品、认识等挑选出来，写进去，作为分析的依据，应尽量避免事无巨细，把所得结果和盘托出。在对结果作定性和定量分析时，应说明数据的处理方法以及误差分析，说明现象出现的条件及其可证性，交代理论推导中认识的由来和发展，以便他人以此为根据进行核实验证。对结果进行分析后所得到的结论和推论，也应说明其适用的条件与范围。恰当运用表和图作结果与分析，是科技论文通用的一种表达方式。

7. 结论

结论包括对整个研究工作进行归纳和综合而得出的总结：所得结果与已有结果的比较；以及在本课题的研究中尚存在的问题，对进一步开展研究的见解与建议。它集中反映作者的研究成果，表达作者对所研究课题的见解和主张，是全文的思想精髓，是文章价值的体现。一般写得概括，篇幅较短。撰写时应注意下列事项：

（1）结论要简单、明确。在措辞上应严密，但又容易被人领会。

（2）结论应反映个人的研究工作，属于前人和他人已有过的结论可少提。

（3）要实事求是地介绍自己研究的成果，切忌言过其实，在无充分把握时应留有余地，因为在科学问题的探索上是永无止境的。

8. 感谢辞

感谢辞是在论文的结尾处，以简短文字对课题研究与写作过程中曾给予直接帮助的人员，例如指导教师、答疑教师及其他人员，表示自己的谢意。这不仅是一种礼貌，也是对他人劳动的尊重，是治学者应有的思想作风。

9. 参考文献与附录

参考文献是毕业论文不可缺少的组成部分。它反映毕业论文的取材来源、材料的广博程度及材料的可靠程度。一份完整的参考文献也是向读者提供的一份有价值的信息资料。

此外，有些不宜于放在正文中但有参考价值的内容，可编入论文的附录中，如公式的推演、编写的算法语言程序等。

论文编写完成后，为了醒目和便于读者翻阅，可为论文编写一个目录，目录可分章节，每一章节之后应编写页码。

如果论文中引用的符号较多，为了节省论文的篇幅，并且便于读者查对，可以编写一个符号说明。注明符号所代表的意义，如果是有指数的量，则应注明其指数。

5.3.2 毕业论文的写作步骤

毕业论文的写作步骤大体上分为拟写提纲、写成初稿、修改定稿和誊写等步骤。

1. 拟写提纲

毕业论文的篇幅较长，内容比较复杂，动笔写作时先拟一个文字提纲很有必要。陶铸生前对拟定提纲的重要性和必要性讲得很深刻。他说：“目的确定以后，最好先拟定简单提纲，写稿提纲和发言提纲的作用一样，是为了文章有组织（短文当然可以不用）。按提纲写稿子，有这样许多好处：①可以帮助你组织材料；②可以使想问题周到；③免得一面写一面想，写时吃力不讨好；又可以避免遗漏。”

拟定提纲要项目齐全，能初步构成文章的轮廓；要从全局着眼，权衡好各个部分；要征求指导教师的意见，注意多加修改，写作时要遵循提纲“框”住自己的头脑。要边写边积极思索，不断开拓自己的思路，才会取得满意的结果。

2. 写成初稿

毕业论文初稿的写作是最艰苦的工作阶段。在执笔时应注意下面几点要求：

（1）要尽可能把自己事先所想到的内容写进去。初稿的内容尽量充分丰富，以方便修改定稿。当然，也要防止一味地堆砌，写成为材料仓库。

（2）要合乎文体范围。文句力求精炼简明，深入浅出，通顺易读。避免采用不合语法的口头语言，也要避免采用科技新闻报道式文体。

（3）要顺利表达，不要在枝节上停留。

（4）要写得干净些、清楚些。初稿最好使用页面字数不太多的稿纸，四周有足够的空余之处，便于增、删、改。

3. 修改定稿

初次撰写毕业论文的大学生，应注意对论文的精心修改。修改的范围内容上包括修改观点、修改材料，形式上包括修改结构、修改语言等。

修改观点：一是观点的订正，看一看全文的基本观点以及说明它的若干从属论点是否偏颇、片面或表述得不准确；二是观点的深化，看一看自己的观点是否与他人雷同，有无深意或新意。

修改材料：就是通过增、删、改、换，使支持文章和说明观点的材料充分精炼、准确而鲜明生动。

修改结构：多数是对文章内容的组织安排作部分调整，小修小改。一般出现下面几种情况时都应动手修改：

（1）中心论点或分论点有较大的变化；

（2）层次不够清楚，前后内容重复或内容未表达完整；

（3）段落不够规范，划分得过于零碎或过于粗糙，不能显示层次；

（4）结构环节不齐全，内容组织得松散。

修改语言：包括用词、组句、语法、逻辑等。作为学术性的文章，语言应具有准确性、学术性和可读性。根据这一基本要求，语言的修改从以下几方面着手：

（1）把不准确的改为准确的；

（2）把啰嗦、重复的改为精练、简洁的；

（3）把生涩的改为通俗的；

（4）把平庸的改为生动的；

（5）把粗俗俚语改为学术用语。

5.3.3　论文的名词术语约束

科学技术名词（及定义）包括了丰富的科技和文化内涵。人类在创造世界、推动科技向前发展的历史长河中，同时也创造和发展了无数的科技名词，这些科技名词作为知识传播与科技交流的载体与工具，进而又促进着科技和文化的发展。没有术语就没有知识，然而我们在论文中一定要严格使用规范术语名词，并注意这些科技名词术语的统一。

第 6 章　艺术设计类专业毕业设计的答辩准备

本章概要

- 答辩的演示文稿设计
- 答辩的自我陈述
- 答辩的问题准备

6.1　答辩的演示文稿设计

6.1.1　演示文稿的思路

演示文稿的思路要按自己的课题思路，按重点来介绍。因为毕业生没有很多时间。

论文中有很多东西是收集和整理他人的，或者介绍基础条件的，在逻辑上论文要那样写，但并不意味着所有都要在答辩中讲到，更不意味着那个论文结构就是介绍自己研究成果的次序和全部内容。有些细节方面的过程在论文中一笔代过甚至未出现过，但也有可能成为你的汇报重点。

总之，要看实际情况来进行答辩汇报。

6.1.2　演示文稿的要求

大家需要对自己的论文选题、方法、结论、相关文献非常熟悉。每个人答辩大约 5 分钟，最好限制在 8 分钟之内，讲清楚后面幻灯片上的内容。回答老师问题有理有据，因为是自己完成的，你理所应当最权威，但不能狡辩。演示文稿尽量做得简洁、漂亮、得体。答辩时做到自信、表达流利、有理有据。

6.1.3　演示文稿的内容

要对论文的内容进行概括性的整合，将论文分为引言和试验设计的目的意义、材料和方法、结果、讨论、结论、致谢几部分。

其中应该尽量包含以下内容：

（1）论文题目概述（一张幻灯片）。

（2）论文简明扼要说明（一两句话）。

（3）论文题目背景。

（4）论文题目意义。

（5）论文题目目标。

（6）论文题目问题。

（7）论文题目框架（一张幻灯片）。

（8）论文题目的展开思路。

（9）论文结构。

（10）相关概念（一张幻灯片）。

（11）若有特别专业或者要特别说明的概念，可以解释，一般不需要。

（12）论文题目综述（一张幻灯片）。

（13）简要说明国内外相关研究成果，谁、什么时间、什么成果。

（14）最后简要述评，引出自己的研究。

（15）研究方法与过程（一到两张幻灯片）。

（16）采用了什么方法？在哪里展开？如何实施？

（17）主要结论（三到五张幻灯片）。

（18）自己研究的成果，条理清晰，简明扼要。

（19）多用图表、数据来说明和论证你的结果。

（20）系统演示。若是系统开发者，则需要提前做好安装好演示准备，在答辩时对主要模块演示 1～2 分钟。

（21）问题讨论（一张幻灯片）。

（22）有待进一步讨论和研究的课题。

（23）致谢（一张幻灯片）。

请各位老师批评指正。

6.1.4　温馨提示

在每部分内容的简介中，原则是图的效果好于表的效果，表的效果好于文字叙述的效果。不要满屏幕都是长篇大论，让评委心烦。现在在互联网上下载图片资料很方便。能引用图表的地方尽量引用图表，需要文字的地方，要将文字内容高度概括，简洁明了，用编号标明。

幻灯片的内容和基调。背景无论用哪种颜色，一定要使字体和背景呈现明显反差。如图 6-1 所示，幻灯片的要点是用一个流畅的逻辑打动评委。幻灯片字要大，在昏暗的房间里小字会看不清，最终结果是没人听你的介绍。

图 6-1　彩色背景课件

不要用幻灯片自带模板，自带模板那些评委们都见过，且与论文内容无关，简单没关系，纯色没关系，但是要自己做。时间不要太长，5～8 分钟的汇报，10～20 页内容足够，主要是你讲，幻灯片是辅助性的。

6.2 答辩的自我陈述

毕业论文答辩的自我陈述首先需要做些准备，如提纲、技巧、常见问题等，做好了这些准备，答辩的自我陈述就会得心应手。

毕业设计（论文）完成后要进行答辩的自我陈述，以检查学生是否达到毕业设计的基本要求和目的，以衡量毕业设计（论文）的质量高低。学生口述总结毕业设计（论文）的主要工作和研究成果，并对答辩委员会成员所提问题做出回答。答辩是对学生的专业素质和工作能力、口头表达能力及应变能力进行考核；是对学生知识的理解程度做出判断；对该课题的发展前景和学生的努力方向，进行最后一次的直面教育。

6.2.1 答辩的自我陈述提纲

拟定答辩提纲有助于理清答辩的思路，帮助学生组织语言，按照正确的顺序将毕业设计（论文）的背景、目的、研究方法、结果等一一阐述。

1. 答辩提纲的内容

答辩提纲主要应该有以下四个内容：所研究课题的背景和研究该课题的主要意义；研究此课题的关键是什么；独立解决问题的创新方法；研究依据和研究结果。

（1）熟读自己撰写的论文，从中提取主要内容

列出自己对这一问题的基本观点、看法、提供的主要论据、结论、理论价值和实际应用的意义。这些是单从论文本身出发，整理此篇论文所涉及到的核心内容，是答辩提纲的重要组成部分。

（2）了解所研究问题的背景，该问题的发展现状，研究该问题的原因是什么

充分掌握一个课题的背景和现状，有助于在答辩中回答老师的提问。

（3）收集与选题有关的诸多方面的材料，掌握相关知识

这项工作是对选题的延伸，学生不仅要熟知题目的研究情况，还要扩大范围，延伸到相关领域。

（4）参考资料的来源

对任何课题的研究都不可能凭空臆造，都是在前人研究的基础上继续拓展的结果，因此必定要对前人资料进行总结、归纳概括和吸收，然后在此基础上创新。研究课题的参考资料要尽可能搜集全面和准确。

（5）论文作者在该课题中的工作

较小的课题可能由一个人来完成，而复杂的研究内容需要多人的合作。每个学生承担的工作重点有所不同，毕业设计要求每位学生必须独立做完相应模块。学生要集中陈述自己独立工作完成的部分，这是评价论文难易程度的主要依据。学生要对课题的整体了解清楚，对其他合作者研究的部分也要简单知道，虽然不涉及细节问题，但是总体框架和结构必须明确。

（6）局限性

学生的毕业设计及论文的写作都是在很短的时间内完成的，且教师的知识面和掌握程度有限，鉴于这些原因，虽有一些研究成果，但毕竟不够深入，存在疏漏、谬误的地方，因此针对论文的不足之处要谦虚地提出来。

（7）新成果的评价与展望

正确认识毕业设计取得了哪些新成果。既不能过分自信、骄傲，也不能太过自卑，实事求是才是对待科学的态度。一个新成果有两个方面的价值，即理论价值和实践价值。如何将新成果推广到实际生活中，取得较好的经济效益，这是我们要思考和研究的问题之一。最后还要展望新成果的发展之路。

2. *答辩提纲的写作*

答辩提纲分为引言、正文和结尾三个部分。下面详细介绍每个组成部分的基本内容。写作时要注意提纲挈领，不一定每一项内容都要写在提纲里，答辩提纲的主要目的是在答辩时起到“提示”的作用。

（1）引言

引言是进入正文的一个必要手段，是进入答辩高潮环节的有益铺垫，所以书写引言时要投入一定精力，使引言能够引起答辩教师的注意，创造轻松的答辩氛围。

引言要做到引人入胜，如果能够采取听众感兴趣的话题作为切入点，可谓事半功倍、一举多得。其一，可以让答辩教师将精力集中在你的论文之上；其二，可以缓解紧张而又严肃的气氛；其三，就是答辩教师听过很多学生的答辩之后已经十分疲倦，用这种轻松的手法开场，听众的精神状态也会自然地恢复；其四，这还是一种先声夺人的方法，容易让人印象深刻。

特别要注意这种方式要适度，话题的范围要严格围绕论文的内容展开，切不可偏离中心，离题万里。时间的长短也要注意，它的作用仅是引入正题，一般控制在 1～2 分钟以内，然后迅速展开论文核心内容。

在这短短的时间里，都要涉及哪些内容呢？首先是礼貌的自我介绍，这是个人素养的基本体现，印象分很重要；其次是紧扣论文的趣味性材料；最后指明毕业设计课题及自述论文的安排和步骤。

（2）正文

正文内容分为两部分，一部分是依据论文的主要内容编写，另一部分是专为答辩而准备的某些资料。下面详细介绍这两部分内容。

首先整理论文的主要内容，提取论文内容的关键信息。

标题、摘要、关键词这三个部分在论文中已经十分精炼，特别是摘要字数虽然少，但是能够说明论文的核心内容。

1）目录

论文各章节的目录处处体现着论文的层次和结构。它能够帮助我们理清思路，抓住论文的梗概，便于查找。目录各层次的标题之间也暗示了其内容之间的相互联系。

2）前言

论文的前言一般包括写作此论文的目的和主要原因、本课题现阶段的发展情况、课题的有关背景和发展历史、研究范围和工作方法、理论原理、预期结果、工作计划。

3）论文正文

论文正文是论文的核心和主体部分，但是它篇幅最长，不适合在答辩提纲中使用。可以摘录正文中的重要观点和内容列入答辩提纲，帮助学生在答辩时对选题进行重点讲解。

（3）结尾

首先，结论。通过科学的理论推导和分析，反复的实验论证，实验数据的总结、概括、归纳，得出最终结论。结论应该完整准确、简明扼要、不偏激、不片面。

其次，致谢。在毕业设计和撰写论文的过程中，必定有很多人的帮助和支持，在论文的最后都会对帮助自己的师长、工作伙伴以及协作单位致谢。

最后，要准备专门为答辩而收集的资料，也要将核心内容和索引写在提纲中，其他具体资料可以在答辩中携带。主要包括与该课题联系的背景资料和文献，适当扩大到本领域范围之内；该课题的现有研究程度、发展方向、发展前景的有关资料。

3. 答辩的自我陈述提纲的试讲

答辩提纲撰写完成之后，经过反复阅读、修改并最终定稿。试讲由此开始，试讲的时间长度应与实际答辩的自述时间长度相同，应以各学校的规定为准，一般为 20 分钟。

试讲分为两个阶段。第一阶段，由自己独立完成，即讲给自己听。大概掌握发言时间的长短，对答辩提纲不尽如人意的地方再次进行修改、补充、删减，这一过程的记忆工作量很大。提纲不是全部内容，只是属于提示性的文字，主要体现彼此之间的层次与逻辑关系，由此联想到全部内容。试讲的过程应尽量脱稿演讲，对有些记忆起来确实有困难的内容可适当看稿。第二阶段，多人模拟答辩会场，这一阶段与正式答辩的程序和内容完全相同，应当作是一场正式考试。

6.2.2 答辩的自我陈述技巧

学生在答辩前除做好必要的物质和心理上的准备外，还应针对论文选题设计和准备答辩小组可能提出的问题。答辩中的技巧可以帮助学生消除紧张心理，举止大方而有礼貌，突出重点，避开没有足够把握的论题，获得优异的成绩。

1. 答辩程序

（1）自我介绍

自我介绍作为答辩的开场白，包括姓名、学号、专业。介绍时要举止大方、态度从容、面带微笑，礼貌得体地介绍自己，争取给答辩小组一个良好的印象。好的开始就意味着成功了一半。

（2）答辩人陈述

收到成效的自我介绍只是这场答辩的开始，接下来的自我陈述才进入正轨。自述的主要内容归纳如下：

①论文标题。向答辩小组报告论文的题目，标志着答辩的正式开始。

②简要介绍课题背景、选择此课题的原因及课题现阶段的发展情况。

③详细描述有关课题的具体内容，其中包括答辩人所持的观点看法、研究过程、实验数据、结果。

④重点讲述答辩人在此课题中的研究模块、承担的具体工作、解决方案、研究结果。

⑤侧重创新的部分。这部分要作为重中之重，这是答辩教师比较感兴趣的地方。

⑥结论、价值和展望。对研究结果进行分析，得出结论；新成果的理论价值、实用价值和经济价值；展望本课题的发展前景。

⑦自我评价。答辩人对自己的研究工作进行评价，要求客观、实事求是、态度谦虚。通过参加毕业设计与论文的撰写，专业水平上有哪些提高、取得了哪些进步，研究的局限性、不足之处、心得体会。

（3）提问与答辩

答辩教师的提问安排在答辩人自述之后，是答辩中相对灵活的环节，有问有答，是一个相互交流的过程。一般为 3 个问题，采用由浅入深的顺序提问，采取答辩人当场作答的方式。

答辩教师提问的范围在论文所涉及的领域内，一般不会出现离题的情况。提问的重点放在论文的核心部分，通常会让答辩人对关键问题作详细、展开性论述，深入阐明。答辩教师也会让答辩人解释清楚自述中未讲明白的地方。论文中没有提到的漏洞，也是答辩小组经常会问到的部分。再有就是论文中明显的错误，这可能是由于答辩人比较紧张而导致口误，也可能是答辩人从未意识到，如果遇到这种状况，不要紧张，保持镇静，认真考虑后再回答。还有一种判断类的题目，即答辩教师故意以错误的观点提问，这就需要答辩人头脑始终保持清醒，精神高度集中，正确作答。

仔细聆听答辩教师的问题，然后经过缜密的思考，组织好语言。回答问题时要求条理清晰、符合逻辑、完整全面、重点突出。如果没有听清楚问题，请答辩教师再重复一遍，态度诚恳，有礼貌。

当有问题确实不会回答时，也不要着急，可以请答辩教师给予提示。答辩教师会对答辩人改变提问策略，采用启发式的引导式的问题，降低问题难度。

出现可能有争议的观点，答辩人可以与答辩教师展开讨论，但要特别注意礼貌。答辩本身是非常严肃的事情，切不可与答辩教师争吵，辩论应以文明的方式进行。

（4）总结

上述程序一一完毕，代表答辩也即将结束。答辩人最后纵观答辩全过程，做总结陈述，包括两方面的总结：毕业设计和论文写作的体会；参加答辩的收获。答辩教师也会对答辩人的表现做出点评：成绩、不足、建议。

（5）致谢

感谢在毕业设计论文方面给予帮助的人，并且要礼貌地感谢答辩教师。

2. 答辩的自我陈述注意事项

（1）克服紧张、不安、焦躁的情绪，相信自己一定可以顺利通过答辩。

（2）注意自身修养，有礼有节。无论是听答辩教师提出问题还是回答问题，都要做到礼貌应对。

（3）听明白题意，抓住问题的主旨，弄清答辩教师出题的目的和意图，充分理解问题的根本所在，再作答，避免答非所问的现象。

（4）若对某一个问题确实没有搞清楚，要谦虚向教师请教。尽量争取教师的提示，巧妙应对。用积极的态度面对遇到的困难，努力思考做答，不应自暴自弃。

（5）答辩时语速要快慢适中，不能过快或过慢。过快会让答辩小组成员难以听清楚，过慢会让答辩教师感觉答辩人对这个问题不熟悉。

（6）对没有把握的观点和看法，不要在答辩中提及。

（7）不论是自述还是回答问题，都要注意掌握分寸。强调重点，略述枝节；研究深入的地方多讲，研究不够深入的地方最好避开不讲或少讲。

（8）通常提问会依据先浅后深、先易后难的顺序。

（9）答辩人的答题时间一般会限制在一定的时间内，除非答辩教师特别强调要求展开论述，否则必要展开过细。直接回答主要内容和中心思想，去掉旁枝末节，简单干脆，切中要害。

6.3 答辩的问题准备

答辩的问题准备应当尽量充分。学生应在答辩前从思想上和物质上进行充分准备，竖立信心，克服紧张情绪，准备答辩过程中必需的演讲以及辅助道具，提高答辩的质量。

6.3.1 精神准备

1. 明确答辩的目的和意义

（1）鉴别毕业设计（论文）的真伪。答辩是学生毕业前的最后一次考核，其首要目的是要考察学生毕业设计（论文）的真伪性。

（2）评价毕业设计（论文）的质量。在辨别论文真伪的基础上，进一步考察学生研究课题的深度与广度，评价论文的优劣程度。毕业答辩有一套完整、公正、客观的评分标准。包括对基本理论、基本技能、专业知识的综合运用；创造性的研究方法和研究成果；学术水平和实际意义；表达分析的条理性和准确性；毕业设计（论文）中存在的不足与问题；工作能力和态度、工作量等是否达到基本要求，有无突出表现，答辩小组成员将根据学生的具体情况评分。

（3）考察学生的临场发挥能力、语言表达能力、思维活跃能力。学生自述与回答问题时，应该沉着镇静、口齿清楚、论述充分有利、思维清晰、符合逻辑。对答辩教师的提问，仔细倾听、抓住中心、快速思考、正确作答。

2. 了解答辩的有关规定和要求

毕业论文答辩是取得学位的一项重要工作。院（系）毕业设计领导机构成立答辩委员会，指导教师可以加入答辩委员会，但不能担任答辩委员会主席的职务，且在自己学生答辩时应回避，不参与意见。答辩委员会在举行答辩前半个月将学生论文分发到答辩委员会成员手中，每位答辩教师应认真负责地对待每篇论文，仔细阅读、准备提问的问题。

答辩教师提出的问题有一定的方向性，主要分为鉴别论文真实性的问题、识别知识掌握程度的问题、判断论文研究深度的问题。出题也有一定的原则，把握目的难易程度和范围，难易深浅相结合，题目（大方向）的数量一般在 3 个左右。

6.3.2 心理准备

答辩是学生获准毕业、取得学位的必由之路，是走出学校、走向社会前的最后一次在校学习的机会。只要认真对待，通过并非难事。

自负与自卑都不可取。以轻视的态度面对答辩，放松精神、漫不经心、精力分散，势必在答辩中难于集中精神，自述丢三落四，回答问题张冠李戴，精神状态懒散，这种自负会让我们搬起石头砸自己的脚，最后功亏一篑。自卑的心理会使答辩大失水准，甚至由于胆怯而不能正常表达自己的想法，说话颠三倒四，思维停滞，态度唯唯诺诺，无法体现真实的能力和水平。

树立自信心，适当放松心情，不要给自己过大的压力，积极热情，泰然处之，以平常心对待。在答辩之前做一个小型的试讲会，模拟提问，努力适应答辩环境，克服恐惧、紧张的心理。

6.3.3　物质准备

物质准备包括论文底稿、参考资料、答辩提纲。

答辩不同于一般的口试，准备工作必须是全方位的。进入答辩会场要携带论文底稿、答辩提纲和参考资料，这三种资料的准备工作尤为重要。

论文底稿要保留，答辩之前要熟读其内容。无论是答辩中的自我陈述还是答辩教师的提问，都是以论文内容作为依据，论文中的重点内容必须牢记。

收集与论文相关的参考资料，分类整理，做好索引以便查找。参考资料尽量齐全，仔细阅读并学习研究，开拓视野，储备丰富的知识。

答辩提纲作为答辩中必不可少的物质资料，直接影响答辩的质量。答辩提纲的撰写有其特殊的要求、要领。它是论文底稿和参考资料的融合与提炼。从表面看，一份提纲的篇幅相对于论文来讲是相当少的，但它的内容和信息量是论文与参考资料的总和。

6.3.4　辅助准备

在大约 5 分钟的自我陈述过程中，单用“说”这种枯燥的方式不容易达到好的效果。在答辩过程中应注意吸引答辩教师的注意力，充分调动答辩小组的积极性，使用生动活泼的语言可以收到好的成效；视觉图像往往让人有更加深刻的认知，如果利用视觉反应传达毕业设计论文的内容，再配以语言解释，这二者的巧妙结合将使答辩变得有声有色。因此可以选择图、表、照片、幻灯、投影等作为辅助答辩的物质材料。

另外毕业论文答辩还应注意以下几个问题。

1. 精心的准备

主要指做一份精美的幻灯片。相信大家答辩时都会用到 PowerPoint，制作一份精美的幻灯片会为你的论文增色不少，尤其对那些论文实质内容比较苍白的论文来说，可以很大程度上弥补其本身的不足。

2. 演讲时间上的准确把握

毕设答辩各组时间不同，但基本上每人讲 10 分钟，提问 5 分钟。演讲的时间概念很重要，一定要在规定的时间内讲完，否则会被老师强行制止。正式演讲前最好自己预讲一下，心里有个数。讲的时候，尽量讲一些重要的、结论性的东西，中间一些不重要的内容最好忽略。

3. 灵活的应变

个人讲演完闭后就是老师提问。回答问题时一定要沉着冷静，相信自己是本课题方面的大牛（实际上也是这样，一般你做的课题其他老师并不十分清楚，你在做什么只有你自己知道），对待老师的提问一般多是有惊无险，只要沉着应战一般均可轻松拿下。

总之，答辩就是凭印象给分，你的表现越好，所得分数也就越高，所以给老师留个好印象是十分重要的。要克服怯场心理，消除紧张情绪，保持良好的心理状态，有自信意识。这是学生应具备的最基本的心理素质。凡是有充分自信意识的学生，在答辩过程中就会精神焕发、心绪镇静、神态自若、思维敏捷、记忆完整。答辨时可以淋漓尽致地发挥。要做到自信，需要对自己的论文在内容、范围、材料方面有充分的理解和多方面的准备，做到烂熟于心。从整体到局部都有了然于胸的感受，这样就能对提出的种种质疑应付自如，即使不能对答如流，至少也能迎刃而解，问有所答。真正做到“艺高胆大”，有了真才实学，就不怕别人提出质询。

另外还要做好资料的准备。不要忘记将与论文有关的一些图表类资料整理好。如经济类论文答辩时，可能会涉及许多统计表、统计图、测算表、明细表、演示图等。准备许多相关的图表悬挂在答辩现场，作为讲解的辅助工具。

最后要做好发言提纲的准备。“工欲善其事，必先利其器”，不打无准备之仗，答辩者在答辩前可从以下角度去考虑准备答辩：

（1）为什么选择这个课题？

（2）研究这个课题的意义和目的是什么？

（3）全文的基本框架、基本结构是如何安排的？

（4）全文的各部分之间逻辑关系如何？

（5）在研究本课题的过程中，发现了哪些不同见解？对这些不同的意见，自己是怎样逐步认识的？又是如何处理的？

（6）论文虽未论及，但与其较密切相关的问题还有哪些？

（7）还有哪些问题自己还没有弄清楚，在论文中论述得不够透彻？

（8）写论文时，立论的主要依据是什么？

对以上问题应仔细想一想，必要时要用笔记整理出来，写成发言提纲，在答辩时用。这样才能做到有备无患，临阵不慌。

在答辩时，一般是几位相关专业的老师根据学生的设计实体和论文提出一些问题，同时听取学生个人阐述，以了解学生毕业设计的真实性和对设计的熟悉性；考察学生的应变能力和知识面的宽窄；听取学生对课题发展前景的认识。

答辩中专业老师常会提出的问题分类如下：

（1）辨别论文真伪，检查是否为答辩人独立撰写的问题。

（2）测试答辩人掌握知识深度和广度的问题。

（3）论文中没有叙述清楚，但对于本课题来讲尤为重要的问题。

（4）关于论文中出现的错误观点的问题。

（5）课题有关背景和发展现状的问题。

（6）课题的前景和发展问题。

（7）有关论文中独特的创造性观点的问题。

（8）与课题相关的基本理论和基础知识的问题。

（9）与课题相关的扩展性问题。

（学生应该针对这些常见问题提前做好准备。

第三部分　艺术设计类专业各方向毕业设计实例及选题

本部分概要

- 环境艺术设计方向毕业设计实例及选题
- 服装设计方向毕业设计实例及选题
- 平面设计方向毕业设计实例及选题
- 工业产品设计方向毕业设计实例及选题

本部分导言

通过向学生展示环境艺术设计方向、服装设计方向、平面设计方向、工业产品设计方向的毕业设计实例，帮助学生掌握艺术设计类专业毕业设计中各个环节的操作过程，使学生熟悉从最初选题到最终完成作品设计的全过程。

第 7 章　环境艺术设计方向毕业设计实例及选题

本章概要

- 环境艺术设计方向概述
- 环境艺术设计方向毕业设计实例分析
- 环境艺术设计方向的各类选题
- 环境艺术方向毕业设计最终呈现的形式与要求

7.1　环境艺术设计方向的研究领域

7.1.1　环境艺术设计专业概述

本专业方向的学生主要学习室内与景观设计的基本理论知识和专业设计技能，接受空间设计思维和设计表现的基本训练，通过学习掌握运用空间设计思维及方法论分析问题、运用实践设计技能与技法解决问题的能力。

7.1.2　毕业生能力培养目标

学生毕业后应获得以下几方面的知识和能力：

（1）掌握作为大学生所必须具备的基本知识、基本技能，并形成良好的思想品格。热爱社会主义祖国，拥护中国共产党的领导，愿为社会主义现代化建设服务，为人民服务，有为国家富强、民族昌盛而奋斗的志向和责任感。

（2）具有敬业爱岗、艰苦奋斗、热爱劳动、遵纪守法、团结合作的品质；具有良好的社会公德和职业道德；具有健康的体魄，达到大学生体育合格标准。

（3）掌握环境艺术设计专业的基本知识和基本理论，具有较高的设计审美与评判能力。

（4）了解环境艺术设计领域的前沿理论和设计发展趋势，了解我国经济、文化、艺术的方针、政策和法规，及相关设计行业规范和标准。

（5）系统化掌握环境艺术设计专业的设计方法论与设计技能，并能将学科理论应用到实践中去分析问题、解决问题。

（6）理解设计对现代生活方式的影响，了解装饰材料和施工工艺在实践中的具体应用，及新材料、新技术、新工艺对行业发展带来的推动作用。

（7）广泛了解环境艺术设计专业相关领域及理论知识对其发展的影响，全面认识人体工程学和人为因素在环境艺术设计中的应用。

（8）具有一定的社会调研、文献检索与资料查询的能力，以及科学研究和实践工作能力。

（9）熟练掌握计算机辅助设计软件、手绘表现技法和模型制作，具有一定的设计语言表达能力。

（10）能够掌握一门外语，达到学校对外语水平的要求，并能够使用外语进行简单的交流与沟通。

7.1.3　环境艺术设计相关主干课程

1. 家居空间环境设计

本课程主要讲授家居空间设计。家居空间设计是环艺专业中的一门重要课程，课程内容包括空间的组织和界面处理方法、采光照明设计的方法、家具布置的方法以及人体工程学在居室空间中的应用等。通过课程学习，使学生掌握艺术设计与创作的专业技能和方法。

2. 办公空间环境设计

本课程是环境设计专业的主干课程，通过一系列优秀案例分析及项目训练，让学生系统了解并掌握办公空间设计的相关室内设计原理及设计规范、设计流程等内容，训练学生利用所学室内设计原理及相关知识，结合新型思维训练方法及设计手法，把握办公空间设计的基本规律，使其具备独立进行设计实践的基本能力。

3. 景观环境设计

本课程为专业必修课，是在学习景观设计原理的基础上对景观设计的进一步学习。通过对景观设计的学习，使学生能够了解并掌握景观设计的基本着眼点、城市景观设计所涉及到的基本问题，掌握解决问题的基本方法。培养学生的景观设计方案构思能力，使学生能正确理解城市景观设计的意义，掌握景观设计的思维模式和思考方法，能够独立完成景观规划设计。

4. 商业空间设计

本课程以商业空间设计为主线，系统介绍了商业空间设计的基本概念、特征、设计内容、创意方法、设计应用步骤，以及与其相关的人体工程学、色彩、灯光等相关内容。既分别深入表述各方面的知识，又通过实际图例综合评述多方面内容，引导学生掌握文献检索、资料查询的基本方法，使其对学习内容融会贯通，并且侧重讲解当前商业空间的发展趋势、设计原则和方法，以及国外先进设计理念的运用。

5. 综合空间设计

本课程为环境设计专业的一门专业综合课程，通过国内外环境设计发展动态的分析讲解，及系统讲述环境设计专业理论知识和设计方法论，将环境设计所涉及的功能空间加以整合，提升学生对综合空间的设计能力，掌握其设计方法，并能独立进行创作和设计。

6. 设计表现与传达

本课程以锻炼学生设计实践为目的，通过模型的设计制作，锻炼学生的动手能力，及其将设计转变为实物的操作能力。使其具有独立进行设计表现与制作的能力。

7. 工程制图

本课程系统讲述环境设计制图相关知识，教授学生识图、画图的专业技能，通过教、学、练、画四位一体的方式使学生了解有关行业规范与标准。

8. 设计方法论

本课程主要讲授设计思维与方法相关内容，是环境设计专业的主要设计基础课程，通过相关专业设计方法的介绍及拓宽学生设计思维的训练，培养学生具备专业的设计素养，敏锐的观察力、理解力及独立进行设计思考的能力。基础理论知识的学习可使学生在今后的专业学习中能够独立发现问题、分析问题、解决问题。

9. 造型基础

本课程是艺术设计专业本科生的重要基础课，是其了解和掌握设计造型基础的主要课程。素描是一切造型艺术的基础，可想本课程的重要性。通过本课程的学习，使学生能够掌握绘画基础课的绘画过程，掌握人物表情，心理表现等问题，并掌握创作构图的把握能力。本课程的目的就是想在教学中探索出一条符合现代美术要求的具有自己面貌特点的造型手段，为设计服务，使学生打开思路，尽早接触设计，要用设计的思维来创作，而不是面对实物简单地描摹，更不能被笼罩着“后现代主义”影子的流行一时的所谓“专业素描”所影响，只强调简单的感观刺激，不重视本体语言。

10. 手绘效果图表现

本课程以绘画透视学、专业色彩、专业素描为基础，通过讲授室内外效果图的表现方式及表现技法，使学生理解手绘效果图的绘制过程，掌握效果图的绘制方法，并能够将设计构思表现为虚拟真实的场景环境，使之成为今后专业设计中的辅助工具。训练其设计表达的能力。

11. 设计方法论

本课程以深入浅出的论述方法和生动的说明性实例，系统地阐述了室内设计如何正确地运用创作思维和进行设计。内容从四大方面介绍，即室内设计的理论基础；室内设计系统的特征；设计思维与表达方式；设计语言与设计方法。其中详细说明了设计的本质、艺术的感觉、科学的逻辑、创造的基础、时空体系概念、空间设计要素、行为心理因素、概念与构思、方案与表达、构造与细部、设计的语言、图解的方法、功能与平面和形象与空间等。

通过课程学习，使学生掌握设计的方法、设计程序、设计的实现手段，并能够运用所学理论知识指导相关的设计课业，提高学生现代设计思维能力。

12. 空间环境设计

本课程以空间环境设计为主线，系统介绍了空间环境设计的基本概念、特征、设计内容、创意方法、设计应用步骤，以及与其相关的人体工程学、色彩、灯光等相关内容。既分别深入表述各方面的知识，又通过实际图例综合评述多方面内容，引导学生对学习内容融会贯通，并且侧重讲解当前空间环境的发展趋势、设计原则和方法，以及国外先进设计理念的运用。使学生掌握空间设计的基本手法，能够运用标准的绘图语言对空间效果做出有创意性的设计表现。

7.2 环境艺术设计方向毕业设计实例（论文部分）

环境艺术设计方向的毕业论文/设计是以大学四年本科专业学习为基础，学生根据自己的意向、兴趣以及在学习中的不断积累与思考，对自己研究的课题进行研究、调查、分析总结、论证和设计的过程。环境艺术设计方向的毕业设计包括毕业论文的撰写及实际项目设计两个部分，是大学学习生活中非常重要的一个环节。本节将用实际的案例详细介绍环境艺术设计方向毕业论文的撰写与实际项目的设计过程。

商业空间设计导向与现代社交方式契合的探索
——以“厨客家”设计为例

1．毕业设计任务书

毕业设计任务书如表 7-1 所示。

表 7-1　××××大学毕业论文（设计）任务书

<table>
<tr><td>姓　名</td><td>×××</td><td>学　号</td><td>×××××××××</td><td>系　别</td><td>艺术设计系</td></tr>
<tr><td>专　业</td><td>环境艺术
设计专业</td><td>年级班级</td><td>××级×班</td><td>指导教师</td><td>×××</td></tr>
<tr><td>论文题目</td><td colspan="5">《商业空间设计导向与现代设计方式契合的探索》——以“厨客家”设计为例</td></tr>
<tr><td>任务和目标</td><td colspan="5">1．毕业设计（论文）的任务任务
本毕业设计主要研究新型的公寓式聚会——现代餐饮与家庭聚会的融合。随着现代化进程的加速，使人与人之间的相互交流变得频繁，而频繁的结果就会导致频繁的应酬、频繁的忙碌。现代餐饮与家庭聚会的结合成为一种新的社交形式。这样的场所中包含家庭厨房设施、KTV 娱乐设施、影视娱乐设施、棋牌娱乐设施、休闲洽谈设施以及厨房教学设施等。在这样一个温暖的、家庭式的、多维的就餐空间中，我们可以选择适合聚会的组合。
2．毕业设计（论文）的目标
如何打造一个“家庭式”的商业社交场所。
如何使“家庭式”的社交场所与现代人们的生活方式相结合。
如何才能让新型的“家庭式”社交方式在社会中生存</td></tr>
<tr><td>基本要求</td><td colspan="5">学生根据各自能力与特点进行选题，运用所学专业知识和设计语言（计算机、图形、符号、制图、绘画、造型、模型、色彩、材质、文字等），在指导老师的指导下，对某一具体设计项目进行市场调研、资料分析、概念提炼、设计元素的搜集和处理、创新性设计、反复优化调整、定稿、制作等具体工作，旨在于设计项目中对设计规律和设计方法有更深的理解和认识，其中特别强调创新性在最终设计内容中的体现。目的是培养学生的综合运用能力，使学生成为具有扎实的专业理论基础和较强的独立动手能力的应用型人才。
论文撰写应在指导教师指导下独立完成，论文应做到中心突出、层次清楚、结构合理；必须观点正确，论据充分，条理清楚，文字通顺；并能进行深入分析，见解独到。同时论文字数不得少于 3000 字，还要有 300 字左右的论文摘要，关键词 3～5 个（按词条外延层次，由高至低顺序排列）。最后附上参考文献目录和致谢辞</td></tr>
<tr><td>研究所需条件</td><td colspan="5">1．具备足够的专业基础知识。
2．具备搜集资料的网络、图书馆等资源和条件</td></tr>
<tr><td rowspan="8">任务进度安排</td><td>序号</td><td colspan="2">主要任务</td><td colspan="2">起止时间</td></tr>
<tr><td>1</td><td colspan="2">任务书下达、毕业设计正式开始</td><td colspan="2">2013.11.1－2013.11.12</td></tr>
<tr><td>2</td><td colspan="2">完成文献综述、开题报告</td><td colspan="2">－2013.12.10</td></tr>
<tr><td>3</td><td colspan="2">完成需求分析</td><td colspan="2">－2013.12.24</td></tr>
<tr><td>4</td><td colspan="2">完成论文二稿或中期检查</td><td colspan="2">－2014.4.1</td></tr>
<tr><td>5</td><td colspan="2">上交论文成稿</td><td colspan="2">－2014.4.13</td></tr>
<tr><td>6</td><td colspan="2">设计类论文上交程序代码</td><td colspan="2">－2014.4.15</td></tr>
<tr><td>7</td><td colspan="2">论文答辩</td><td colspan="2">－2014.4.20</td></tr>
<tr><td>指导教师签字</td><td colspan="3"></td><td>日期</td><td>年　月　日</td></tr>
<tr><td>系部领导签章</td><td colspan="3"></td><td>日期</td><td>年　月　日</td></tr>
</table>

2. 文献综述

文献综述如表 7-2 所示。

表 7-2 ××××大学毕业论文（设计）文献综述

<table>
<tr><td>姓　名</td><td>×××</td><td>学　号</td><td>×××××××××</td><td>系　别</td><td>艺术设计系</td></tr>
<tr><td>专　业</td><td>环境艺术设计专业</td><td>年级班级</td><td>××级×班</td><td>指导教师</td><td>×××</td></tr>
<tr><td>论文题目</td><td colspan="5">《商业空间设计导向与现代设计方式契合的探索》——以“厨客家”设计为例</td></tr>
<tr><td>查阅的主要文献</td><td colspan="5">[1] 中华人民共和国环境噪声污染防治法，1997.
[2] 郑曙阳，室内设计资料集，北京：中国建筑工业出版社，1993.
[3] 高婉炯，刘美欧. 从居住模式的变迁看住宅中厨房的设计[J]，山西建筑，2008（06).
[4] 王戈卓，王述洋. 现代集成厨房的通用设计研究[J]，机电产品开发与创新，2007（02).
[5] 科能，胡特尔. 后工业社会和都市的社交形式[J]，1987-04-01.</td></tr>
<tr><td>文献综述</td><td colspan="5">商业空间设计导向与现代设计方式契合的探索——以“厨客家”设计为例
一、前言
随着现代化进程的加速，使人与人之间的相互交流变得频繁，而频繁的结果就会导致频繁的应酬、频繁的忙碌。以往的饭店、酒吧，现在的日租房都会成为青年聚会的首选之地，而最新的在别墅中聚会的“轰趴”也渐渐流行。但是在我国当今现代化的发展中，这些聚会的方式已逐渐落后，因此现代餐饮业与家庭聚会的融合就会成为一种新的社交方式。本文希望通过探讨此类场所中应具备哪些功能、发展方向和潜在的动力，为当下的社交形式提供一种借鉴，设计出更加符合中国需要的社交聚会形式的场所。
二、《商业空间设计导向与现代设计方式契合的探索》的背景
现代餐饮与家庭聚会的融合将会成为一种新型的娱乐就餐体验的必然产物。此类场所当中包含家庭厨房设施、KTV 娱乐设施、影视娱乐设施、棋牌娱乐设施、休闲洽谈设施以及厨房教学设施等。在这样一个温暖的、家庭式的、多维的就餐空间中，我们可以选择适合我们聚会的组合。
三、结束语
《商业空间设计导向与现代设计方式契合的探索》属于商业空间设计的范畴。通过这段时间的设计和论文撰写过程，查阅、研究了大量的相关文献，分析相关领域的特色资料并结合实际，使我对《商业空间设计导向与现代设计方式契合的探索》有了更深入的了解，并利用所学知识，在老师的指导下对商业空间与现代生活方式有了初步设计。虽然时间和本人水平能力有限，这个设计还有许多地方有待改进，但这次毕业设计对我来说是对大学学习阶段的一次全面检查，使我在大学阶段学习的理论在毕业设计中得到了实际应用，懂得了如何去设计一个有效可行的商业空间，也使我了解了商业空间的结构，在设计过程中对有关商业空间设计的各方面知识和表现技能都有了更深入的理解和提高，为步入社会积累了很多经验</td></tr>
<tr><td>备注</td><td colspan="5"></td></tr>
<tr><td>指导教师意见</td><td colspan="5">

指导教师签字：
年　　月　　日</td></tr>
</table>

3. 论文开题报告

论文开题报告如表 7-3 所示。

表 7-3　××××大学毕业论文（设计）开题报告

<table>
<tr><td>姓　名</td><td>×××</td><td>学　号</td><td>×××××××××</td><td>系　别</td><td>艺术设计系</td></tr>
<tr><td>专　业</td><td>环境艺术设计专业</td><td>年级班级</td><td>××级×班</td><td>指导教师</td><td>×××</td></tr>
<tr><td>论文题目</td><td colspan="5">《商业空间设计导向与现代设计方式契合的探索》——以“厨客家”设计为例</td></tr>
<tr><td>选题依据与意义</td><td colspan="5">一、学术价值、应用价值
现代餐饮娱乐与家庭聚会的融合研究的意义在于，现代化进程的加速使得人与人之间的相互交流变得频繁，而新型的公寓式聚会成为更受广大青年所喜爱的聚会方式，因此日租房便成为这一类青年聚会的首选之地。现代餐饮与家庭聚会的融合就会成为一种新型的娱乐就餐体验的必然方式。如何才能完美地把娱乐与自助餐饮巧妙地融合在一个空间中，是本课题研究的依据。
二、国内外研究现状分析
查阅相关资料，没有找到国内外与此相关的研究记载</td></tr>
<tr><td>研究内容</td><td colspan="5">1. 现代餐饮娱乐与家庭聚会的融合研究从品牌的形象出发，我是从品牌的名字 logo 出发的，基于“厨房+客人+家庭=厨客家”的思想，品牌的名字确定为“厨客家”，而品牌的形象定位是“拥有家的感觉的娱乐厨房”，logo 定为“厨客家”
2. 研究的方向定位在家庭的温暖与功能性齐全的就餐区和娱乐性齐全的娱乐区的融合。
3. 如何才能完美地把娱乐与自助餐饮巧妙地融合在一个空间中，是本课题研究的重点。家庭的温暖体现在开放式的厨房设计中。每个空间必备的开放式厨房成为其中心。自助式的取餐形式和点餐形式成为餐厅的主要形式之一。
4. 融合不同功能的房间将会适应不同的消费人群和不同年龄的人群。组合形式必备开放式厨房+独立卫生间，而添加不同的娱乐功能在其中就是需要研究的问题</td></tr>
<tr><td>研究方案</td><td colspan="5">一、本课题研究的目标
课题研究方案：（查阅资料、市场调研、同导师探讨、课题组研讨）
为获得较好的研究效果，在本论文的研究过程中对多种研究方法进行了综合应用，主要有以下几种：
1. 市场调研法。
2. 文献归纳法。文献研究是本课题的一种重要方法。收集餐饮与日租房功能相结合理论的相关研究成果，将这些资料加以分析、归纳，从中找出具有普遍性的问题和有价值的观点作为研究的基础。运用这种方法可以找出研究的各种理论视角，有助于把握各种理论的发展脉络，从而为本文的研究奠定一定的理论基础。
3. 与导师和课题组成员探讨法。对现代餐饮与日租房功能如何在不同时期、地点、情况下的不同表现进行分析比较，以找到其发展的可能性，从而得出符合客观实践的结论。
二、本课题研究要解决的问题
1. 如何打造一个“家庭式”的商业社交场所。
2. 如何使“家庭式”的社交场所与现代人们的生活方式相融合。
3. 如何才能让新型的“家庭式”社交方式在社会中生存
三、本课题的研究方法
本课题拟采取的研究方法是通过查阅相关的资料，进而进行以下三个研究方法：
1. 吸收国内外的经典案例，找到共同点与不同点，进行研究改进分析。
2. 对不同年龄段人群的调查分析，进行分析报告总结。
3. 找到各年龄段不同消费人群的需求所在，进行功能的完善。</td></tr>
</table>

续表

写作进度安排	1. 2013 年 10 月—2013 年 11 月，方案研究的初步构想，完成文献综述及开题报告。 2. 2013 年 11 月—2013 年 12 月，方案研究的进一步深入构思与平面的空间布局分析。 3. 2014 年 3 月—2014 年 4 月，方案的模拟空间建立，与分析结果的相互融合，完成论文二稿或中期检查。 4. 2014 年 4 月—2014 年 5 月，完成整个方案的细化并排版，模型制作，展板制作，上交论文成稿。 5. 2014 年 4 月—2014 年 5 月，设计类论文上交程序代码，并完成测试、验收
指导教师意见	指导教师签字： 年 月 日
系学术委员会意见	主任签章： 年 月 日

4. 论文中期报告

论文中期报告如表 7-4 所示。

表 7-4 ××××大学毕业论文中期报告

学生名字	×××	学号	×××××××××	指导老师	×××
论文题目	《商业空间设计导向与现代设计方式契合的探索》——以“厨客家”设计为例				
论文中期完成情况	**一、前期工作简述** 论文的前期工作主要完成了任务书、文献综述和开题报告的撰写，并对商业空间设计导向与现代设计方式契合的探索进行总体设计。 **二、尚存在的问题及解决方案** 论文中论点的实例（例如现代餐饮场所与日租房的设计与实现）需要收集具有代表性的室内环境设计案例进行验证。 **三、后期工作安排** 2014 年 1 月 13 日—2014 年 3 月 15 日，进行代码后期书写调试，撰写论文； 2014 年 3 月 16 日—2014 年 4 月 11 日，上交论文初稿以及论文修改； 2014 年 4 月 12 日—2014 年 4 月 13 日，上交论文成稿				
完成情况评价	1. 按计划完成，完成情况优（ ） 2. 按计划完成，完成情况良（ ） 3. 基本按计划完成，完成情况合格（ ） 4. 完成情况不合格（ ） 补充说明： 指导教师签名： 年 月 日				

5. 论文封皮

论文封皮示样图如图 7-1 所示。

××××大学

毕　业　论　文（设 计）

题　　目：《商业空间设计导向与现代设计方式契合的探索》——以“厨客家”设计为例

系　　部：艺术设计系

专　　业：环境艺术设计

班　　级：××××级×班

学　　号：×××××××××

姓　　名：×××

指导教师：×××

完成日期：××××年××月××日

图 7-1　论文封皮示样图

6. 论文诚信声明和版权说明

论文诚信声明和版权说明如图 7-2 所示。

毕业论文（设计）诚信声明书

本人声明：我将提交的毕业论文（设计）《商业空间设计导向与现代设计方式契合的探索》是我在指导教师指导下独立研究、写作的成果，论文中所引用他人的无论以何种方式发布的文字、研究成果，均在论文中加以说明；有关教师、同学和其他人员对本文的写作、修订提出过并被我在论文中加以采纳的意见、建议，均已在我的致谢辞中加以说明并深致谢意。

论文作者：×××　　　　（签字）时间：　　年　月　日

指导教师已阅　　　　　　（签字）时间：　　年　月　日

图 7-2　论文诚信声明书和授权说明

毕业论文（设计）版权使用授权书

本毕业论文（设计）《商业空间设计导向与现代设计方式契合的探索》是本人在校期间所完成学业的组成部分，是在××××大学教师的指导下完成的，因此，本人特授权对××××大学可将本毕业论文（设计）的全部或部分内容编入有关书籍、数据库保存，可采用复制、印刷、网页制作等方式将论文文本和经过编辑、批注等处理的论文文本提供给读者查阅、参考，可向有关学术部门和国家有关教育主管部门呈送复印件和电子文档。本毕业论文（设计）无论做何种处理，必须尊重本人的著作权，署明本人姓名。

论文作者：×××　　　　（签字）时间：　　年　月　日

指导教师已阅　　　　　　（签字）时间：　　年　月　日

图 7-2　论文诚信声明书和授权说明（续）

7．论文正文

《商业空间设计导向与现代社交方式契合的探索》
——以“厨客家”设计为例

【中文摘要】

随着中国现代化进程的加速，使得人与人之间相互交流变得频繁，而频繁的结果会诱发人们厌倦以往的聚会形式，商业空间的多功能性就是本篇论述的重点。本文第一部分阐述了传统社交的弊端，第二部分探讨了“家庭式厨房”的组合、构成及本身的潜力。最后一部分阐述了“家庭式厨房”应用在中国社交形式中的意义。

【关键词】家庭　聚会　厨房　娱乐

【Abstract】

The acceleration of China's modernization process, which can make mutual exchanges become more frequent, and the frequent result will cause people tired from the previous party form, the versatility of the commercial space is the focus point from the thesis. The first part of this thesis expounds the disadvantages of the traditional social, the second part will expound the "family kitchen" combination, form, and their potential. The last part will expound that the significance for the "family kitchen" used in the Chinese social activity form.

【Keywords】 family ,party, kitchen, recreation

前　言

随着现代化进程的加速，人与人之间的相互交流变得频繁，而频繁的结果就会导致频繁的应酬，频繁的忙碌。以往的饭店、酒吧，现在的日租房都会成为青年聚会的首选之地，而最新的在别墅当中聚会的“轰趴”

也渐渐流行。但是在我国当今现代化的发展中，这些聚会的方式已逐渐落后，因此现代餐饮业与家庭聚会的融合就会成为一种新的社交方式。本文希望通过探讨此类场所中应具备哪些功能、发展方向和潜在的动力，为当下的社交形式提供一种借鉴，设计出更加符合中国需要的社交聚会形式的场所。

一、传统社交的弊端

传统的有 KTV 聚会、餐厅聚会、酒吧聚会等，而新型的公寓式聚会将成为更受到广大青年所喜爱的聚会场所。

选择这种形式聚会的人群为 20～30 岁的 80、90 后青年，他们有着无拘无束的童年，没有生活的压力，由于家长的溺爱，使得他们产生的逆反心理也极为严重，从而更加向往一种有家的生活。30～40 岁的 70、80 后的人群则在童年便有了很强的自理能力，在接受到改革开放带来的巨大变化的同时也变得更加适应社会的变化，种种的聚会形式他们都是体验过的，也逐渐厌倦了这种生活。朋友圈的积淀使得这类人群的朋友圈缩小，朋友变得更加亲密，往往会招呼到自家来聚会。这样弊端便显现出来，传统的聚会枯燥乏味，回家聚会则厨房不好打理，朋友走后的打扫问题也随之出现。

应运而生的日租房便成为主流青年聚会的首选之地。他们在朋友面前展现自己的自立能力，自己做饭，从而要比同龄的青年强那么一些。而日租房的弊端也体现在了人们的面前，日租房里提供的厨房设施不够齐全，碗筷不够卫生就餐的必需品的缺失，导致人们仍需到超市当中购买这些用品，这样会增加了聚会的成本，也大大的浪费了资源。单一的日租房式的聚会也逐渐不能满足人们的需求。而现在在别墅当中聚会的轰趴也渐渐流行我们可以在别墅中集体打游戏，看电影，打牌，这些都可以满足青年人、中年人的需求。别墅的面积大，小形一点的聚会就不适合在这里进行。但是别墅的费用相对要高一些不适合大众的传播，也具有一定的弊端。

二、社交的意义

当今已经有一部分人把社交当成工作以外的娱乐休闲和几个好朋友一起打牌、喝咖啡的休闲活动，还可以到自己的亲戚同事家里去做客，放松心情的同时也能消除一周的工作疲劳。如果一个人在社交活动里感觉焦虑或紧张，而不是惬意和轻松，就使这个人忘掉了我们在社交中的娱乐休闲的性质，而在心里增加了另外的一层意义。

三、“家庭式厨房”组合与构成

（一）“家庭式厨房”的组合

厨房主要分为两大组合形式：开放式厨房和封闭式厨房。

1.“家庭式厨房”的艺术

“民以食为天”是中国古代至今依然与人们生活息息相关的，而在其中起到支撑主导的厨房则日渐在其中占据非常重要的部分。人们想到厨房就会想到烟雾缭绕的油烟炙热，而在一些年轻人的眼中，下得厨房则是一种高尚的美德，其实在自家的厨房中烧几道可口的小菜并与家人朋友一起品尝，不但能促进彼此间的感情，同时也能吃得很健康。

（1）厨房中的通用设计

20 世纪 80 年代通用设计明确提出，以往的概念大多都在研究产品设计本身的周期变化，而很少有人能够站在使用者的生理机能变化上的需求进行设计。

随着社会经济、人口结构的不断变化，消费者对产品提出了更高、更人性化的要求。基于各种需求，美国的学者、建筑师和北卡罗来纳州立大学通用设计研究中心的创始人 Ron Mace 最先将 Universal 和 Design 这两个单词组合在一起，来描述一种“可以为所有人使用”的设计理念，而提出了通用设计（Universal Design）的概念。

（2）通用设计的宗旨

通用设计的宗旨是花费尽可能少的代价，创造出尽可能适应所有人需求的产品、空间和环境，不论小孩、大人、老人或任何残疾人，皆能获益。

2. 组合的多样

橱柜的组合是将各种电器的空间及一些被人忽视的空间重新组合起来，对于一些犄角旮旯的空间会选择适合的尺度来定制一些橱柜，使得厨房变得更为合理，使用更为方便，上层橱柜一般都会放置一些干燥的食物，这样既能收纳更多器具，又利于通风以免滋生细菌。最下层可以放置一些不常用的锅具；墙壁的空间一般会安置一些钢架，放置餐具、锅具等；大容量的抽屉也能对原料进行合理有序的摆放。通体的橱柜能够打造出更为整洁干净的厨房空间，每个位置都会根据使用的频率放置最为适合的物品，常用的工具放在随手可取的位置上，方便快捷，为厨房里增添一种乐趣。下层橱柜则大都隐藏微波炉、烤箱、洗碗机等设备，根据不同需求有不同的组合形式。

3. 色彩的丰富

色彩的考量则在整个空间起到画龙点睛的作用，色彩的搭配直接影响到对厨房整体感官的理解。“家庭式厨房”通过多样的颜色搭配创造出不同情感体现的厨房空间。三原色红黄蓝衍生的一些复色的对比搭配是整个空间色彩的亮点。

4. 橱柜的选材

整体橱柜在保证严密性、通透性的同时，一般会采用实木材料和玻璃材料，玻璃橱柜能解决对物品的取用收纳的便捷，一目了然的通透也是对物品的一种很好的展示。选材上，台面的选择也尤为重要，天然理石、人造石材、不锈钢材，这些选材对于设计中的质感应用起到重要的作用。

5. 厨具的选择

创造艺术的氛围和浓郁的人文气息的同时，将不同品牌的产品巧妙地搭配，并融合图形、构成、色彩等时尚元素。

厨具的优劣决定着对整体厨房品味的把控，直接接触到皮肤的餐具能给人一种直接的触觉体验，在厨具的选择上，我们要考虑既要方便使用、美观大方，又要有细腻的质感、高雅的花纹图案，这样对于整体的陈设也提出了更高的要求。

（二）“家庭式厨房”的构成

1. 开放式厨房

巧妙地利用空间，将简洁、美观、实用的餐桌巧妙地融入到整体厨房当中，紧密相连形成开放式的“就餐烹饪为一体”的空间。使得人们能够感受到厨房与交互的联系更为紧密，人与人之间在距离上拉近。整体的厨房与就餐区域的连接，也很好地把厨房与客厅联系在一起。

2. 空间布局

建筑的防火墙和顶梁的结构是构成整个厨房的基本框架，在对厨房进行设计的时候要做到因势利导，巧妙利用，厨房作为整体空间的中心，空间布局至关重要，在现有的建筑结构的基础上，合理有效地对空间进行划分。

3. 设备选择

设备选择上，我们不但要考虑设备的功率瓦数，在开放式的厨房中，油烟机的选择也是在对油烟的控制上起到至关重要的作用的，直接影响到消费者的体验，所以侧吸烟机和顶部天花的排风系统就是厨房空间的呼吸系统。

通风系统的完备是确保一个空间是否感觉舒适的问题之一，在通风管道的排布上，我们也要求更为细密，保证每一间包房内的空气能够保证足够的通畅。

因为本项目地点在北京，属于北方城市。在冬天还是能够达到零下 20℃左右的，地暖的排布上我们保证在每间房间内的温度能够在国家温度控制以上。还会配备一些在没有集体供暖的初秋，的供暖设备。

（三）娱乐 KTV 构成

1. 音响系统噪声

音响设备在整个空间的营造组成上成为一个独立而又紧密联系的一部分。音响设备不能影响到其他功能的正常进行，同时也不能干扰到他人。所以在噪声的控制上我们也进行了相关的文献查阅。

《中华人们共和国环境噪声污染防治法》中明确规定了环境噪声排放的标准，在居住、商业、工业混杂区，昼间 60dB，夜间 50dB。

在保证隔音的前提下，我们把 KTV 娱乐设施巧妙地融合在整个空间当中，使得空间具有多样选择性。

两个房间互相干扰与否一个设计成败的关键之处，在隔音处理上我们考虑到的是在传统工艺的基础上，加设一些更为吸声的材质板块安装在墙壁上，使得整个空间达到录音棚吸声不外传的效果，把我们的 KTV 音响设备的功效做到最好，体验更为有层次感。

2. 点歌服务系统

系统采用现代最为流行的人机交互的方式，界面美观大方，信息查询灵活、方便，数据存储安全。能很好地人机交互体验也是整个空间的重点，体验现在已然成为商业空间的主流形式。KTV 以及现在主流的智能手机都是为了让顾客在使用体验的同时，产生一种喜悦舒适的感觉。点歌服务系统的完备才是整个空间服务主线，从而直接影响到消费者对整体空间体验的理解与喜好。

（四）卫生区域

1. 卫生间卫生

每个独立的卫生间都是“家庭式厨房”中的必备空间，从卫生的角度出发，主要考虑的是地面、墙面、天花板和隔断等的装饰，卫生的清洁方便影响到日后的经营管理。

在卫生间的传统铺装上，我们要增加的设计之处在于其智能化的功能管理上，多维智能的卫生间也是人们如厕时的一种身体体验。

2. 卫生间选材

（1）吊顶

现在市场上吊顶的材料很多，木材、板材、石材都是吊顶选择的范畴，调查市场之后，我们总结出铝、锰、镁三种金属加工合成的吊顶材质使用最为广泛，安装简便，不易变色，易清洁，与普通的材料相比更为安全耐用，在上漆的潮湿环境中也不会脱落、变形、变色。色彩的多样和造型的多变将成为首选。

（2）墙面

卫生间内的湿度较大使得我们在墙面装饰的材料的选择上要尤为谨慎，要选择防湿性强的装饰材料，施工工艺上也须有考究。

（3）洁具

洁具在卫生空间中是使用最为频繁的，精致的造型、高雅的色泽在卫生空间中是点睛之处。

（五）公共空间的设计

自助式的体验和服务的专属性是“商业空间里融入家庭式厨房”这个概念的潜在体现，装修装饰能够烘托出环境的气氛，而体验和服务则影响到消费者的心理，对整体空间的心理定位则体现在服务上，专属的服务可以给消费者更好、更高效的服务，每个家庭式厨房均配备像“管家”一样的服务人员，随时跟随消费者。

四、“家庭式厨房”的潜力

“家庭式厨房”融合在餐饮娱乐中既能解决人们工作、娱乐、生活的琐碎工作（如烹饪、清洁、整理等），又能为消费者提供充足的设施和操作空间，不仅可以提高社交中的效率，让人们从繁忙的家务中解放出来，又可以享受参加社交活动的乐趣。一些准备和清洁任务（如准备食材、洗涤餐具、修理设备等）全部由经营者管理，让消费者以愉悦的心情完成一次有浓浓感情融入的聚会，达到社交的目的。

五、“家庭式厨房”应用在中国社交形式中的意义

（一）现代环境下的都市生活

都市环境的现代化历来被视为完美而典型地表现了现代性。利用分裂和相交这两个互为对照的概念来研究与都市环境相联系的社交形式，就可以看出存在着角色分离、组织分裂和多种多样的初级关系，如职业关系、亲属关系、邻里关系、友谊关系等。这些关系之间存在着一个相交范围，此范围随着情况的变化而变化。不管怎样，都市环境显示出竞争“形势的范围”是广阔的，显示了每个组织内部“我们与他人的若干关系”的潜在冲突。反映不同的社会和社会心理状态的社交形式，理顺了迪尔凯姆所说的有机联系，以及相异性中的相互依赖关系。

（二）符合中国的社交形式

“家庭式厨房”应用在中国社交形式中的意义在于，使得人与人之间的相互交流变得频繁，而频繁的结果就会导致频繁的应酬、频繁的忙碌。从而使人们厌倦了以往的KTV聚会、餐厅聚会、酒吧聚会等多种形式的聚会，而新型的公寓式聚会便成为更受到广大青年所喜爱的聚会形式，社会的改革开放带来巨大变化的同时，也变得更加适应社会的变化，种种的聚会形式都体验过了，也逐渐厌倦了这种生活。朋友圈的积淀使得这类人群的朋友圈缩小，朋友变得更加亲密，往往会招呼到家里来聚会。弊端的出现又孕育出了日租房，日租房便成为这一类青年聚会的首选之地。而日租房的弊端也出现在了人们的面前，日租房里提供的厨房设施不够齐全，碗筷不够卫生，就餐的必需品缺失，导致人们仍需到超市中购买这些日用品，这样会增加聚会的成本，也大大浪费了资源。日租房的单一性不能满足人们的需要，在别墅中举行的“轰趴”便渐渐流行，我们可以在别墅中集体玩游戏、看个电影、打打牌，这些都可以满足我们的需求，但是不适合大众的传播，别墅的弊端是房费比较贵，面积太大，小型一点的聚会就不适合在这里进行了。

所以现代餐饮与家庭聚会的融合就会成为一种新型的娱乐就餐体验的必然产物。这个场所当中包含家庭厨房设施、KTV娱乐设施、影视娱乐设施、棋牌娱乐设施、休闲洽谈设施以及厨房教学设施等。在这样一个温暖的家庭式的多维就餐空间中，我们可以根据聚会需求来组合空间形式。包房的面积也是通过合理的计算配比出来的，符合中国当今餐饮社交的新形势。

六、结论

“家庭式厨房”功能及启示

通过上文研究可以知道，传统的社交方式已经随着经济、文化的发展而逐渐落后，随着时代的发展，会逐渐形成一些属于中国独有的、符合中国国情设计应运而生的新事物，而家庭式厨房的设计构想恰恰可以满足人类社会不断向前发展的需要，也能为人们开辟出一条崭新的社交新体验。现代都市的繁忙让生活在其中的人感到厌倦，寻求新鲜刺激已经是都市人们的一种追求。一站式的社交方式将会极大节省人们的出行负担，在一个空间中满足人们的不同要求，而家庭式厨房的产生在就餐娱乐的同时也能增加社会的幸福感，所以我们要做出一个真正符合中国市场、符合中国人群社交圈的新的体验，丰富生活，点亮生活，使得生活更加美好。

参考文献

[1] 中华人民共和国环境噪声污染防治法，1997.

[2] 郑曙阳．室内设计资料集．北京：中国建筑工业出版社，1993.

[3] 高婉炯，刘美欧．从居住模式的变迁看住宅中厨房的设计[J]．山西建筑，2008（06).

[4] 王戈卓，王述洋．现代集成厨房的通用设计研究[J]．机电产品开发与创新，2007（02).

[5] 科能，胡特尔．后工业社会和都市的社交形式[J]，1987.

致　谢

历时将近两个月，终于将这篇论文写完，在论文的写作过程中遇到了很多困难和障碍，但都在同学和老师的帮助下度过了。尤其要真诚感谢××老师对我进行了无私的指导和帮助，不厌其烦地帮助我进行论文的修改和改进。在此，向帮助和指导过我的各位老师表示最衷心的感谢！

感谢同学和朋友在我写论文的过程中给予了我很多素材，还在论文的撰写和排版的过程中提供了热情的帮助。由于我的学术水平有限，所写论文难免有不足之处，恳请各位老师和学友批评、指正！

最后，向评审本论文和参加论文答辩的各位老师表示最衷心的感谢！

7.3　环境艺术设计方向毕业设计实例（设计部分）

《商业空间设计导向与现代社交方式契合的探索》

——以“厨客家”设计为实例

（一）选题、定方案

1．在课程开始阶段，第一个需要解决的问题是毕业设计的选题。环境艺术设计是一门结合社会比较密切的学科，因此，我在选题之前要做的是市场调查工作，在深入、细致的市场调查的基础之上，经过对资料的分析、提炼来确定自己的设计选题。

然后，根据自己的选题方向，尽可能多地查阅相关资料，逐渐地进入初步设计阶段。

在初步设计阶段，绘制大量的设计草图，并在绘制画阶段同老师进行创意沟通，激发设计灵感。

2．在最初的草图的基础上，与指导老师进行设计方案的讨论，这个阶段对培养学生的表达能力、对客户阐述自己的设计方案的能力，都是一个极好的提高机会。

3．通过对设计方案的讨论与讲解，会产生出一些新的灵感和改进方案，接下来就是对设计方案的进一步深化。

4．确定方案时，要与指导老师讨论并预见此设计方案的可行性、可操作性和市场性。

（二）深入表现

在此阶段的设计表现要更加深入。对设计理念的分析、表现，以及设计中所体现的文化内涵，都要进一步地体现出来。

（三）整体调整，深入设计

1．首先，要重新审视整个设计构思的可行性；设计思路的准确性；设计手段的多样性和设计表现的创造性。

2．对一些细节部分进行调整，如功能与空间的合理性、科学性及实用性。在表现中，材料运用的合适程度；材料的表现与整体要求的统一；材料表现与功能要求的匹配等。

3．灯光布局的合理性，灯光布局与节省能源的关系等。

4．对其他细节的自我评价与推敲。

（四）排版出图

排版出图阶段是对整体版面布局能力的一个检验。在总体创意的指导下，对自己的整个毕业设计进行阐述性的版面安排，其中包括：作者简介、创意简述、设计效果图、设计手绘表现图、结构图、材料表示、色彩表示、平剖面图、立剖面图等。学生以视觉导向设计为排版设计的主线，按照主次关系，遵守美的法则，完成排版出图。

（五）结合作品和创作过程体会，写出设计说明。

（六）展示总结

展示总结是毕业设计最后一个精彩的乐章，它就像孔雀开屏一样，将自己的作品展现给观众。在进行毕业设计展示的布展、规划、挂板过程中，在指导老师的总体协调下进行工作。在展示安排时，要求艺术性与功能性的统一，要求考虑观众在参观过程中的视觉流程，灯光布局要合理。

（七）毕业设计提交要求

1．毕业设计进展册（方案草图本）

在从接受毕业设计任务时起，至毕业设计方案确定止准备的A3图纸速写本中，记录与设计相关的各种信息，包括调查研究部分、设计概念、平面方案、各种剖面和设计发展的草图等，如图7-3所示。

图7-3 方案草图本

2．毕业设计方案手册

（1）包含封面、图纸目录、设计说明、设计过程草图、彩色平面图、最终效果图、施工图（施工图包括平面图、天花图、立面图、剖面图、大样图）、封底。

（2）以上图纸打印在A3版面上装订成册（胶装）。

（3）效果图可选用手绘或计算机绘制方式，如图 7-4－图 7-19 所示。

图 7-4　商业空间设计选题方向封皮与目录

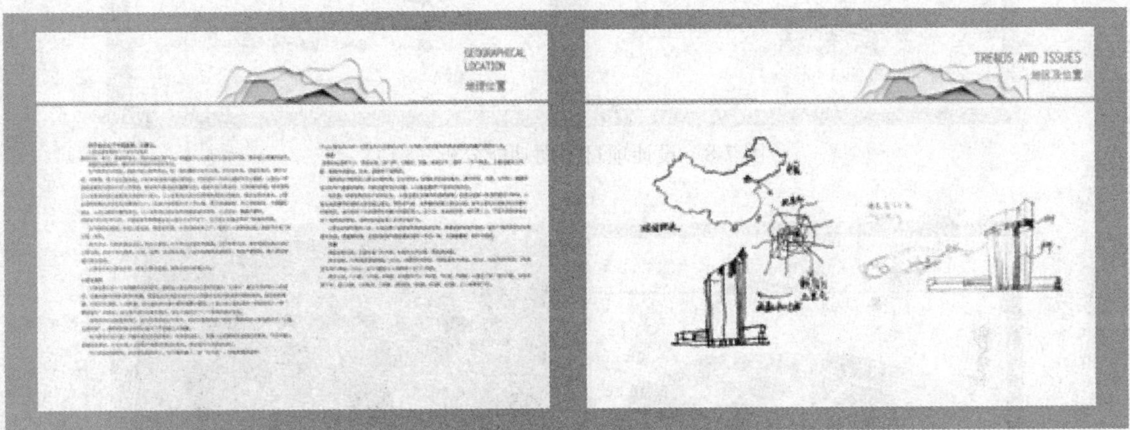

图 7-5　设计项目地理位置分析

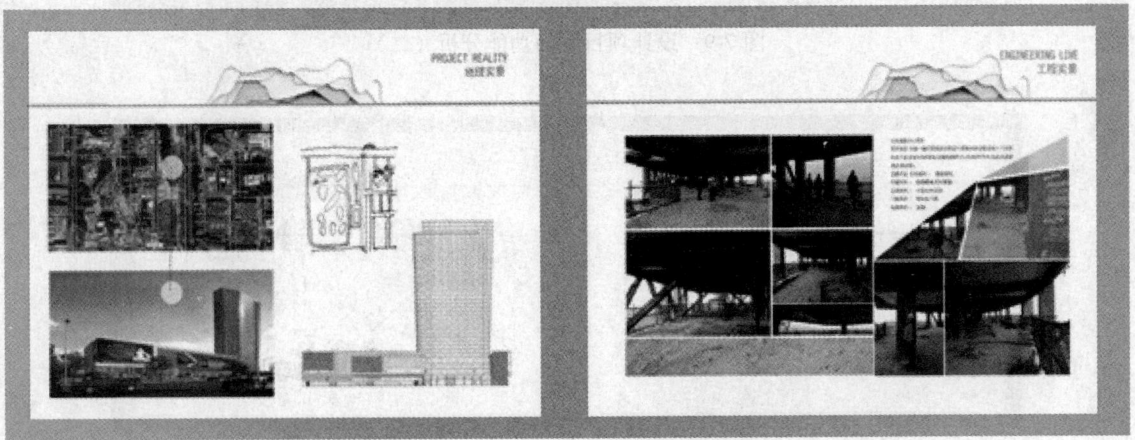

图 7-6　设计项目室内外现状分析

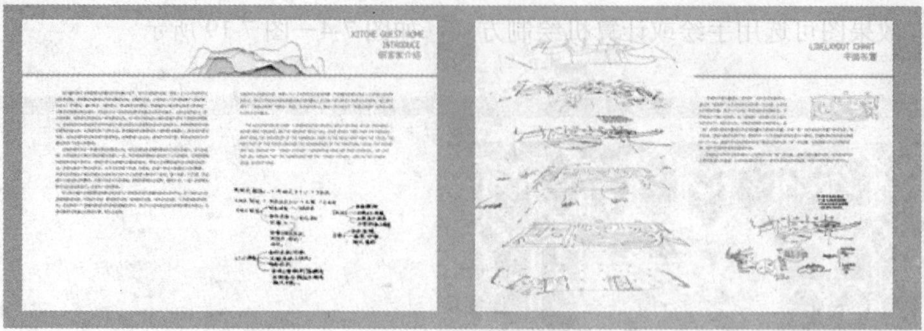

图 7-7　设计项目介绍和平面功能分析

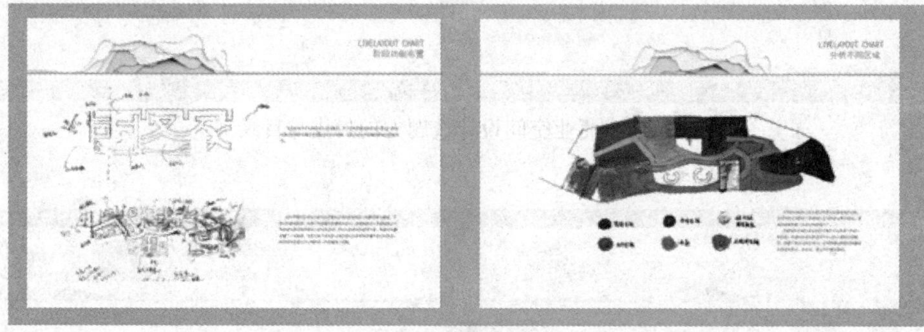

图 7-8　设计项目平面功能分析（一）

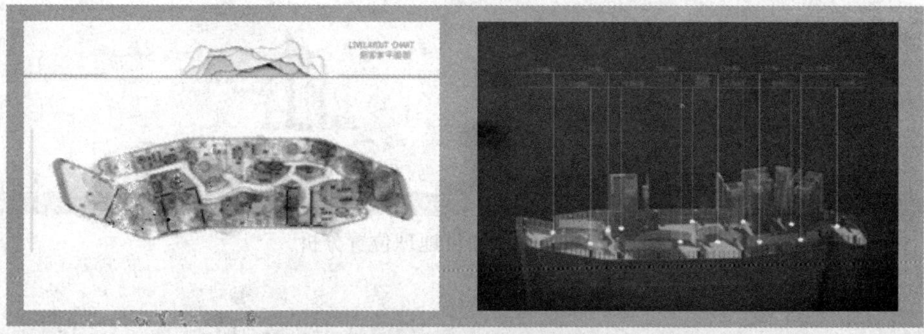

图 7-9　设计项目平面功能分析（二）

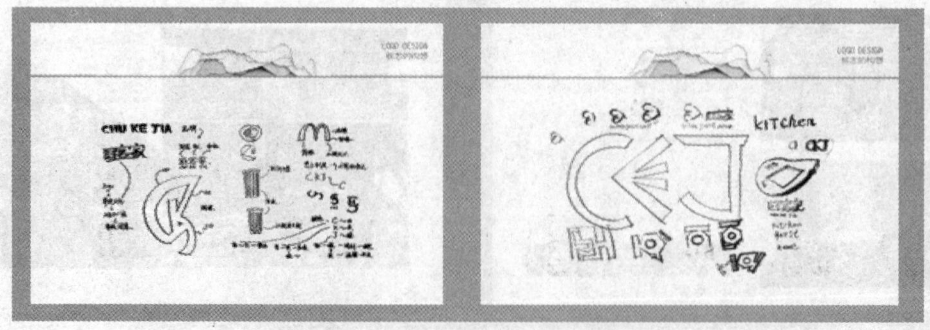

图 7-10　设计项目标识设计构思草图

图 7-11　设计项目标识设计定稿及应用

图 7-12　设计项目标识设计的应用和餐具选择意向

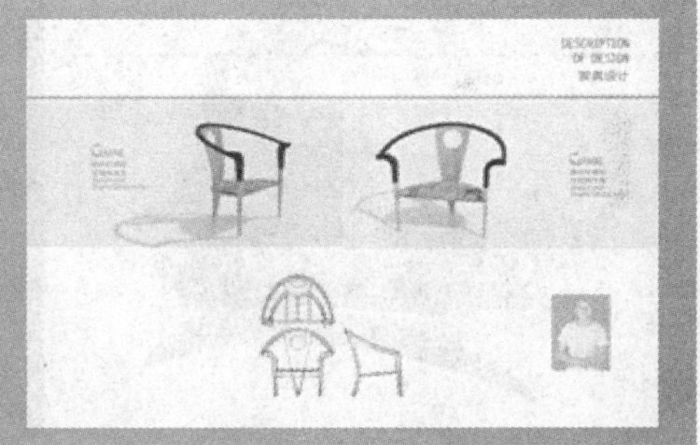

图 7-13　设计项目餐具选择意向和餐椅设计

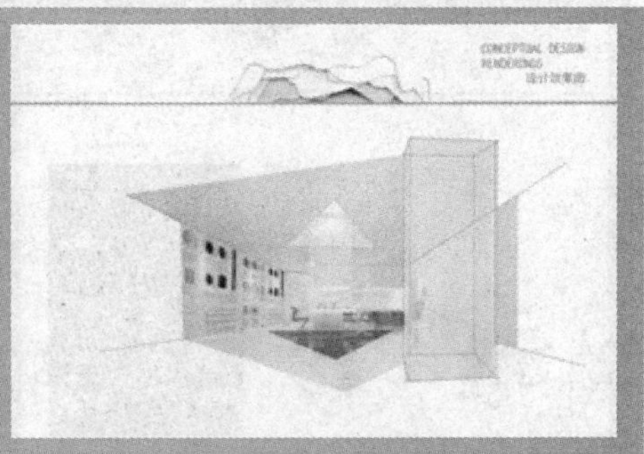

图 7-14　设计项目效果图（一）

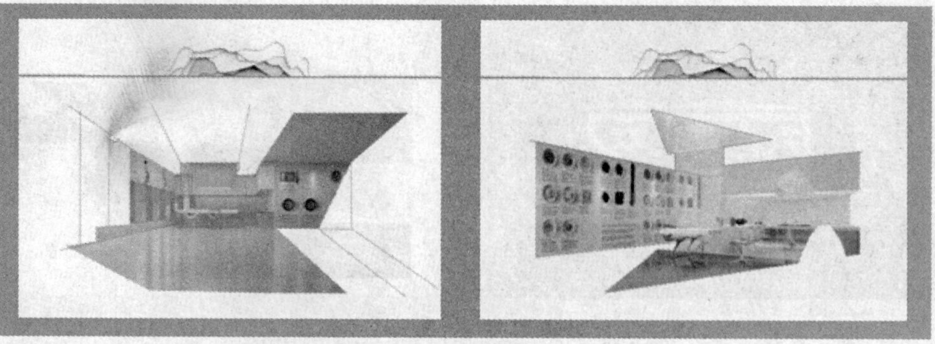

图 7-15　设计项目效果图（二）

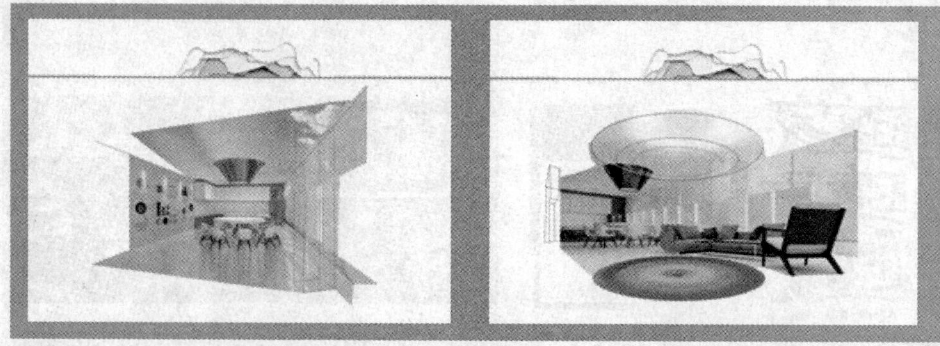

图 7-16　设计项目效果图（三）

图 7-17　设计项目效果图（四）

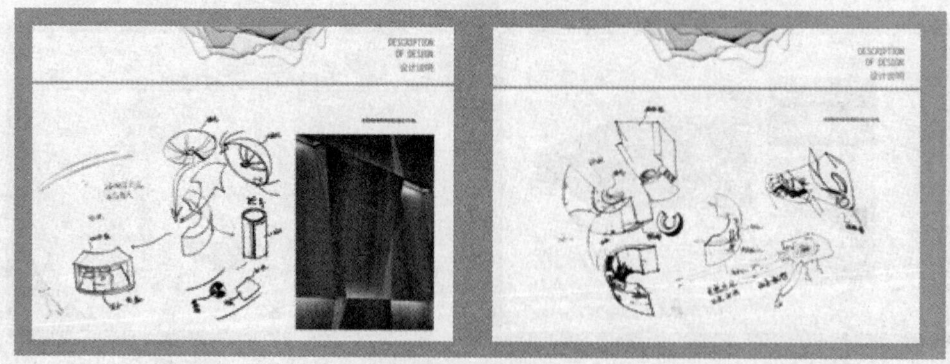

图 7-18　设计细节

图 7-19　设计项目效果图（五）

3．制作模型

模型制作是将设计从平面到空间转换的过程，通过模型制作，能更好地考察设计中的功能分区、比例尺度、空间关系等，使毕业设计效果更趋完美。如图 7-20 所示是我制作的现代餐饮商业空间的模型，是遵循施工图的比例来制作完成的。

图 7-20　毕业设计模型

4．展板

表达设计概念，包括设计说明、设计发展概念图、效果图、平面图、立面图和剖面图。展板尺寸：90cm×120cm。如图 7-21 所示为毕业设计展板。

5．材料样板

材料样板配合设计方案，直观地反映设计所使用的主要材料。如图 7-22 所示为材料样板。

图 7-21 毕业设计展板

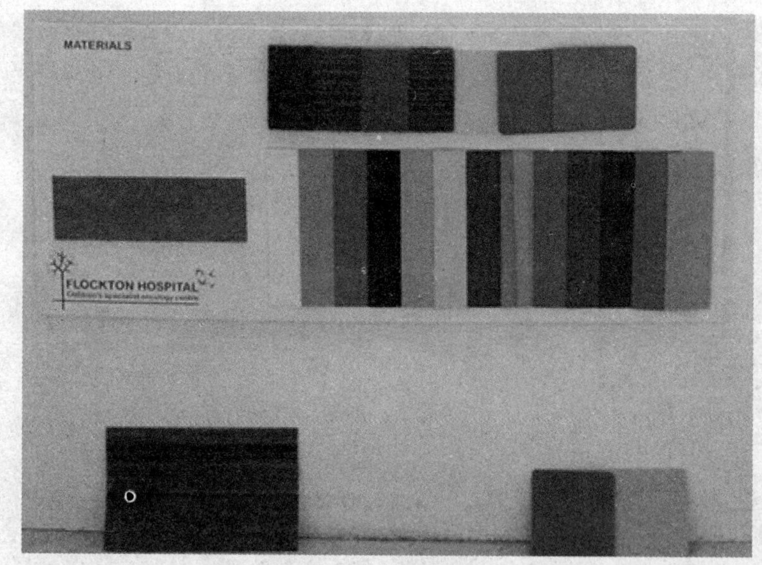

图 7-22 材料样板

7.4 环境艺术设计方向毕业设计选题领域

毕业设计是教学中重要的实践性教学环节之一，是一项系统的、全方位的训练和演习过程。

环境艺术设计专业属实践性特别强的专业，该专业的学生毕业后大多进入相关设计机构从事设计工作，对学生的专业设计技能和动手能力、创新意识和团队精神均有很高的要求。毕业设计对于毕业生来说是其从业前非常关键的学习内容，也是环境艺术设计专业教学中的核心课程和重要教学实践环节，是对环境艺术设计专业四年专业教学的一次全面回顾和梳理。

环境艺术设计专业的毕业设计根据学生各自能力与特点进行选题，运用所学专业知识和设计语言（计算机、图形、符号、制图、绘画、造型、模型、色彩、材质、文字等），在指导老师的指导下，对某一具体设计项目进行市场调研、资料分析、概念提炼、设计元素的搜集和处理、创新性设计、反复优化调整、定稿、制作等具体环节，旨在在具体设计项目中对设计规律和设计方法有更深的理解和认识，其中，特别强调创新性在最终设计内容中的体现。目的是培养学生的综合运用能力，使学生成为具有扎实的专业理论基础和较强的独立动手能力的应用型人才。

环境艺术设计专业的毕业设计课题方向主要是室内、景观两个大方向，每个方向中又包括很多方面的设计，选题可从以下选题中予以选择，也可以自行拟定，但必须突出环境艺术设计专业方向。选题的要求如下：

1．选题要结合人的需求、社会的需求及市场的需求，要考虑到学生的知识结构及其自身的特点，且具有科学性、创新性和一定的可实现性，做到理论联系实际。

2．设计尺度以小型空间设计为主，注重设计深度，更鼓励具有创新性、开发性的题目，以便更好地满足人们和社会的需求。

3．选题要难度适中，任务量要饱满，保证学生经过努力在规定时间内完成为宜。

4．指导老师根据不同选题的具体要求，也允许学生结合自身的实际情况自选课题，但需经过指导教师审批确认后方可实行。

5．要求每份作品由 1 人完成，方案较为复杂的情况下，可增加人数，但原则上不得超过 2 人。总体设计每个人都要参加，其余部分应分工明确。

6．凡由外地工作单位或实习单位提供题目并在外地完成的，要求写出书面申请，明确设计方向、工作进度和工作量，并附上详细联系地址和电话，经院、系相关领导和指导教师同意并签字后，方可离开学校。

7．教师在指导毕业设计之前将确定的具体题目交到系里，讨论通过后作为正式题目确定下来，教师在指导过程中不得任意更改课题，如有特殊情况需要更改，应经院、系相关领导同意。

8．课题（项目）的拟定和可行性研究设计；题目的命题方式可以选择真题假做，也可选择假题假做的方式。业主和使用方可以是真实的，也可以虚拟和学生选定。

9．环保、节能、绿色设计等新概念的尝试使用，设计与文化的融合和推广。

10．核心设计。

（1）平面功能分区的确定。

（2）空间的完整性和趣味性。

（3）概念的形成和引入。

（4）材料和结构的合理性研究。

（5）色彩和配饰的呼应与完善。

（6）各种分析图的研究。

11．可实施性设计研究。

（1）概念的实施。

（2）真实项目的可实施探索设计。

（3）概念性设计课题启发性研究。

7.4.1 基于住宅类室内外空间环境设计方面

选题研究领域：住宅类室内外设计

选题类型：概念设计或实际项目

选题完成形式：设计+论文

选题参加人数：1～2 人完成

选题准备：

一、选题项目说明

项目拟定独立住宅空间环境，该环境要求交通便利、周边配套设施齐全、气候适宜，并具有一定的设计理念及文化性。方案应合理解决独立住宅设计中有关家庭生活的各种功能使用问题。贯彻以人为本，尊重自然，建设适于现代生活的，又具有鲜明个性的人性化居住空间。尊重人和自然的和谐发展，力求做到环境生态化。创造一个低污染、低噪音、高鲜氧的健康生态空间。

建筑空间设计与场地景观设计融为一体，从而创造一个居住、观赏为一体的个性化环境景观。

二、选题设计要点

应充分运用所学设计理论，在满足基本重要功能之外，给予空间创新设计，加强对空间的主题性设计，使独立住宅空间有其自身的个性和特殊性。应针对当前社会问题及居住存在的分歧，进行合理的空间布局、功能分析，使独立住宅空间的技术性和艺术性得到充分发挥。在建筑方面的设计，应大胆创新，设计应富有时代感，层次分明，动静结合，人流动线丰富而流畅。并作相应图纸分析。其建筑设计、室内设计、环境规划等方面均应营造出具有特殊环境氛围，以满足特殊功能的要求。

三、选题设计目的

1．综合运用所学设计理论，考察在设计过程中运用能力。

2．研究室内、外居住环境，综合运用设计手段。要求创造一个集合理性、功能性及文化性为一体的独立住宅空间环境。

3．探索具有现代感的设计观念和方法，以及前瞻性的设计思想理念，使设计具有更强的原创性。要求建筑室内和室外空间环境相结合，并满足建筑内外的整体形式感。

4．培养室内空间设计中，各工种综合协调配合及综合分析研究解决问题的能力。

5．发挥每位学生的特色与创意，重视室内各个界面、功能、布局、造型及装饰材料的运用。

6．培养学生对整个设计过程的把握、对设计过程中的深入研究、各阶段方案的分析比较、选出优选产生最佳方案的能力及设计中图纸最适合的表现方法。

四、选题设计要求

1．建筑与室外空间设计部分

建筑外观定位要求与景观环境紧密结合，具有超前的建筑概念，要求具有强烈的形式感和个性特征，与室内环境结合紧密，整体形象具有较强的视觉冲击力。

2．室内空间设计部分

具体空间功能根据人群定位来确定，必须遵循合理的功能分区原则，满足使用要求，达到空间的完整性与趣味性。

3．追求强烈的空间形式感和风格特征，深入概念的形成和引用。要求从环境特征主题性、格调独立性和生活方式的导向性三点出发，通过对空间的个性塑造表现环境特征。合理研究材料和结构的搭配，以及色彩和配饰的呼应与完善。

4．鼓励在人性关怀、环保生态等高关注领域进行大胆设想，各部分设计均需要考虑建筑必需的通风、采光、照明、消防等方面的要求。

相似选题拓展：

1．独栋别墅建筑与空间设计。

2．集合住宅空间设计。

3．Loft 住宅空间设计。

4．实验性住宅建筑与空间设计。

7.4.2　基于商业空间环境设计方面

选题研究领域：商业空间室内外设计

选题类型：概念设计或实际项目

选题完成形式：设计+论文

选题参加人数：1～2 人完成

选题准备：

一、选题项目说明

随着工业文明的繁荣和发展，人类对地球资源的攫取日趋严重，人类创造的建筑垃圾和工业垃圾也日益增多。现在是到了要反思和改正我们的生活的时候了，低碳、环保、可持续发展必然是未来的方向，利用旧建筑和废弃工业原料营造新生活是设计界探索环保和节能的思路之一。赋予旧建筑和工业废品新的使用功能和内涵是本次毕业设计的主要内容，也是必须要做的改变。

二、设选题计要求

利用旧建筑、废弃的集装箱等废弃工业材料或者其他材料，将其改造设计成具有现代商业功能的空间。

三、选题设计内容

1．建筑设计部分

建筑的外观充分考虑原有建筑的建筑风貌，尊重原建筑，改造原建筑，加建部分要符合现代商业功能的需求。

2．室内空间设计部分

（1）注意建筑空间分配的合理性，功能全面，道路安排合理，不会互相干扰。

（2）设计材料及光色运用突出室内空间的严肃性和区别感，功能设计合理，满足各种功能要求，夸张室内文化气氛的效果，充分体现文化空间特征，符合时尚消费潮流。

（3）其他配套空间要求充分利用建筑室外各种环境以进行设计，根据功能不同合理运用空间。

3．建筑景观部分

充分利用基地环境及气候特征，尊重建筑历史和地方文化。

四、选题设计要求

1．空间划分的合理性，充分体现空间的品质与功能要求、功能性流线的合理性、实施的可能性，避免低级趣味及恐怖怪诞的设计形式。

2．设计要突出地域性、文化特征，立意独特。

3．空间设计均应满足建筑通风、采光、照明、消防等有关建筑物理方面的要求。

相似选题拓展：

1．品牌专卖店设计。

2．主题餐厅与酒吧设计。

3．连锁 KTV 空间设计。

4．洗浴中心空间设计。

7.4.3 基于办公类室内外空间环境设计方面

选题研究领域：办公类室内外设计

选题类型：概念设计或实际项目

选题完成形式：设计+论文

选题参加人数：1～2 人完成

选题准备：

一、选题项目说明

办公空间区别于住宅空间，有很强的开放性，同时，随着人们生活质量的提高，工作节奏的加快，希望办公空间能够成为 8 小时的“家”——一个舒适、安静、愉快、整洁的办公环境。在现代社会里，办公室也成为人们学习与交流的场所，除了要求满足物质需求外，还要创造出美的精神追求。因此，在室内设计中，要达到功能和精神双重的目的，创造出理想的生活环境。

二、选题设计目的

1．综合了四年课程所涉及的内容与知识，在设计中能充分地发挥与运用。

2．研究办公空间环境的联系，以及企业文化要素、社会背景的组成关系。

3．探索现代办公空间环境的设计观念和方法，使设计更为成熟。

4．培养学生具备一定的设计构思与创意，对整个设计过程的把握、独立研究分析、对设计过程中各阶段方案的分析比较，及图纸表现方法。

三、选题基地资料

1．项目现场环境。

2．项目周边环境。

3．项目原始 CAD 图纸。

4．项目概况。

四、选题设计内容

1．设计内容

整体风格的把握，采用什么风格应该根据使用者的要求、身份、职业结构等情况，由设计者来确定。设计风格中要体现出一定的企业文化内涵，提升设计价值。

（1）空间划分与定位

办公空间一般可以分为工作空间和公共空间，每一个空间都有很明确的使用功能和特点，这些构成了设计的基本内容，决定了设计的审美趋向和设计概念的构思。

（2）界面与造型设计

界面设计涉及到各个墙面、地面、顶棚等的装饰做法。一些创造性的设计（如 logo 墙、服务台、休息洽谈区等）是整个空间的设计核心。要根据其使用功能和装饰风格，合理确定界面与造型设计手法。

（3）照明设计

照明设计要从基本照明、装饰照明和重点照明等方面考虑。每个空间性质不同，则有着不同的要求，如会客区要求照明亮，董事长办公室则要求较低。设计中要满足基本的照明，在此基础上根据空间性质来确定照明方式。

灯具的选择也是设计中重要的环节，根据不同功能空间对于照明的需要来选择不同的灯具类型。

（4）色彩设计

根据使用者的特点和办公的性质来确定基调。

2．设计要求

（1）空间分区要合理，具有一定的功能性、流线性、合理性、实施的可能性。

（2）在设计中要求具有与空间环境相协调的设计意识，体现企业特色与文化特色，同时设计的手法要有新意，要有文化内涵。

（3）各部分的设计要符合办公空间各项设施尺度的有关规定。

（4）设计方案的深度要达到细化、深入的要求。

3．设计构想

（1）创造富有时代气息且可持续发展的办公空间环境。

（2）定位与设计风格手法要相互呼应。

（3）具有合理的人性化设计理念。

相似选题拓展：

1．设计事务所空间设计。

2．文化创意办公空间设计。

3．商业办公空间设计。

4．企业总部办公空间设计。

7.4.4　基于精品酒店与高级会所室内外设计方面

选题研究领域：精品酒店与高级会所室内外设计

选题类型：设计与实现

选题完成形式：设计+论文

选题参加人数：1～2 人完成

选题准备：

一、选题项目说明

项目定位为具有城市代表顶级消费形象的精品酒店与高级会所空间，经营项目自选，主要方向为旅居空间结合餐饮空间、娱乐空间、休闲空间。设计环境内容由现有建筑与室外环境空间组成，需要在建筑红线范围内结合自定的经营内容进行整体设计。

二、选题设计内容

1．视觉识别系统。

2．要充分体现该消费环境之主导经营特点与商业形象，标识风格鲜明，让人印象深刻。

3．新建建筑与室外空间设计部分。

4．建筑外观定位为都市地标型，要求具有超前的建筑视觉概念，具有强烈的形式感和个性特征，与室内外环境结合紧密，整体形象具有较强的视觉冲击力。

5．室内空间设计部分。

6．具体空间功能根据选定之经营内容确定，必须遵循合理的功能分区原则。

7．追求强烈的空间形式感和风格特征，要求从环境特征主题性、经营格调独立性和生活品质导向性三点出发，通过对空间的个性塑造表现出高端消费的环境特征。

8．鼓励在人性关怀、环保生态、能源利用、成本节约等高关注领域进行大胆设想，各部分设计均需要考虑建筑必需的通风、采光、照明、消防等方面的要求。

三、选题设计要求

1．考虑研究室内外空间的形态、功能、造型、综合运用设计手段、装饰材料、施工工艺，设计一个符合顶级消费要求的公共商业空间。

2．设计特点在于已有建筑和室外环境的结合，根据功能设置可进行建筑的修改与优化，进行扩建的建筑部分必须满足合理的结构技术要求，需要满足建筑内外的整体形式感。

3．整个设计过程中深入研究和各阶段多方案分析比较，产生最佳方案及图纸最优表现方法。

相似选题拓展：

1．度假酒店设计。

2．商务酒店设计。

3．快捷酒店设计。

4．汽车酒店设计。

5．“BB”家庭式酒店设计。

7.4.5 基于展示场馆环境室内外空间设计方面

选题研究领域：展示场馆环境室内外空间

选题类型：概念设计或实际项目

选题完成形式：设计+论文

选题参加人数：1～2 人完成

选题准备：

一、选题项目说明

随着信息时代的到来，展示设计无论是在设计概念、思维方式还是表现手段，都发生了很大的改变。现代科技技术日新月异，计算机技术、多媒体技术、网络技术和虚拟现实技术得到了广泛的应用，目前展示设计正以其综合性、广泛性和社会性日益受到人们的重视。该项目针对展示场馆的室内外环境空间设计，建筑部分使用旧厂房建筑，将其改造设计成具有现代商业展示环境空间，展示设计方向自选，主要方向为展览馆、画廊及售楼中心等。

二、选题设计内容

1．建筑设计部分

对旧建筑的改造应充分考虑原有建筑的建筑风貌，尊重原建筑。改造原建筑及加建部分要符合现代商业功能的需求。

建筑的外观应根据所选方向进行有针对性的设计，表现出展示建筑的特有风格；无论是建筑外观还是内部空间，都应具有强烈的形式感和个性特征，符合展览性建筑的特征，感观形象具有较强的视觉冲击力。

2．室内空间设计部分

（1）展示公共空间

充分考虑各功能分区，组织合理的流线规划，对展示环境中的通道走廊、休息场所等进行合理的引导。

（2）展示信息空间

根据展品性质属性设计展示台（柜）架、隔断及附属设施。展台的空间区域划分明确，具有良好的视觉导向效果，能够有效地传达信息。鼓励在环保生态、能源利用、成本节约等高关注领域进行大胆设想。

（3）展示辅助空间

合理地安排接待空间、工作人员空间、储藏空间及维修空间等辅助空间设计。

（4）视觉识别系统

要充分体现展示空间特点，标识及应用部分风格鲜明，让人印象深刻。

3．建筑景观部分

充分利用基地环境及地方气候、地理环境，尊重建筑、尊重地方文化和历史文脉。

三、选题设计要求

1．在满足功能问题的基础上，力求方案有特色。空间划分合理，充分体现展示空间的特点与功能要求，功能流线合理，实施具有可能性，风格不限，造价不限。

2．要求展示厅内必须有 5 种以上和展示主题相关的功能，设计应与展示品的宣传点、卖点紧密结合，充分体现展品特征。

3．应特别重视展线的流畅性、照明方式的多样性，以及展板、展位布置的灵活性。

4．设计风格和品牌的文化风格定位相吻合，体现较高的生活情趣与文化品位，展示空间设计新颖、创意独特、形式感强、感观形象具有较强的视觉冲击力。

5．设计要以人体工学的要求为基础，满足人们的行为和心理尺度。

6．空间设计均需要考虑建筑必需的通风、采光、照明、消防等方面的要求。

7．设计文件应当表达明确、层次合理、逻辑严密，效果图手法不限，但要清晰准确，施工图要求符合规范，反映全面。

相似选题拓展：

1．展览馆建筑与展示空间设计。

2．美术馆与画廊建筑与展示空间设计。

3．售楼中心建筑与展示空间设计。

4．历史文化展馆建筑与展示空间设计。

5．商业展馆建筑与展示空间设计。

7.4.6 基于商业步行街环境设计方面

选题研究领域：商业步行街环境设计
选题类型：概念设计或实际项目
选题完成形式：设计+论文
选题参加人数：1～2 人完成
选题准备：

一、选题项目说明

综合步行街的空间布局结构、道路、交通、公共服务设施、市政公用设施和市政管网等各个系统进行安排，探索步行街的地方性、文化性以及人性化的设计理念，体现可持续发展观和科学发展观思想。

二、选题设计目的

1．研究步行街空间与周围环境的联系，以及步行街空间设计的流畅性，包括与自然要素、人工要素、社会要素的组成关系。

2．探索具有现代感的设计观念和方法，以及前瞻性的设计思想理念。

3．培养每个学生的特色及创意，对整个设计过程的把握及深入研究各阶段方案的分析比较能力。

4．提高学生对设计项目的总体把握能力和方案设计、审美能力。

三、选题设计内容

1．空间设计。

2．景观系统设计。

3．道路交通组织设计。

4．广场设计：入口广场、中心广场、活动休闲广场。

5．绿化设计。

6．灯光设计。

7．环境小品设计：标志、喷泉、雕塑小品等。

8．街道家具设计：包括路灯、坐椅、花坛、服务亭、广告牌、购物亭、电话亭、垃圾桶等。

四、选题设计要求

1．设计时应分析步行街所在城市的位置。

2．确定步行街主题、定位与设计的风格手法，整个步行街的设计手法要求统一，区域环境富有变化。

3．保证步行街空间设计的流畅性，使街区与周围环境相协调，具有生态及人性化的设计理念。

4．设计的主要创意从交通的流线、空间的布局、绿化的配置、小品的设计等方面来考虑。

5．空间划分具备合理性、功能性，流线合理，实施具有可能性。

6．各部分设计均需要符合通风、采光、日照、防风的有关规定。

7．设计深度达到深化方案的要求。

8．图面整洁、美观，方案说明部分简练有力，图纸分线型要符合制图标准。

五、选题设计标准

1．设计图纸按国家有关规范要求制作（平、立、剖面图）。

2．要求设计方案有一定的系统性和完整性（设计说明，平、立、剖面效果图）。

3．效果图部分能充分体现其方案的艺术表现力和真实性。

4．设计方案类作品能体现时代的发展潮流，表现新工艺、新材料。

5．设计方案类作品体现不同地域的文化内涵。

6．设计方案类作品能体现健康、环保、可持续性发展的主题。

7．设计方案类作品能体现功能性和艺术性的完美统一。

8．概念创意类作品能体现其原创性和个性化，并具有专业发展的前沿性。

9．设计说明当中应体现工程造价经济分析及各项指标。

相似选题拓展：

1．商业购物步行街设计。

2．休闲娱乐步行街设计。

3．餐饮步行街设计。

7.4.7　基于居住区景观规划设计方面

选题研究领域：居住区景观规划设计

选题完成形式：概念设计或实际项目

选题参加人数：1～2 人完成

选题准备：

一、选题项目说明

随着城市的发展和城市居住区建设的需求增长，我国已经从过去为了满足住房的绝对面积逐步向小康型住区转化，现代居住区的设计更加注重以人为本、生态和可持续发展，工业化的急速发展在经济高速增长的同时也带来了负面效应，并日渐突出。与以前相比，现代人更加渴望能亲近自然，希望居住环境能与自然相似，这是生态化设计的居住区成为现代人住房首选的原因。人文、环保、自然及可持续性生态化设计是本组毕业设计的课题。

二、选题设计要点

要充分考虑当地具有的特殊地理环境和历史文化要求，运用所学设计知识进行合理的空间布局、功能分析，使流线丰富而流畅，并作相应图纸分析。其建筑设计、室内设计、环境规划等方面均应满足具有特殊环境氛围要求。

三、选题总体规划要求

1．规划布局基本原则

（1）与城市规划体系合理衔接；

（2）在保证较低成本的情况下，将规划做得较好；

（3）分期分组开发策略；

（4）尽量合理利用地块固有的景观生态及文化元素。

（5）合理组织景观视线通廊；

（6）注重天际轮廓线的节奏与韵律设计；

（7）注重规划布局的层次感与梯度感设计，使其达成和谐统一。

2．规划设计要求

（1）根据开发意向，须重点体现小区住宅人文、境界、舒适、安全的特点。

（2）根据所取得地块的历史背景、地形地貌等，制定排他的整个社区的规划设计方案，以形成独特的风格和形象。

（3）在平面布置方面注意避开市场的常规思维，在实用和充分利用的前提下出奇、出新。

（4）户型设计在顺应市场的同时，还要能够导引市场需求，指导人们的新生活。

（5）在小区智能化或综合配套方面采纳最好或最有特色的规划，增加模仿难度，突出唯一性。

3．公共配套设施的设计建议

（1）室外运动设施：应方便居民运动，一部分尽量设置在建筑物的组团里，既能运动，又能达到共享环境空间。设置一些集中式的户外活动设施。拟建大众活动场所、游泳池、旱冰场、网球场、体育健身等基础设施；拟建营业面积约 1 万平方米的超级市场；拟建小型饮酒吧、美容美发店、幼儿园等服务设施。

（2）生活配套设施：提供必要的购物、交通、教育、医疗、文化、娱乐等条件，达到不出社区便能满足日常生活需求。

4．指标要求：

（1）建筑容积率：2 左右；建筑面积不小于 20 万平方米。

（2）绿化率要满足国家规定要求。

（3）建筑间距符合消防、日照、通风、卫生要求。

（4）外观异同，每单元一部电梯。

四、选题图纸要求

1．居住区景观总体设计方案图

（1）位置图。

（2）现状图。

（3）分区图。

（4）总体设计方案图。

2．总体设计方案图

（1）设计时应分析场所所在城市的位置。

（2）确定景观主题、居住区景观定位与设计的风格手法。

（3）设计的主要创意从功能的布局、绿化的配置、建筑单体的造型及小品的设计等方面来考虑。

（4）整个居住区景观的设计手法要求统一，小环境富有变化。

（5）居住区景观内各功能空间之间的相互联系与补充，使整个环境更完善，具有生态及人性化的设计理念。

（6）居住区与周围环境关系：主要、次要、专用出入口与市政关系，即面临街道的名称、宽度；周围主要单位名称等；度假村与周围是围墙或透空栏杆要明确表示。

（7）居住区主要、次要、专用出入口的位置、面积，规划形式，主要出入口的内、外广场，停车场、大门等布局。

（8）居住区的地形总体规划、道路系统规划、道路系统规划。

（9）居住区建筑物、构筑物等布局情况，建筑平面要能反映总体规划设计意图。

（10）居住区植物设计图。图上反映密林、疏林、树丛、草坪、花坛、专类花园、盆景园等植物景观。

（11）居住区图应该准确标明指北针、比例尺、图例等内容。总体设计图比例尺为 1:1000。

（12）各部分设计均需要符合通风、采光、日照、防风的有关规定。

3．地形（竖向）设计图

地形是居住区的骨架，要求能反映出居住区的地形结构。也要确定主要园林建筑所在地的地坪标高、桥面标高、广场高程，以及道路变坡点标高。

4．道路交通总体设计图

（1）在图上确定主要出入口、次要入口与专用入口。

（2）主要广场的位置及主要环路的位置，以及作为消防的通道。

（3）确定主干道、次干道等的位置以及各种路面的宽度、排水纵坡。

（3）初步确定主要道路的路面材料、铺装形式等。

（4）图纸上用实线画出等高线，再用不同的粗线、细线表示不同级别的道路及广场，并将主要道路的控制标高注明。

5．景观与功能结构分析图

6．绿地系统分析图

7．种植设计图

（1）根据总体设计图的的布局、设计的原则及苗木的情况，确定区域内的总构思，种植总体设计内容主要包括不同种植类型的安排，如密林、草坪、疏林、树群、树丛、孤立树、花坛、花境、园界树、园路树、湖岸树、园林种植小品等内容。

（2）确定基调树种、骨干造景树种，包括常绿、落叶的乔木、灌木、草花等。

（3）种植设计的图上，乔木树冠以中、壮年树冠的冠幅为制图标准，灌木、花草以相应尺度来表示。

8．管线总设计图、管线总体布局设计图

根据总体规划要求，解决全园的上水水源的引进方式、水的总用量（消防、生活、造景、喷灌、浇灌、卫生等）及管网的大致分布、管径大水、水压高低，以及雨水、污水的水量，排放方式，管网大体分布，管径大水及水的去处等。

9．电气设计图、电气规划图

为解决总用电量、用电利用系数、分区供电设施、配电方式、电缆的敷设、各区各点的照明方式及广播、通信等的位置。

10．效果图（总体局部）、鸟瞰图

为更直观地表达设计的意图，设计中各景点、景物以及景区的景观形象，可用钢笔淡彩、水彩画、机绘形式的表现技法。

11．局部详细设计

（1）平面图

概据工程的不同分区划分若干局部，每个局部根据总体设计的要求进行局部详细设计。一般比例尺为 1:500，用不同等级粗细的线条画出等高线、园路、广场、建筑、水池、湖面、驳岸、树林、草地、灌木丛、花坛、花卉、山石、雕塑等。详细设计平面图要求标明建筑平面、标高及与周围环境的关系，如道路的宽度、形式、标高；主要广场、地平的形式、标高；花坛、水池面积大小和标高；驳岸的形式、宽度、标高。同时平面上标明雕塑、园林小品的造型。

（2）横纵剖面图

为了更好地表达设计意图，在局部艺术布局最重要部分或局部地形变化部分，作出断面图，一般比例尺为1:200～1:500。

（3）局部种植设计图

在总体设计方案确定后，着手进行局部景区、景点的详细设计的同时，要进行1:500的种植设计工作。一般1:500比例尺的图纸上，能较准确地反映乔木的种植点、栽植数量、树种。树种主要包括密林、疏林、数群、树丛、园林树、湖岸树的位置。其他种植类型（如花坛、花镜、水生植物、灌木丛、草坪等）的种植设计图可选用1:300比例尺。

12．设计说明书

全面介绍设计者的构思、设计要点等内容，具体包括以下几个方面：

（1）位置、现状、面积。

（2）工程性质、设计原则。

（3）功能分区。

（4）设计主要内容（空间围合、湖池、堤岛水系网络、出入口、道路系统、建筑布局、种植规划、园林小品等）。

（5）管线、电讯规划说明。

（6）管理机构。

相似选题拓展：

1．别墅居住区景观设计。

2．多层居住区景观设计。

3．高层居住区景观设计。

4．混合型居住区景观设计。

7.4.8 基于滨水区景观环境设计方面

选题研究领域：滨水区景观环境设计

选题类型：概念设计或实际项目

选题完成形式：设计+论文

选题参加人数：1～2人完成

选题准备：

一、选题项目说明

城市滨水区是城市中一个特定的空间区域，指城市中与河流、湖泊、海洋毗邻的土地或建筑，城市滨水区是相对于乡村滨水区、自然状态的滨水而言的，更多的具有人工性的特征。同时滨水带的规划设计涉及内容很多，不仅有陆地上的，还有水里的及水陆交接地带的，而且连带的是生态景观问题。综合城市滨水区景观特征、滨水区景观元素构成原则、布局结构，河道与休憩区域的环境关系系统进行设计，探索滨水区的文化性、地方性、生态性以及人性化的设计理念。用最经济的途径，以现代的设计手法，创造出有特色、有文化氛围的典范滨水区设计。

二、选题设计要点

要充分考虑当地具有的特殊地理环境和历史文化要求，运用所学设计知识，进行合理的空间布局、功能分析，使动线丰富而流畅，并作相应图纸分析。其水域环境设计、滨水驳岸设计、建筑设计、环境规划等方面均应具有特殊环境氛围，以满足其滨水功能的要求，反映出当地自然风景及历史文化。

三、选题基地资料

1. 项目现场环境。

2. 项目周边环境。

3. 项目原始 CAD 图纸。

4. 项目概况。

四、选题设计要求

1. 创造富有时代气息并可持续发展的滨水区域空间环境。

2. 滨水区的定位与设计风格手法要相互呼应。

3. 设计的主要创意从与河道的联系、功能的布局、绿化的配置、配套建筑单体的造型及小品的设计等方面来考虑。

4. 滨水区与河道的联系和补充使整个环境完善，具有生态及人性化的设计理念。

5. 外部空间分区要合理，具有一定的功能性、流线性、合理性、实施的可能性。

6. 在设计中要求具有与周边环境相协调的设计意识，体现地域特色与文化特色，同时设计的手法要有新意，要有文化内涵。

7. 各部分的设计要符合外部空间各项设施尺度的有关规定。

8. 设计方案的深度要达到细化、深入的要求。

五、选题设计内容

1. 滨水区总平面布局与定位。

2. 竖向设计。

3. 绿化设计（草皮、灌木、乔木）。

4. 地面铺装规划设计。

5. 滨水驳岸断面设计。

6. 环境小品设计（交通类：路标、指示牌、向导图；市政类：步行照明、装饰照明、电话亭、垃圾箱等；生态类：生态栈道、树穴、花坛等；服务类：书报亭、售货亭等；休憩类：滨水小广场、休憩座椅、儿童活动设施；装饰类：雕塑、小品等）。

相似选题拓展：

1. 滨水公园景观设计。

2. 滨水游乐园景观设计。

3. 滨水自然生态公园景观设计。

7.4.9　基于旅游度假村景观环境设计方面

选题研究领域：旅游度假村景观

选题类型：概念设计或实际项目

选题完成形式：设计+论文

选题参加人数：1～2 人完成

选题准备：

一、选题项目说明

随着我国经济的飞速发展和人民生活水平的不断提高，在紧张的城市生活节奏之下，人们对于旅游的需求就日益增长，并且在需求模式上，从以往的团体旅游观光游览逐渐转为能够提供舒适、休闲、安静环境且个性、休闲的度假旅游模式。在这样的背景之下，旅游度假村便在我国得到广泛兴建。在钢筋混泥土越来越多的城市里，人们的生活节奏也越来越快，在紧张的工作和学习中，人们越来越注重绿色和生态的生活，而在紧张的工作之后，人们对于休闲度假的需求也越来越高，不仅仅是旅游者对度假村基本功能有需求，更多的是渴望从喧嚣的城市到宁静的、生态无污染的乡村环境里去得到身心的放松。此次毕业设计课题的选定，是依据现代城市郊外旅游产业的迅速发展所带来的一系列旅游度假村景观规划设计中的诸多思考。

要充分考虑当地具有的特殊地理环境和历史文化要求，运用所学设计知识进行合理的空间布局、功能分析，使动线丰富而流畅，并作相应图纸分析。其建筑设计、室内设计、环境规划等方面均应具有特殊环境氛围以满足特殊功能（洗浴）的要求。要求了解当地自然风景及历史文化。

二、选题规划布局基本原则

1．与城市规划体系合理衔接。

2．在保证较低成本的情况下将规划做得较好。

3．分期分组开发策略。

4．尽量合理利用地块固有的景观生态及文化元素。

5．合理组织景观视线通廊。

6．注重天际轮廓线的节奏与韵律设计。

7．注重规划布局的层次感与梯度感设计，达成和谐统一。

三、选题公共配套设施的设计建议

1．室外运动设施：应方便客户运动，一部分尽量设置在建筑物的组团里，既能运动，又能达到共享环境空间。一部分设置在运动岛上。首期及核心启动区尽量多设置一些集中式的户外活动设施，至少保证室外网球场 1 个，室外篮球场 1～2 个，室外羽毛球场 1～2 个。

2．生活配套设施：提供必要的购物、交通、教育、医疗、文化、娱乐等条件，达到不出社区便能满足日常生活的需求。

四、选题图纸内容要求

1．度假村景观总体设计方案图

（1）位置图。

（2）现状图。

（3）分区图。

（4）总体设计方案图（彩平）。

2．地形（竖向）设计图：地形是度假村的骨架，要求能反映出度假村的地形结构，也要确定主要园林建筑所在地的地坪标高、桥面标高、广场高程，以及道路变坡点标高。

3．道路交通总体设计图

（1）在图上确定度假村的主要出入口、次要入口与专用入口。

（2）主要广场的位置及主要环路的位置，以及作为消防的通道。

（3）确定主干道、次干道等的位置以及各种路面的宽度、排水纵坡。

（4）初步确定主要道路的路面材料、铺装形式等。

（5）图纸上用实线画出等高线，再用不同的粗线、细线表示不同级别的道路及广场，并将主要道路的控制标高注明。

4．景观与功能结构分析图

本规划将“农作生态”作为最重要的主题来体现，形成活泼自然相间的景观带。

5．绿地系统分析图

度假村的绿地系统以度假村会所为中心，向各部分按点、线、面三个层次展开，在集中绿地中结合建筑小品、园路景观进行处理，充分利用园林小品中的元素（如园灯、座椅），采取动静结合、虚实掩映、不同植被相间的方法加以布置。

6．种植设计图种植设计图

（1）根据总体设计图的的布局、设计的原则及苗木的情况，确定区域内的总构思，种植总体设计内容主要包括不同种植类型的安排，如密林、草坪、疏林、树群、树丛、孤立树、花坛、花境、园界树、园路树、湖岸树、园林种植小品等内容。

（2）确定基调树种、骨干造景树种，包括常绿、落叶的乔木、灌木、草花等。

（3）种植设计的图上，乔木树冠以中、壮年树冠的冠幅为制图标准，灌木、花草以相应尺度来表示。

7．管线总设计图、管线总体布局设计图

根据总体规划要求，解决全园的上水水源的引进方式，水的总用量（消防、生活、造景、喷灌、浇灌、卫生等）及管网的大致分布、管径大水、水压高低，以及雨水、污水的水量，排放方式，管网大体分布，管径大水及水的去处等。

8．电气设计图、电气规划图

为解决总用电量、用电利用系数、分区供电设施、配电方式、电缆的敷设、各点的照明方式及广播、通信等的位置。

9．效果图（总体局部）、鸟瞰图

为更直观地表达设计的意图，设计中各景点、景物以及景区的景观形象，可用钢笔淡彩、水彩画、机绘形式的表现技法。

10．局部详细设计

（1）平面图

根据工程的不同分区划分若干局部，每个局部根据总体设计的要求进行局部详细设计。一般比例尺为 1:500，用不同等级粗细的线条画出等高线、园路、广场、建筑、水池、湖面、驳岸、树林、草地、灌木丛、花坛、花卉、山石、雕塑等。详细设计平面图要求标明建筑平面、标高及与周围环境的关系，如道路的宽度、形式、标高；主要广场、地平的形式、标高；花坛、水池面积大小和标高；驳岸的形式、宽度、标高。同时平面上标明雕塑、园林小品的造型。

（2）横纵剖面图

为了更好地表达设计意图，在局部艺术布局最重要部分或局部地形变化部分，作出断面图，一般比例尺为 1:200～1:500。

（3）局部种植设计图

在总体设计方案确定后，着手进行局部景区、景点的详细设计的同时，要进行 1:500 的种植设计工作。一般 1:500 比例尺的图纸上，能较准确地反映乔木的种植点、栽植数量、树种。树种主要包括密林、疏林、数群、树丛、园林树、湖岸树的位置。其他种植类型（如花坛、花镜、水生植物、灌木丛、草坪等）的种植设计图可选用 1:300 比例尺。

11．设计说明书

全面介绍设计者的构思、设计要点等内容，具体包括以下几个方面：

（1）位置、现状、面积。

（2）工程性质、设计原则。

（3）功能分区。

（4）设计主要内容（空间围合、湖池、堤岛水系网络、出入口、道路系统、建筑布局、种植规划、园林小品等）。

（5）管线、电讯规划说明。

相似选题拓展：

1．历史文化旅游度假村景观环境设计。

2．自然生态旅游度假村景观环境设计。

3．滨海旅游度假村景观环境。

7.4.10 基于主题公园设计方面

选题研究领域：主题公园环境设计

选题类型：设计与实现

选题完成形式：设计+论文

选题参加人数：1～2 人完成

选题准备：

一、选题项目说明

综合主题公园的布局结构、群体的布置、道路、交通、公共服务设施、各种绿地和游息场地、市政公用设施和市政管网等各个系统进行安排，探索主题公园的地方性、文化性以及人性化的设计理念，体现可持续发展观和科学发展观思想。

该项目占地面积约 10 万平方米，已作控制性细性规划（提供图纸），此基础上拟建一城市组题公园。建成后，将在美化城市空间和城市环境保护中起到重要作用，成为城市居民休闲娱乐活动地和城市旅游主要项目。

二、选题设计内容

1．主要景点。

2．公共建筑：商店、银行、电话亭等。

3．市政公用设施：道路、主题公园外交通。

4．绿地及绿化种植。

5．庭院和场地：人群的活动休息场地、运动场。

6．室外环境小品：路灯、桌椅、水池、雕塑等。

三、选题设计要求

1．空间划分的合理性、功能性、流线的合理性、实施的可能性。

2．本设计要求具有创新意识，但要与周围环境协调，要有文化内涵。

3．各部分设计均需要符合通风、采光、日照、防风的有关规定。

4．创造富有时代气息并具有可持续发展的主题公园空间环境。

5．反映地域文化、历史文化、民族文化及时代精神。

6．物质功能与精神功能并重（功能性及文化性的结合）。

7．设计时应分析主题公园所在城市的位置。

8．确定主题公园主题、主题公园定位与设计的风格手法。

9．设计的主要创意从功能的布局、绿化的配置、建筑单体的造型及小品的设计等方面来考虑。

10．整个主题公园的设计手法要求统一，小环境富有变化。

11．主题公园内各功能空间之间的相互联系与补充，使整个环境更完善，具有生态化及人性化的设计理念。

四．选题设计标准

1．设计深度达到深化方案的要求。

2．图面整洁、美观，方案说明部分简练有力，图纸分线型要符合制图标准。

3．设计图纸按国家有关规范要求制作（平、立、剖面图）。

4．要求设计方案有一定的系统性和完整性（设计说明，平、立、剖面效果图）。

5．效果图部分能充分体现其方案的艺术表现力和真实性。

6．设计方案类作品能体现时代的发展潮流，表现新工艺、新材料；体现不同地域的文化内涵。体现健康、环保、可持续性发展的主题；体现功能性和艺术性的完美统一 。

相似选题拓展：

1．情境模拟型主题公园环境设计。

2．游乐型主题公园环境设计。

3．观光型主题公园环境设计。

4．风情体验型主题公园环境设计。

7.5　环境艺术设计方向毕业设计（论文）成果最终呈现与要求

7.5.1　毕业设计提交内容

（一）毕业设计进展册（方案草图本）

每位学生从接受毕业设计任务时起，至毕业设计方案确定止准备一个速写本，要求使用 A3 图纸。主要内容是记录与设计相关的各种信息，如与设计相关的调查研究和设计概念的推进。所有的页面要螺旋装订成册，包括调查研究部分、设计概念、平面方案、各种剖面和设计发展的草图等，所有的页面要有完整的标注或者注解。

（二）毕业设计方案手册

1．包含封面、图纸目录、设计说明、设计过程草图，彩色平面图、最终效果图、施工图（施工图包括平面图、天花图、立面图、剖面图、大样图）、封底。

2．以上图纸打印在A3版面上装订成册（胶装）。

3．效果图可选用手绘或计算机绘制方式。

（三）模型

模型制作是将设计从平面转换到空间的过程，通过模型制作，能更好地考察设计中的功能分区、比例尺度、空间关系等，使毕业设计效果更趋完美。

1．根据方案的具体尺寸选择合适的比例。

2．考虑模型的材质选用，选料不当往往会增加制作的难度和时间的浪费。

3．选用适当的模型形式。

4．模型要有自己的风格，要便于观者观看。

（四）展板

表达设计概念，包括设计说明、设计发展概念图、效果图、平面图、立面图和剖面图。展板尺寸：90cm×120cm，数量：2～4张。展板形式自定，鼓励形式多样。

（五）材料样板

材料样板配合设计方案，直观地反映设计所使用的主要材料。

1．样片必须是具有1:1纹理的真实材料。

2．样板中需标明材料的使用位置、各总用量。

3．一般情况下，根据项目的使用空间来划分制作单元。

（六）光盘

1．一级文件夹以班级、学号、姓名命名。

2．二级文件夹设置五个文件夹

（1）手册部分

“手册部分”文件夹需包含的内容：排版好的全部手册内容，包括封面、封底、目录、设计说明、设计过程草图、效果图、施工图等。格式为排版的原始文件（PSD）和导出的jpg文件（dpi像素为150）。

（2）展板部分

“展板部分”文件夹需包含的内容：排版的原始文件（PS的）和导出的jpg文件（dpi像素为300）。

（3）原始文件

“原始文件”文件夹需包含的内容：格式为dwg的文件（包括平面图、天棚图、立面图、剖面图、大样图）和3Ds Max源文件及贴图文件。如果图纸采用手绘方式，需将图纸扫描保存为dpi像素300、格式为jpg的文件。

（4）报告文件

“报告文件”文件夹需包含的内容：开题答辩汇报材料（ppt形式）、方案定稿汇报材料（ppt形式）、答辩汇报材料（ppt形式）。

（5）毕业论文

“毕业论文”文件夹需包含的内容：毕业论文，以题目命名（Word文档）。

说明：经指导老师审核，将毕业设计文件最终稿的电子文件按“手册部分”、“展板部分”、“原始文件”、“报告文件”、“毕业论文”建立文件夹，并刻入 DVD 光盘，必须用油性记号笔在刻录光盘表面用注明“××级环艺毕业设计文件”、“姓名”、“学号”、“毕业设计题目”、“指导教师”。

7.5.2　毕业论文提交要求

1．开题报告要按统一标准的格式排版完成，用 A4 纸打印。

2．毕业论文的内容与设计的内容必须具有关联性，毕业设计要求按小组合作完成，小组成员必须为 2～4 人，同一小组的同学尽量选择同一指导老师，设计合作时必须有明确的分工，毕业答辩时按照个人工作的具体内容进行答辩。

3．毕业论文原则上要求每人一题，如果确属特殊需要，也可以几个同学选择同一题目，但是论文的副标题及依附的毕业设计项目背景必须不同。

4．毕业设计论文要求不少于 5000 字，应写出 300 字左右的中文摘要并译成英文，中英文摘要要放在论文的首页。

5．要求按照期刊发表论文的格式完成。

6．论文要章节清楚、语言通顺、概念准确，力求见解独特，有严谨的因果关系，并总结论述出自己的创新理念。

7．要求一律用计算机的 A4 纸打印，要求项目齐全（包括：毕业设计任务书，目录，中英文摘要，正文，图形，中、外文参考书目。）

8．毕业设计（论文）分别由指导教师和学生写出评语，供答辩委员会参考。

7.5.3　毕业设计答辩要求

准备 10～15 分钟的 PPT 答辩文件。

7.5.4　毕业设计展览要求

1．展板（90cm×120cm）。
2．毕业设计进展册（方案草图本螺旋装订）。
3．毕业设计方案手册（A3 胶装）。
4．模型。
5．材料样板。

7.6　环境艺术设计方向毕业设计成绩评定方法

一、评分标准

教师按学生设计、制作综合评定成绩：优良、良好、中等、及格、不及格。

（一）优（相当于 90～100 分）

应按标准严格要求，一般占学生总数的 10%以内。

1．能全面完成毕业设计任务书的各项要求；能灵活、正确、综合运用所学的基础理论和专业知识，具有较强的综合分析问题和解决问题的能力，并有一定的独立见解和创新。

2．设计图纸质量高，考虑问题全面，设计新颖、可行性强，制图规范。

3．实验技能好，动手能力强。

4．在毕业设计中勇于承担任务，认真努力，态度端正，遵守纪律。

（二）良（相当于 80～90 分）

一般占学生总数的 70%以内。

1．能较全面地完成毕业设计任务；能综合运用所学的基础理论和专业知识，具有一定的综合分析问题和解决问题的能力。

2．设计图纸质量较好，设计可行，制图规范。

3．实验技能较好，动手能力较强。

4．在毕业设计中，积极努力，态度端正，遵守纪律，表现较好。

（三）中（相当于 70～79 分）

一般占学生总数的 15%以内。

1．能完成毕业设计任务，具有一定的分析问题和解决问题的能力。

2．设计图纸质量合格，设计有一定可行性，制图基本规范。

3．有一定的实验技能和动手能力。

4．在毕业设计中，工作态度较好，能完成规定的较低工作量，表现较好。

（四）及格（相当于 60～69 分）

一般占学生总数的 5%以内。

1．能完成毕业设计任务，但分析问题和解决问题的能力一般。

2．设计图纸质量基本合格，设计无新意，可行性一般，制图不规范。

3．有一定的实验技能，动手能力一般。

4．在毕业设计中，工作态度一般，能完成规定的最低工作量，表现一般。

（五）不及格（60 分以下）

1．未完成毕业设计所规定的任务和要求，或设计中存在原则性问题。

2．设计图纸或说明书等有严重错误，照抄、照搬或网上下载他人设计，制图不规范。

3．实验技能差，动手能力差。

4．在毕业设计中，不努力，不认真，学习态度和学习纪律不好。

二、阶段性任务评分表

环境艺术设计的毕业设计课题或项目的完成需要在中期进行追踪考核评价，各阶段的任务不同，所给予的评分标准也不同。阶段性任务评分表可以在整个毕业设计完成过程中有效地监督和审核学生。

阶段性任务评分表如表 7-5 所示。

表 7-5　环境艺术设计阶段性评分表

序号	阶段	工作任务	考评项目	得分	分值	备注
1	第一阶段： 准备和动员阶段（三年级下学年学期末）	布置任务、毕业论文选题、撰写开题报告、搜集并整理资料	完成该阶段进度任务		15	1. 任务分值满分 20 分，由指导小组统一认定。 2. 如果任务分低于 10 分一次者，提出严重警告，低于 10 分两次者不得进入下一阶段，毕业设计成绩以“不及格”记取，推迟答辩或重修
			出勤（包括每次小组审查看稿出勤、阶段审查出勤）		5	1. 出勤分值满分 5 分，由指导小组统一认定。 2. 如果出勤分低于 3 分一次者，提出严重警告，低于 3 分两次者不得进入下一阶段，毕业设计成绩以“不及格”记取，推迟答辩或重修
2	第二阶段： 毕业设计启动、调研、方案初步设计阶段（四年级上学期 1～4 周）	完成相关的前期调研和资料准备、拟定设计总思路、完成初步方案设计	完成该阶段进度任务		15	同上
			出勤		5	同上
3	第三阶段： 毕业设计及论文深入阶段（四年级上学期 5～7 周）	逐步深入设计，绘制各种设计图纸，完成论文初稿，参加毕业设计中期检查	完成该阶段进度任务		15	同上
			出勤		5	同上
4	第四阶段： 毕业设计及论文完成阶段（四年级上学期 8～10 周）	确定方案，完成深化设计，完成各类图纸的绘制和模型制作，提交毕业论文，参加毕业设计中期答辩	完成该阶段进度任务		15	同上
			出勤		5	同上
5	第五阶段： 毕业设计答辩阶段（四年级上学期 11～13 周）	毕业设计和论文最后整理工作，展板与作品集的编排、打印，毕业设计及论文答辩报告文件的制作，毕业答辩，毕业设计展	完成该阶段进度任务		20	同上

7.7 环境艺术设计方向毕业设计作品实例与欣赏

一、办公空间环境设计过程实例（局部）

如图 7-23－图 7-25 所示为办公空间环境设计过程实例图。

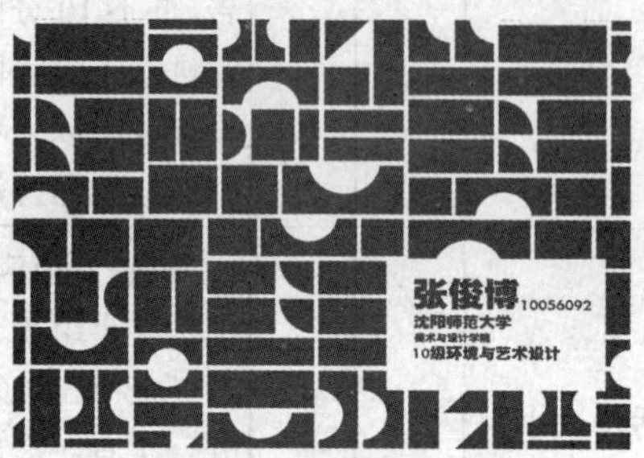

图 7-23　方案手册封面

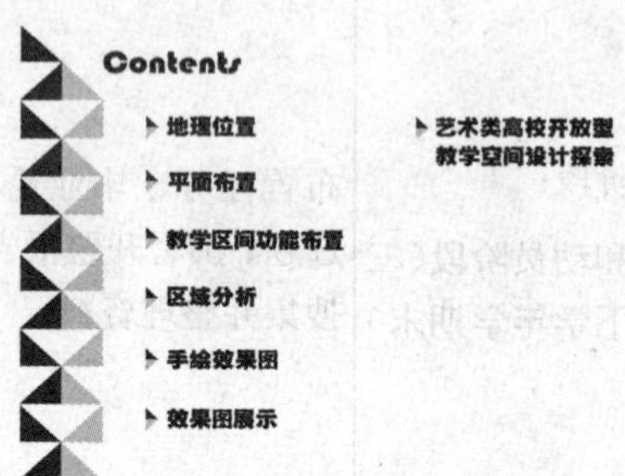

图 7-24　方案手册目录

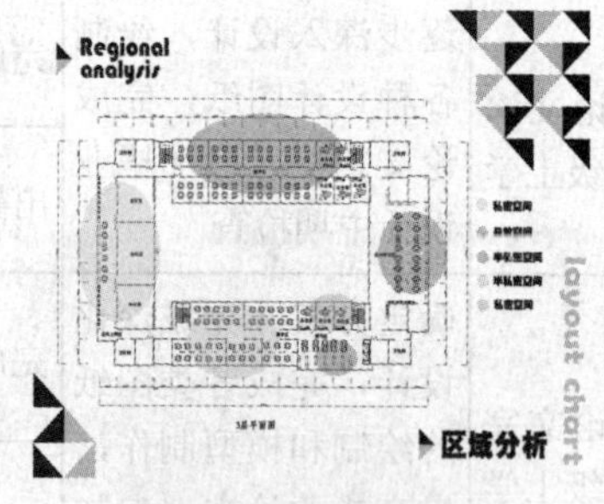

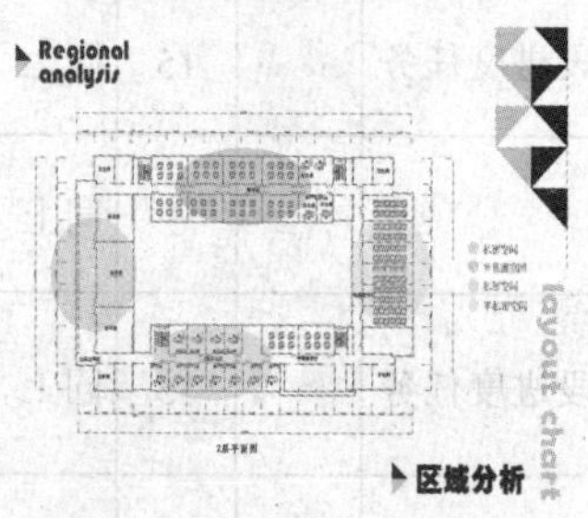

图 7-25　方案手册部分内容

二、主题公园环境设计过程实例

如图 7-26—图 7-51 所示是环境艺术专业学生在毕业创作时为主题公园环境所做的设计，从目录到封面，最后到内容，都做了一个完整的呈现。

图 7-26　设计项目的封皮与目录

图 7-27　设计项目基地分析（一）

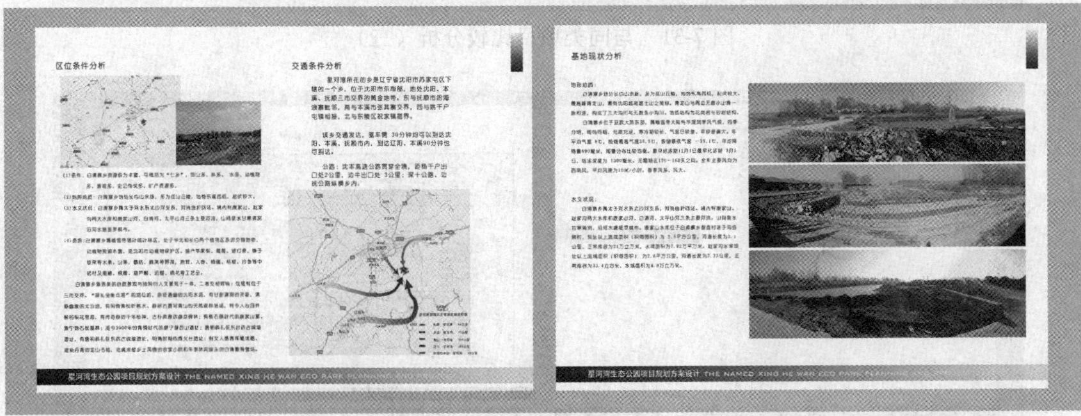

图 7-28　设计项目基地分析（二）

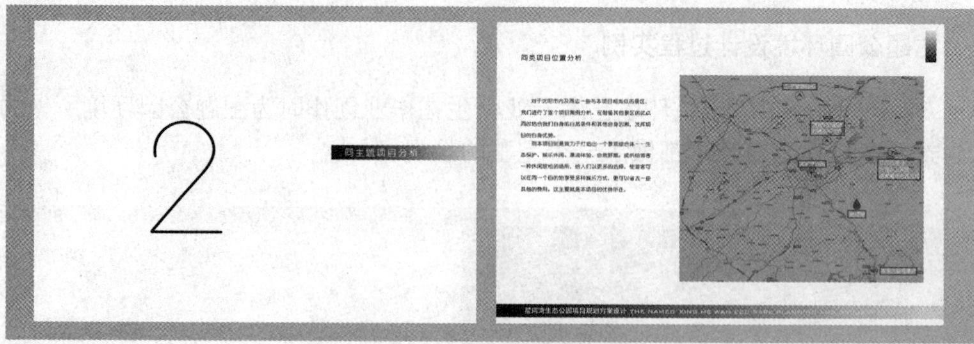

图 7-29　与同类项目比较分析（一）

图 7-30　与同类项目比较分析（二）

图 7-31　与同类项目比较分析（三）

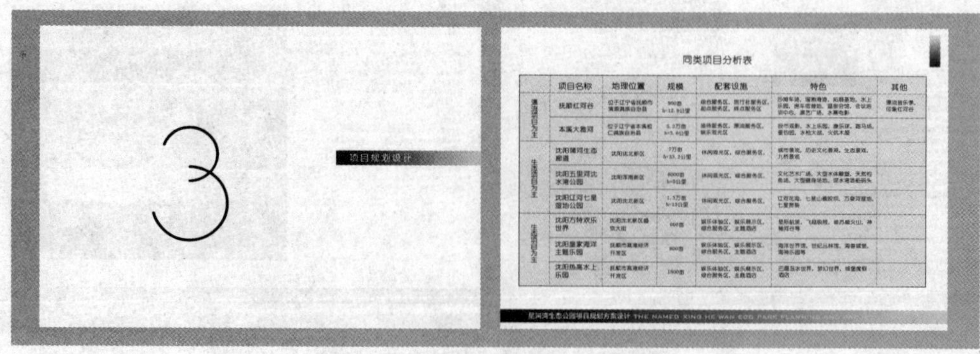

同类项目分析表

	项目名称	地理位置	规模	配套设施	特色	其他
漂流项目为主	抚顺红河谷	位于辽宁省抚顺市清原满族自治县	900亩 L=12.9公里	综合服务区、旅行社服务区、起点服务区、终点服务区	沙滩车场、[illegible]、拓展基地、水上乐园、[illegible]、会议培训中心、[illegible]广场、水幕电影	漂流音乐季、印象红河谷
	本溪大雅河	位于辽宁省本溪桓仁满族自治县	5.2万亩 L=5.0公里	接待服务区、漂流服务区、娱乐观光区	[illegible]、水上乐园、[illegible]、跑马场、[illegible]、火炕木屋	
生态项目为主	沈阳蒲河生态廊道	沈阳沈北新区	7万亩 L=33.2公里	休闲观光区、综合服务区	城市景观、历史文化景观、生态景观、九桥景观	
	沈阳五里河沈水湾公园	沈阳浑南新区	6000亩 L=5公里	休闲观光区、综合服务区	文化艺术广场、大型水体雕塑、天然钓鱼场、大型健身场所、[illegible]	
	沈阳辽河七星湿地公园	沈阳沈北新区	1.5万亩 L=13公里	休闲观光区、综合服务区	辽河花海、七星山[illegible]、万泉河[illegible]、七星[illegible]	
[illegible]	沈阳方特欢乐世界	沈阳沈北新区盛京大街	[illegible]亩	娱乐体验区、娱乐展示区、综合服务区、主题酒店	星际航班、飞越极限、维苏威火山、神秘河谷等	
	沈阳皇家海洋主题乐园	抚顺市高湾经济开发区	800亩	娱乐体验区、娱乐展示区、综合服务区、主题酒店	海洋世界馆、世纪丛林馆、海兽城堡、海神乐园等	
	沈阳热高水上乐园	抚顺市高湾经济开发区	1800亩	娱乐体验区、娱乐展示区、综合服务区、主题酒店	巴厘岛水世界、梦幻世界、城堡度假酒店	

图 7-32　项目规划设计分析

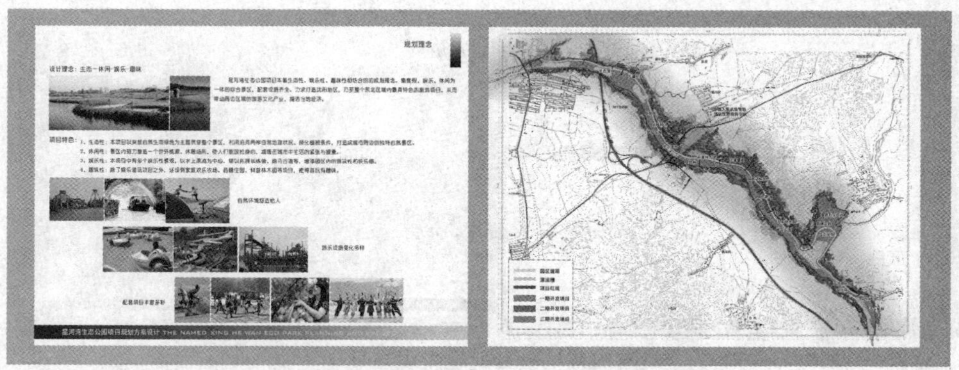

图 7-33　项目规划设计理念

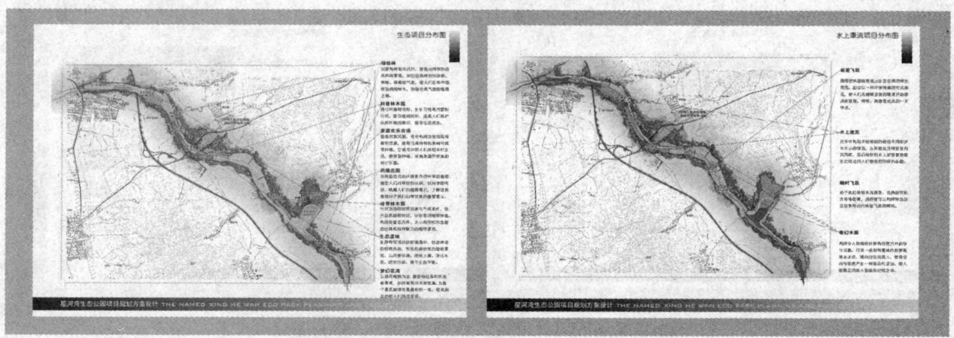

图 7-34　项目规划设计分布图（一）

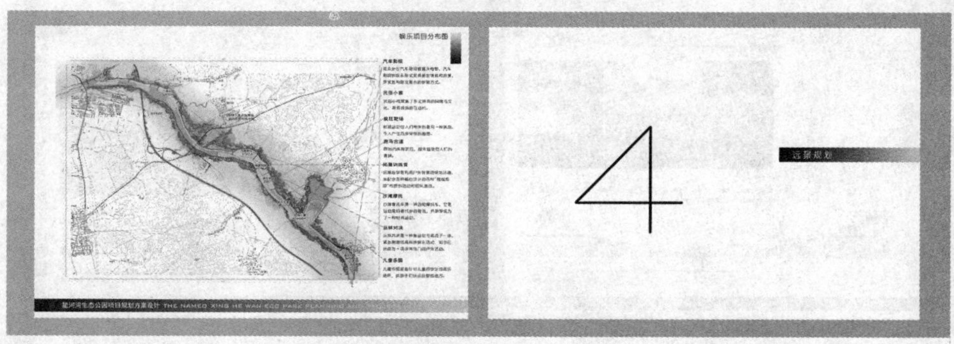

图 7-35　项目规划设计分布图（二）

图 7-36　项目规划设计内容介绍

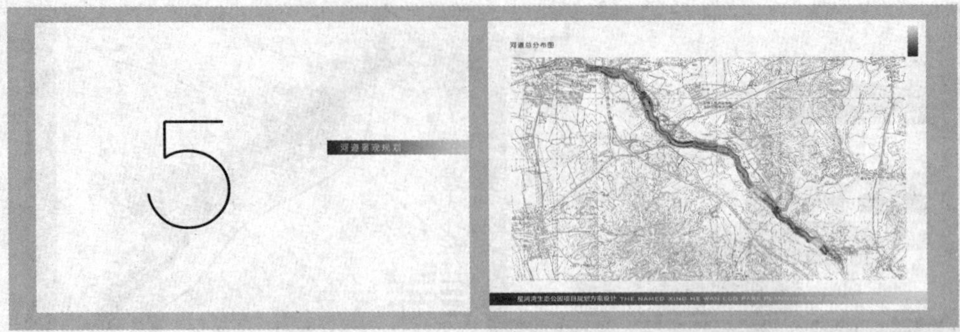

图 7-37　项目河道景观规划

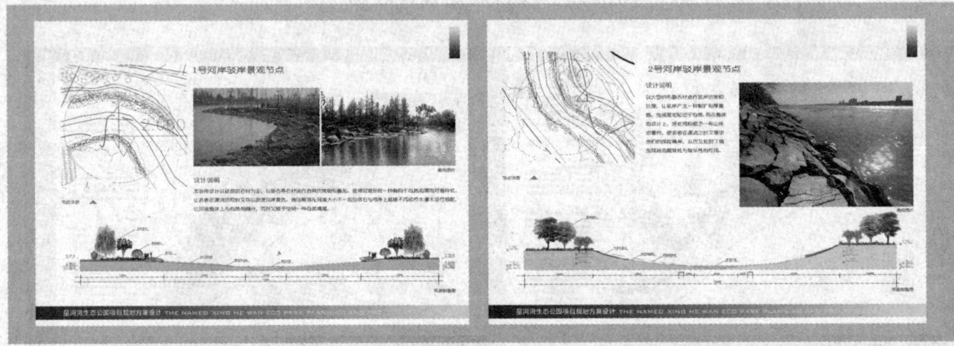

图 7-38　河岸驳岸景观节点（一）

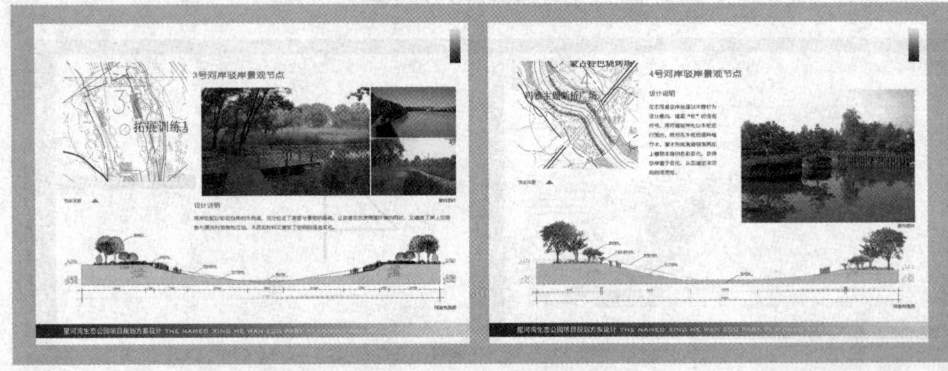

图 7-39　河岸驳岸景观节点（二）

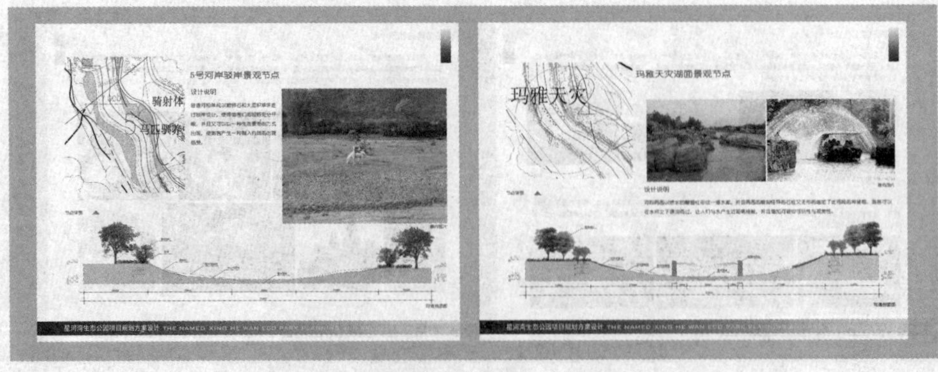

图 7-40　河岸驳岸景观节点（三）

图 7-41　景观节点与河岸竖向图

图 7-42　景观节点与河道景观效果图

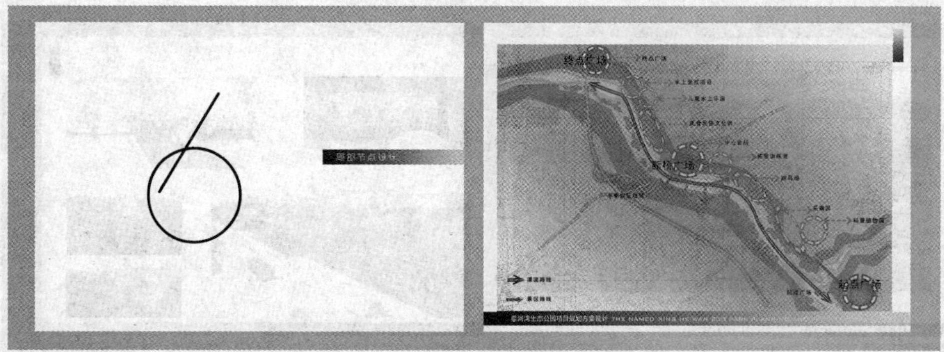

图 7-43　项目局部节点设计分布

图 7-44　项目局部节点设计及效果图（一）

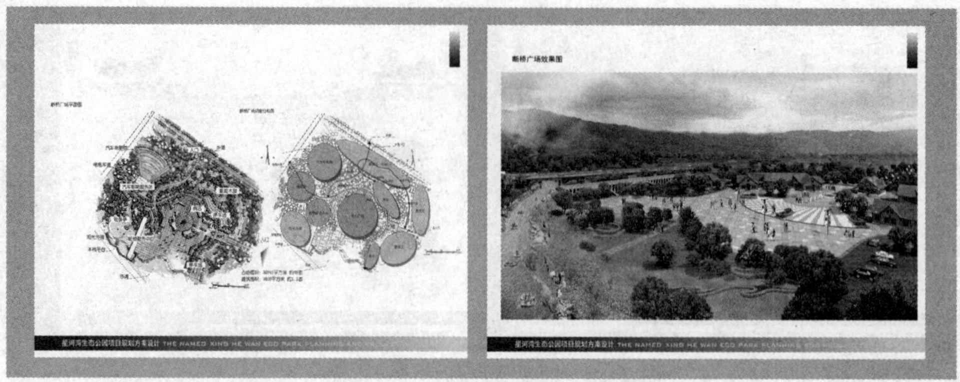

图 7-45　项目局部节点设计及效果图（二）

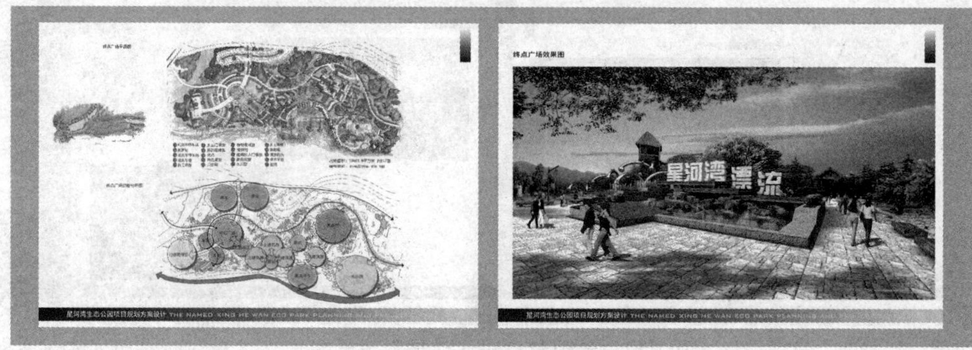

图 7-46　项目局部节点设计及效果图（三）

图 7-47　项目局部节点设计及效果图（四）

图 7-48　项目小品设计（一）

图 7-49　项目小品设计（二）

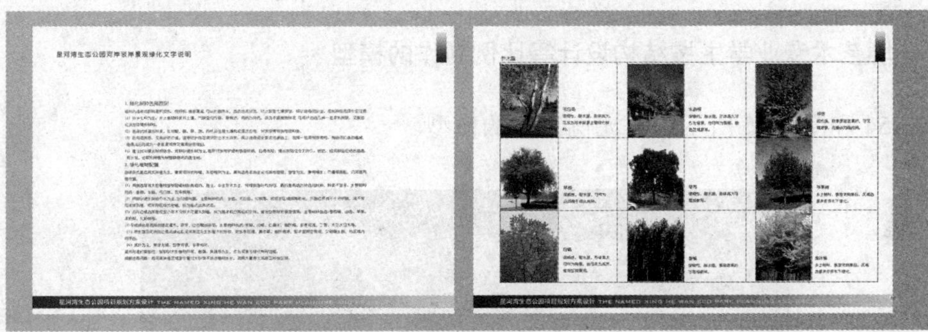

图 7-50　项目景观绿化设计（一）

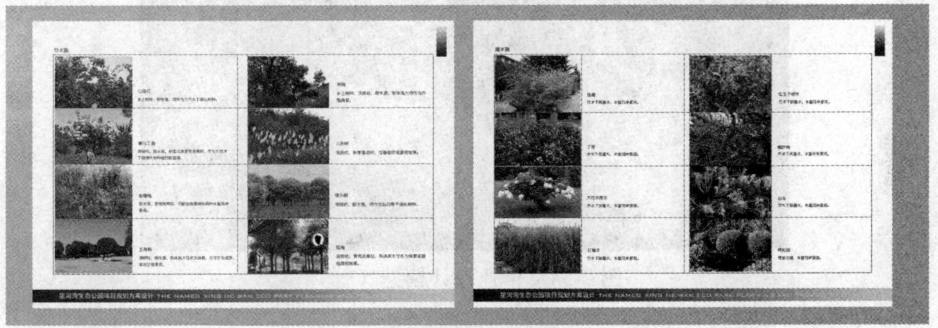

图 7-51　项目景观绿化设计（二）

三、环境艺术专业学生为毕业设计提交的材料样板

如图 7-52 和图 7-53 所示为材料样板图。

图 7-52　材料样板（一）

图 7-53　材料样板（二）

四、环境艺术专业学生按结构设计等比例制作的模型

如图 7-54 和图 7-55 所示为等比例制作的模型。

图 7-54　毕业设计模型（一）

图 7-55　毕业设计模型（二）

五、环境艺术专业学生毕业设计制作的展板

如图 7-56－图 7-59 所示为毕业设计展板形式。

图 7-56　毕业设计展板形式（一）

图 7-57　毕业设计展板形式（二）

图 7-58　毕业设计展板形式（三）

图 7-59　毕业设计展板形式（四）

六、环境艺术专业作品的综合展示

如图 7-60 所示为作品的综合展示。

图 7-60　毕业设计展览

第 8 章　服装设计方向毕业设计实例及选题

本章概要

- 服装设计方向概述
- 服装设计方向毕业设计实例分析
- 服装设计方向的各类选题
- 服装设计方向毕业设计所呈现的形式

8.1　服装设计方向的研究领域

8.1.1　服装设计专业概述

我国是一个有着悠久历史的文明古国，曾被誉为“衣冠王国”。自古以来，人们积累了相当丰富的有关衣物和穿衣的经验。现代科学的进步满足了人类追求生活的多样性，设计体现出现代生活的各个方面。生活方式的多样化带来了服装款式上的多样化，进入了以消费者为主的设计阶段。服装的流行不再由设计师定，而是消费者来左右，每个设计师、每个企业都必须站在消费者的立场上来设计。在与国际接轨的同时，为适应社会的需要，服装设计学科也在不断发展。信息时代中，时装化、个性化的着装趋势使当今的服装设计须不断采用高科技手段，并拥有市场化、自动化、信息化的快速反应机制。服装设计学科也在不断探索。为适应市场的需求，原有的服装设计学科方向将出现新的分支，如针织服装设计、成衣设计、高级时装设计、时尚传媒等，有针对性地对某一学科发展方向进行深入的研究。

8.1.2　毕业生能力培养目标

服装设计专业培养具有服装设计理论与实践能力的人才，从服装艺术设计、服装产品开发、营销管理和服装理论研究等方面，使学生成为具有创造能力的高级服装设计专业人才，具有服装设计、生产管理和营销等方面专业技能的、能够到服装企业生产第一线从事服装生产技术与管理岗位工作的高级应用型人才。

服装设计专业人才应具备以下能力：

（1）掌握艺术设计创造的专业技能和方法，具有各类服装款式设计、服装结构设计、服饰配件设计以及成衣制作的能力，掌握服装美术知识、服装画、服装色彩、图案设计、手工印染、摄影等一些与服装设计相关的基础知识及操作能力。

（2）具有独立进行艺术设计实践的基本能力，具有服装广告设计、商品展示设计能力。

（3）了解有关经济、文化、艺术事业的政策和法规，具有服装生产、经营管理以及市场预测的初步能力。

（4）了解国内外艺术设计的发展动态，掌握服装历史、服装美学及社会心理学知识，具有较强的审美能力。

8.1.3　服装设计专业相关主干课程

1. 服装色彩学

本课程是服装设计与工程专业学生的一门专业必修课。通过本课程的学习，学生应了解、掌握服装色彩搭配的基本原理和色彩情感；掌握服装色彩设计的基本技法；本课程注重学生服装色彩能力的培养，使学生能够运用基本服装色彩原理更好地进行服装作品设计。

2. 服装材料学

本课程是高等院校服装专业的主干课程之一，通过本课程的学习，主要使学生掌握服装材料的基本理论，揭示服装材料性能特点；在实验研究部分，以各种服装材料的具体性能测试来揭示服装材料的性能特点，为服装设计打下良好的基础，针对新材料发展中的新问题，提出分析和解决问题的思路，培养学生把理论应用于实践的能力。

3. 服装结构设计

本课程是服装设计与工程专业学生的一门专业基础课，是研究服装立体形态与平面展开图之间的对应关系，服装装饰性与功能性的优化组合，结构的分解与构成规律的课程。服装结构设计的理论与实践是服装设计的重要组成部分，是具有艺术和科技相互融合、理论和实际密切结合的偏重实践的课程。

4. 成衣纸样与工艺

本课程是服装专业开设的主干课之一，是服装专业必修的课程。随着社会的进步与发展，服装生产经历了从低级阶段向高级阶段的转变，服装成衣生产水平代表了服装生产技术水平，因此研究成衣生产技术与工艺对提高成衣生产水平是十分必要的。通过本课程的学习，要求学生了解服装材料的特点并能合理选择面料、里料、衬料及其他材料；掌握裁剪方案的制定及排料、铺料工艺；能合理地利用生产条件确保裁剪质量及有效节约材料；熟悉各种线迹与缝型，能进行基本款式的工序分析，制定出符合生产实际要求的工艺单；掌握各道工序的关键工艺技术，能分析和了解生产过程中的各类技术问题，提出相应的解决方案。

5. 服装画技法

本课程是服装设计与工程专业学生的一门专业必修课。通过本课程的学习，学生应掌握服装画的基本概念、服装人体结构、服装人体各种动势、服装材料的质感等。学会使用各种绘画工具，掌握各种绘画技法，为将来成为服装设计师打下良好的绘画基础。

6. 服装设计概论

本课程是服装设计专业的专业先导课，属专业课基础部分，主要介绍服装设计的基本知识，使学生初步了解服装设计的概念和基本原理，包括服装的定义、分类、服装构成、服装设计的构思与风格、材质与色彩等。其目的在于帮助学生构建较为完整的服装设计的概念，了解服装设计专业课程学习体系及服装设计程序，为进入专业学习打下较为系统的理论基础。

7. 中外服装史

本课程是服装艺术设计专业的基础理论课程之一，属于必修课程。本课程讲授中国和西方服装史知识，学习该课有利于提高学生的理论修养及对基础知识的掌握。服饰史是记录和研究服饰自产生以来的发展沿革的历史，它除了研究服装自身，同时也涵盖了研究的地域、社会范围的风土人情等，它与社会、历史、文化之间有着密切的关系。通过介绍各历史时期各个区域的服装特点、风格、工艺及演变发展的过程，使学生了解服装的历史与现状，开阔视野、积累知识，提高审美眼光和设计思想水平，并在此基础上，把掌握的史料灵活地运用到服装设计当中，要传统为我所用，从复制走向创新，与现代艺术结合起来，把学到的东西运用到实践和市场当中。

8. 人体工程

人体工程学课程为服装设计与工程专业的专业必修课。人体工程学是服装学科的前沿课题，它是结合了服装专业的特性与人类工程学内容而构成的一个相对独立的体系。以人体为中心，以服装为媒介，以环境为条件进行研究。

9. 女装结构设计

本课程是服装设计与工程专业学生基础课程的限选课程。使学生掌握女上装原型省道转移原理、方法和省道消除的设计应用，女上装综合结构设计与应用。通过原型省道转移设计与应用，对女时装、西装、大衣、中式服装等进行造型设计与结构设计。讲解部件与部件之间的结构设计原理、方法、结构变化规律；女装结构综合设计原理及运用，使学生学会对女时装、西装、大衣、中式服装等服装进行款式变化分析和造型设计应用。

10. 服装 CAD

服装 CAD 是运用计算机辅助设计软件来完成系列服装设计的各个环节，是服装设计专业学生必修的课程。通过学习，学生掌握服装 CAD 的基础原理、应用系统的功能及其正确的操作方法，能在计算机上独立完成试衣、款式设计、工艺设计、样片结构设计、推板及排料一系列工作，使学生能更快速、更准确、更轻松地进行服装设计，为学生毕业专题设计提供条件，同时为进入社会工作打下扎实的基础。

11. 服装工业制板

本课程服装工业制板是服装设计与工程专业学生的主要课程之一，它是服装生产企业的技术支柱，是最重要的技术性生产环节之一，它是能否准确实现服装款式造型目的根本，服装工业制板技术水准将直接关系到服装成品及其商品性。

主要学习：服装工业样板的概念、种类和设计依据，服装工业制板的过程、方法及其检验，服装工业推板的原理及操作，服装排料的原则、步骤和方法，典型款式的推板操作方法及服装 CAD 推板操作知识。

12. 服装生产管理

服装生产管理是服装设计与工程专业的主干必修课程之一。本课程内容主要包括：服装生产管理概述、服装企业组织与资源、服装生产物料管理、服装裁剪工程技术管理、服装缝制工程的组织与管理、服装生产能力与生产计划、服装生产作业研究与现场改善、服装生产质量管理、服装生产成本管理。结合我国服装生产的特点，从生产质量、生产成本、作业研究、生产过程组织、生产计划、工业工程等方面，对生产管理的基本理论、管理项目、管理重点和管理方法进行系统的介绍。

8.2 服装设计方向毕业设计实例（论文部分）

服装专业方向的毕业论文/设计是以大学四年本科专业学习为基础，学生根据自己的意向、兴趣以及在平时学习中的不断积累与思考，对自己研究的课题进行研究、调查、分析总结、论证和设计的过程。服装专业毕业设计包括毕业论文的撰写及服装制作两个部分，是大学学习生活中非常重要的一个环节。本节将采用实际的案例，详细介绍服装设计方向毕业论文的撰写及服装设计的完整过程。

《手稿图册在服饰设计中应用》的设计与实现如下。

1. 毕业设计开题报告

毕业设计任务书如表 8-1 所示。

表 8-1　××××大学毕业论文（设计）任务书

<table>
<tr><td>姓　名</td><td>×××</td><td>学　号</td><td colspan="2">×××××××××</td><td>系　别</td><td>艺术设计系</td></tr>
<tr><td>专　业</td><td>服装设计专业</td><td>年级班级</td><td colspan="2">××级×班</td><td>指导教师</td><td>×××</td></tr>
<tr><td>论文题目</td><td colspan="6">《手稿图册在服饰设计中的应用》</td></tr>
<tr><td>任务和目标</td><td colspan="6">毕业设计（论文）的任务和目标：
本毕业设计主要完成“手稿图册在服饰设计中的应用”方法，并撰写题目为《手稿图册在服饰设计中的应用》的论文。完成以手稿为设计方法的系列服装；完成服装毕业设计展板；论文撰写必须符合学院所规定的标准来完成。
手稿图册在服饰设计中需要符合服装设计的中心思想，在了解当今时尚流行趋势的前提下，使用手稿图册等相关手段来体现自己的创造性和特色。主要实现的任务如下：
1. 了解什么是手稿图册
2. 手稿图册在服饰设计中的用途及意义
3. 服饰设计的过程及设计任务
4. 编辑灵感图片
5. 分析与聚焦
6. 系列的发展引申
7. 绘制设计效果图
8. 手稿图册在成衣制作中的应用
9. 成衣展示</td></tr>
<tr><td>基本要求</td><td colspan="6">论文撰写应在指导教师指导下独立完成，做到中心突出、层次清楚、结构合理；必须观点正确，论据充分，条理清楚，文字通顺；并能进行深入分析，见解独到。同时论文字数不得少于 8000 字，还要有 300 字左右的论文摘要，关键词 3～5 个（按词条外延层次，由高至低顺序排列）。最后附上参考文献目录和致谢辞</td></tr>
<tr><td>研究所需条件</td><td colspan="6">1. 具备足够的专业基础知识
（1）掌握手稿图册的积累和制作。
（2）具备服装设计专业知识和资源。
（3）了解服装结构与工艺制作。
2. 具备搜集资料的网络、图书馆等资源和条件</td></tr>
<tr><td rowspan="5">任务进度安排</td><td>序号</td><td colspan="3">主要任务</td><td colspan="2">起止时间</td></tr>
<tr><td>1</td><td colspan="3">任务书下达、毕业设计正式开始</td><td colspan="2">2013.11.1～2013.11.12</td></tr>
<tr><td>2</td><td colspan="3">完成文献综述、开题报告</td><td colspan="2">2013.11.12～2013.12.10</td></tr>
<tr><td>3</td><td colspan="3">完成需求分析</td><td colspan="2">2013.12.10～2013.12.24</td></tr>
<tr><td>4</td><td colspan="3">完成论文二稿或中期检查</td><td colspan="2">2013.12.24～2014.4.1</td></tr>
</table>

续表

	5	上交论文成稿		2014.4.1～2014.4.13
	6	设计类论文上交程序代码		2014.4.13～2014.4.15
	7	论文答辩		2014.4.15～2014.4.20
指导教师签字			日期	年　月　日
系部领导签章			日期	年　月　日

2. 文献综述

文献综述见表 8-2。

表 8-2　××××大学毕业论文（设计）文献综述

姓　　名	×××	学　　号	××××××	系　　别	艺术设计系
专　　业	服装设计专业	年级班级	××级×班	指导教师	×××
论文题目	《手稿图册在服饰设计中的应用》				
查阅的主要文献	[1] （英）西蒙·希弗瑞著．时装设计元素：调研与设计．袁燕，肖红译．北京：中国纺织出版社，2009. [2] （英）古米尔特·马塔鲁著．什么是时装设计．江莉宁，刁杰译．北京：中国青年出版社，2011. [3] （英）科林·伦弗鲁著．Research and Design:AVA Publishing SA．北京：中国纺织出版社，2011. [4] （美）费尔姆著．国际时装设计基础教程．北京：中国青年出版社，2006. [5] （英）麦克阿瑟，边克利著．时装设计元素：造型与风格．袁燕译．北京：中国纺织出版社，2013. [6] （英）索格等著．时装设计元素．袁燕，刘驰译．北京：中国纺织出版社，2008. [7] （英）卓沃斯·斯宾塞，瑟蒙著．时装设计元素款式与造型．董雪丹译．北京：中国纺织出版社，2009. [8] （英）琼斯著．时装设计．张翎译．北京：中国纺织出版社，2009. [9] （英）艾丽诺·伦弗鲁著．时装设计元素——拓展系列设计．袁燕译．北京：中国纺织出版社，2010. [10] （英）麦凯维，玛斯罗著．时装设计：过程、创新与实践． 郭平建，武力宏，况灿 译．北京：中国纺织出版社，2004. [11] （美）杰·卡尔德林著．形式适合时尚．周明瑞译．济南：山东画报出版社，2011. [12] （英）阿特金森著．时装系列设计拓展与创意．十杨译．北京：中国青年出版社，2011.				
文献综述	**一、前言** 伴随着服饰设计的发展，手稿图册已广泛应用于西方国家的服饰设计过程中，更是成为了服饰设计师收集并整合灵感来源的主要方式之一；而国内虽然有与此方面相关的课程，但无论从理论方面还是内容方面，与西方国家还是有一定的差距，也没有得到足够的重视。随着国际间越来越多的交流往来，手稿图册将会为更多人熟知，同时也会被更广泛地应用于服饰设计的过程中。 **二、《手稿图册在服饰设计中的应用》的背景** 根据笔者实地考察，发现手稿图册在西方国家的服饰设计中有普遍并主要的应用。而国内虽有相关课程，但内容较形式化，没有很好地结合实际。目前为止这方面相关资料较少。服饰设计也处于进步阶段，需要不断地研究探索与开拓创新。从这一出发点考虑，本文针对这一现实情况，结合自身在服饰设计过程中对手稿图册的应用，对如何从根本改变设计思维、拓宽思路进行了思考。 **三、《手稿图册在服饰设计中的应用》研究意义** 手稿图册是服饰设计过程中的重要环节，对于改变传统教学模式与思维方式等方面提供了新思路与有益探索。本课题针对手稿图册对服饰设计的启发和影响，以突破思维的局限与传统的束缚为目标，以手稿图册在服饰设计过程中的应用为主要内容进行了实践研究。通过大量的图片资料与实例分析，对手稿图册在服饰设计过程中的应用进行了全面细致的实践研究与探索，目的在于深入了解研究课题。				

续表

<table>
<tr><td>文献综述</td><td>四、设计思路
着眼于手稿图册应用于服饰设计过程中的基本理论与方法进行探索。通过实践法（笔者在实践作品中对手稿图册的实际应用）和调研法（即理论考察与文件搜索），在导师的指导下完成本课题的研究。
五、结束语
《手稿图册在服饰设计中的应用》属于创意礼服设计的范畴。通过这段时间的设计和论文撰写过程，查阅、研究了大量的相关文献，分析了国内外相关领域的特色资料并结合实际，使我对手稿图册在服饰设计中如何应用都有了更深入的了解，并亲自利用所学知识及参考的文献，在老师的指导下，对手稿图册在创意礼服设计中的应用有了初步构思。虽然由于时间和本人水平能力有限，这个设计还有许多地方有待改进，但这次毕业设计对我来说是对大学学习阶段的一次全面检查，使我在大学阶段学习的理论在毕业设计中得到了实际应用，它使我懂得如何利用手稿图册去积累灵感，丰富设计，也使我了解了手稿图册在服饰设计过程中的各方面知识，并对表现技能有了更深入的理解和提高，使即将步入社会的我积累了很多经验</td></tr>
<tr><td>备注</td><td></td></tr>
<tr><td>指导教师意见</td><td>指导教师签字：
年　　月　　日</td></tr>
</table>

3. 论文开题报告

论文开题报告如表 8-3 所示。

表 8-3　××××大学毕业论文（设计）开题报告

<table>
<tr><td>姓　　名</td><td>×××</td><td>学　　号</td><td>×××××××××</td><td>系　　别</td><td>艺术设计系</td></tr>
<tr><td>专　　业</td><td>服装设计专业</td><td>年级班级</td><td>××级×班</td><td>指导教师</td><td>×××</td></tr>
<tr><td>论文题目</td><td colspan="5">《手稿图册在服饰设计中的应用》</td></tr>
<tr><td>选题依据与意义</td><td colspan="5">一、学术价值、应用价值
手稿图册（sketch book）是服饰设计过程中的重要环节，目前已被很多国家的艺术家和设计师所广泛应用，国内虽有相关课程，但无论从理论方面还是内容方面，与西方国家还是有一定的差距，也没有得到足够的重视。本课题针对手稿图册对服饰设计的启发和影响，以突破思维的局限与传统的束缚为目标，以手稿图册在服饰设计过程中的应用为主要内容进行了实践研究。笔者着眼于手稿图册应用于服饰设计过程中的基本理论与方法进行探索。通过实践法（笔者在实践作品中对于手稿图册的实际应用）和调研法（理论考察与文件搜索），在导师的指导下，通过大量的图片资料与实例分析，对手稿图册在服饰设计过程中的应用进行了全面细致的实践研究与探索，为国内服饰设计的发展提供可借鉴的思路与方法，对改变传统教学模式与思维方式等方面提供了新思路与有益探索。
二、国内外研究现状分析
根据笔者实地考察，发现手稿图册在西方国家的服饰设计中有普遍的应用。而国内虽有相关课程，但内容较形式化，没有很好地结合实际。目前为止这方面相关资料较少。服饰设计也处于进步阶段，需要不断地研究探索与开拓创新。从这一出发点考虑，本文针对这一现实情况，结合自身在服饰设计过程中对手稿图册的应用，对如何从根本改变设计思维、拓宽思路进行了思考</td></tr>
</table>

续表

研究内容	中文摘要 Abstract 前言 第 1 章 手稿图册及服饰设计 1.1 什么是手稿图册 1.2 手稿图册的产生及发展 1.3 什么是服饰设计 第 2 章 手稿图册在服饰设计中的用途及意义 2.1 手稿图册在服饰设计中的用途 2.2 手稿图册在服饰设计中的意义 第 3 章 服饰设计的过程及手稿图册的应用 3.1 服饰设计的设计任务 3.1.1 定位和目标 3.1.2 风格与主题 3.2 搜索灵感来源 3.2.1 收集实物资料：主料、辅料、旧物等 3.2.2 收集信息资料 3.2.3 树立缪斯：具体人物、虚幻人物、照片肖像等 3.3 服饰设计过程中需要收集哪些方面的灵感 3.3.1 造型与比例 3.3.2 色彩 3.3.3 材料 3.3.4 细节 3.4 提纯灵感 3.4.1 功能性 3.4.2 文化与历史影响 3.4.3 流行趋势与市场影响 3.5 编辑灵感图片 3.5.1 剪切与拼贴 3.5.2 并置与比较 3.5.3 绘图与描述 3.6 分析与聚焦 3.7 系列的发展引申 3.8 绘制设计效果图 3.8.1 手绘 3.8.2 计算机软件处理 第 4 章 手稿图册应用于服饰设计时需注意的问题 4.1 灵感资料的过度搜集 4.2 手稿图册的过度编辑 4.3 对现有资料的重复 4.4 设计过程中从二维到三维的转化 第 5 章 手稿图册对服饰设计师思维模式的影响 结论 参考文献 致谢

续表

<table>
<tr><td>研究方案</td><td>一、本课题研究的目标
通过大量的图片资料与实例分析，对手稿图册在服饰设计过程中的应用进行全面细致的实践研究与探索，目的在于深入了解研究课题的系统性、实验性、重要意义和对服饰设计师思维模式的影响，为国内服饰设计的发展提供可借鉴的思路与方法。
研究价值：对改变传统教学模式与思维方式等方面提供了新思路与有益探索。
二、本课题研究的内容
本课题以手稿图册在服饰设计中如何应用为研究对象，主要运用图册搜集各类服装信息，包括网络图片、画册图片、书籍、各种布料、各种材质、各种辅料、人物造型、色彩来源等，培养设计师良好的职业习惯，从而快速有效地找到设计思路，完成设计过程。
三、本课题研究要解决的问题
1．设计思路的优化问题
手稿图册在国外早已大量应用于服饰设计中，在搜集、整理手稿图册的过程中，可以迅速有效地保证设计思路的导向，可以在调查搜集整理的过程中，列出限制因素、有利条件以及可能存在的问题，这对于整个设计进程起着引导作用，如果没有事先了解就盲目地进行设计，可能会导致重大失误，无法顺利达到预期目标。
2．设计完成的质量保证
解决盲目设计所导致的失误是设计中容易出现的问题。服装设计中，其客户群、销售价格、产品数量等方面的不同会对产品的材料、质地、细节处理与制作工艺等方面产生直接影响。这也需要设计者在设计之前对需要考虑的因素进行深入的调查了解，列出限制因素、有利条件以及可能存在的问题，服饰种类的需求随着气候、地域、文化、性别、观念、身份等诸多方面的变化而决定着服饰产品的性质与分类，设计者的作品无论是在表现其艺术性还是思想性，都要跟着潮流进行设计。手稿图册的引用可以有效保证设计的完成。
四、本课题的研究方法
1．通过实践法，即笔者在实践作品中对于手稿图册的实际应用。
搜集各类信息和资料整理在手稿图册中，从中找到设计灵感。根据搜集的素材进行设计定位，包括款式、造型、色彩、配饰、工艺等，并将设计的思路通过绘画、制作而转化为服装设计作品。
2．通过调研法，即理论考察与文件搜索，在导师的指导下，通过大量的图片资料与实例分析，对手稿图册在服饰设计过程中的应用进行全面细致的实践研究与探索，为国内服饰设计的发展提供可借鉴的思路与方法，对改变传统教学模式与思维方式等方面提供了新思路与有益探索。
五、可行性分析
1．技术可行性分析
手稿图册目前已被很多国家的艺术家和设计师所广泛应用，国内虽有相关课程，但无论从理论方面还是内容方面，与西方国家还是有一定的差距，也没有得到足够的重视。本课题针对手稿图册对服饰设计的启发和影响，以突破思维的局限与传统的束缚为目标，以手稿图册在服饰设计过程中的应用为主要内容进行了实践研究，是可行的。
2．经济可行性分析
手稿图册早已被广泛应用于各类艺术创作设计当中，其形式能迅速、便捷、省时地为设计者提供灵感来源，使其找到设计点，节省大量时间，提高工作效率，推动设计师设计风格的确立。
3．法律可行性
所有技术资料都为合法来源，开发过程中不存在知识产权问题，未抄袭任何网站和专著，不存在侵犯版权问题，符合国家法律和软件法律法规。</td></tr>
</table>

续表

研究方案	**六、预期成果** 完成论文，实现手稿图册在服饰设计中的应用，完成论文，积累手稿制作图册，设计故事板、效果图，根据搜集的素材进行设计定位，包括款式、造型、色彩、配饰、工艺等，并将设计的思路通过绘画、制作而转化为服装设计作品，完成成衣的制作
写作进度安排	1．2013年11月22日－2013年12月10日，完成文献综述及开题报告。 2．2013年12月11日－2014年3月25日，进行调研需求分析，完成论文初稿（或框架）。 3．2014年3月28日－2014年4月1日，完成论文二稿或中期检查。 4．2014年4月2日－2014年4月6日，上交论文成稿。 5．2014年4月7日－2014年4月13日，设计类论文上交，并完成检查、验收
指导教师意见	指导教师签字： 年　　月　　日
系学术委员会意见	主任签章： 年　　月　　日

4．论文中期报告

论文中期报告如表8-4所示。

表8-4　表11-4　××××大学毕业论文中期报告

学生名字	×××	学号	×××××××××	指导老师	×××
论文题目	《手稿图册在服饰设计中的应用》				
论文中期完成情况	**一、前期工作简述** 论文的前期工作主要完成了任务书、文献综述和开题报告的撰写，并对手稿图册在服饰设计中如何应用进行总体设计。 **二、解决的问题及解决办法** 1．手稿图册的制作：选材，搜集资料，整理，制作成册。 在明确了服饰设计的任务与设计时需要收集哪些方面的灵感之后，设计者就可以利用各个途径展开灵感素材的查阅与搜索，找到能够激发自身创造性思维的线索，从而获取新的灵感。多种收集方式可以同时被设计者所采用。 2．完成手稿制作的材料。 收集实物资料是指由设计者自身收集和保存下来的可引发设计灵感的现实的具体东西，如面料、花边、纽扣、拉链、衣物、生活用品等，收集实物的地点可以是各类材料市场、旧货市场、商店等，也可取材于自然，如石头、树叶、昆虫标本等。 收集到的实物可以单独或自由组合在一起，可以绘画、拍照的方式或经艺术加工后被记录在手稿图册上，有些实物素材（例如面料和花边）也可直接作为材料小样粘贴在手稿图册上，让设计者对面料的质地、手感、价格等方面有初步的了解。				

续表

论文中期完成情况	3．手稿图册在服饰设计中的应用。 作为一名服饰设计者，在实现任何理念与想法之前，都要对自己所要设计的服饰有明确定位和目标，这是一切设计工作的起点。随着现今市场不断的扩大、人们对于服饰种类的需求也不断增加，气候、地域、文化、性别、观念、身份等诸多方面都决定着服饰产品的性质与分类，设计者的作品无论是旨在表现其艺术性、思想性还是倾向于功能性、实用性，都要与设计最初阶段的定位和目标相符合。 **三、尚存在的问题及解决方案** 尚存问题：盲目设计所导致的失误。 解决方案：高级定制的服饰与大众服饰相比，其客户群、销售价格、产品数量等的不同会对产品的材料、质地、细节处理与制作工艺等方面产生直接影响。这也需要设计者在设计之前对需要考虑的因素进行深入的调查了解，列出限制因素、有利条件以及可能存在的问题，这对整个设计进程起着引导作用，如果没有事先了解就盲目地进行设计，可能会导致重大失误，无法顺利达到预期目标。设计者的作品无论是旨在表现其艺术性、思想性还是倾向于功能性、实用性，都要与设计最初阶段的定位和目标相符合 **四、后期工作安排** 2014 年 1 月 13 日－2014 年 3 月 15 日，进行代码后期书写调试，撰写论文。 2014 年 3 月 16 日－2014 年 4 月 11 日，上交论文初稿以及论文修改。 2014 年 4 月 12 日－2014 年 4 月 13 日，上交论文成稿
完成情况评价	1．按计划完成，完成情况优（ ） 2．按计划完成，完成情况良（ ） 3．基本按计划完成，完成情况合格（ ） 4．完成情况不合格（ ） 补充说明： 指导教师签名：　　　　　　　　年　月　日

5．论文封皮

论文封皮示样图如图 8-1 所示。

××××大学

毕　业　论　文（设 计）

题　　目：手稿图册在服饰设计中的应用
系　　部：艺术设计系
专　　业：服装设计专业
班　　级：××级×班
学　　号：×××××××××
姓　　名：×××
指导教师：×××
完成日期：××××年××月××日

图 8-1　论文封皮示样图

6. 论文诚信声明和版权说明

论文诚信声明和版权说明如图 8-2 所示。

毕业论文（设计）诚信声明书

本人声明：我将提交的毕业论文（设计）《手稿图册在服饰设计中的应用》是我在指导教师指导下独立研究、写作的成果，论文中所引用他人的无论以何种方式发布的文字、研究成果，均在论文中加以说明；有关教师、同学和其他人员对本文的写作、修订提出过并被我在论文中加以采纳的意见、建议，均已在我的致谢辞中加以说明并深致谢意。

论文作者：××× （签字）时间： 年 月 日

指导教师已阅 （签字）时间： 年 月 日

毕业论文（设计）版权使用授权书

本毕业论文（设计）《手稿图册在服饰设计中的应用》是本人在校期间所完成学业的组成部分，是在××××大学教师的指导下完成的，因此，本人特授权对××××大学可将本毕业论文（设计）的全部或部分内容编入有关书籍、数据库保存，可采用复制、印刷、网页制作等方式将论文文本和经过编辑、批注等处理的论文文本提供给读者查阅、参考，可向有关学术部门和国家有关教育主管部门呈送复印件和电子文档。本毕业论文（设计）无论做何种处理，必须尊重本人的著作权，署明本人姓名。

论文作者：××× （签字）时间： 年 月 日

指导教师已阅 （签字）时间： 年 月 日

图 8-2 论文诚信声明和版权说明

7. 论文正文

《手稿图册在服饰设计中的应用》

【中文摘要】

手稿图册（sketch book）是服饰设计过程中的重要环节，目前已被很多国家的艺术家和设计师所广泛应用，国内虽有相关课程，但无论从理论方面还是内容方面，与西方国家还是有一定的差距，也没有得到足够的重视。本课题针对手稿图册对服饰设计的启发和影响，以突破思维的局限与传统的束缚为目标，以手稿图册在服饰设计过程中的应用为主要内容进行了实践研究。

笔者着眼于手稿图册应用于服饰设计过程中的基本理论与方法进行探索。通过实践法（即笔者在实践作品中对于手稿图册的实际应用）和调研法（理论考察与文件搜索），在导师的指导下，通过大量的图片资料与实例分析，对手稿图册在服饰设计过程中的全面细致的应用进行了实践研究与探索，为国内服饰设计的发展提供了可借鉴的思路与方法，对改变传统教学模式与思维方式等方面提供了新思路与有益探索。

【关键词】手稿图册；服饰设计；灵感来源

Abstract Content：

Sketch book plays an important role in the process of fashion design. It is now widely used among artists and designers from different countries. In China,we have lessons in this field but still have some weaknesses on both theoretical side and practical side comparing with other Western countries,and sometimes it is neglected. This task shows the inspiration and influention to fashion design when designers using sketch books ,it is aimed at how to break the limits of thought and the bound of tradition. Practical research on using sketch book in the process of fashion design is the mainly content of this paper.

The author accomplished this paper by collecting information and analyzing cases under the tutors' guidience which used both theoretical research and practical research. This task provided the train of thought and a way for the development of Chinese fashion design, also for designers to widen their minds and breakthrough the model of theaching.

Key words: sketch book;fashion design;source of inspriation

前　言

伴随着服饰设计的发展，手稿图册已广泛应用于西方国家的服饰设计过程中，更是成为了服饰设计师收集并整合灵感来源的主要方式之一；而国内虽然有与此方面相关的课程，但无论从理论方面还是内容方面，与西方国家还是有一定的差距，也没有得到足够的重视。随着国际间越来越多的交流往来，手稿图册将会被更多人熟知。对手稿图册在服饰设计过程中的应用进行全面细致的实践研究与探索，目的在于深入了解研究课题的系统性、实验性、重要意义和对服饰设计师思维模式的影响，为国内服饰设计的发展提供可借鉴的思路与方法，同时也会被更广泛地应用于服饰设计的过程中。

手稿图册是服饰设计过程中的重要环节，本课题针对手稿图册对服饰设计的启发和影响，以突破思维的局限与传统的束缚为目标，以手稿图册在服饰设计过程中的应用为主要内容进行了实践研究，对改变传统教学模式与思维方式等方面提供了新思路与有益探索。

1．概述

1.1　研究的背景

根据笔者实地考察，发现手稿图册在西方国家的服饰设计中有普遍的应用。而国内虽有相关课程，但内容较形式化，没有很好地结合实际。目前为止这方面相关资料较少。服饰设计也处于进步阶段，需要不断地研究探索与开拓创新。从这一出发点考虑，本文针对这一现实情况，结合自身在服饰设计过程中对手稿图册的应用，对如何从根本改变设计思维、拓宽思路进行了思考。

1.2　研究的意义

手稿图册（sketch book）是服饰设计过程中的重要环节，目前已被很多国家的艺术家和设计师所广泛应用，国内虽有相关课程，但无论从理论方面还是内容方面，与西方国家还是有一定的差距，也没有得到足够的重视。本课题针对手稿图册对服饰设计的启发和影响，以突破思维的局限与传统的束缚为目标，以手稿图册在服饰设计过程中的应用为主要内容进行了实践研究。

2. 研究的内容

2.1 手稿图册的建立

2.2 手稿图册在服饰设计中的应用

2.3 以手稿图册设计的系列服装

3. 研究分析

3.1 可行性分析

手稿图册已广泛应用于西方国家的服饰设计过程中，更是成为了服饰设计师收集并整合灵感来源的主要方式之一；而国内虽然有与此方面相关的课程，但无论从理论方面还是内容方面，与西方国家还是有一定的差距，也没有得到足够的重视。本文的撰写是为了让手稿图册被更多人熟知，同时也会被更广泛地应用于服饰设计的过程中。手稿图册作为设计者的调研记录，也对设计者本身起着监督作用，帮助设计者养成独立思考的习惯，帮助服饰设计师迅速找到自己的风格定位。

3.2 经济可行性

本研究突破了传统的思维模式，作为学习与思考的过程，是设计者掌握新知识新技巧并了解自身、了解世界、了解研究对象的机会。

3.3 社会可行性

手稿图册作为设计者设计进程的展示，是设计者与作品、作品与受众交流的媒介，从而使受众也对作品有更深层次的了解，也使设计者能够及时得到反馈。让手稿图册为更多人熟知，同时也会被更广泛地应用于服饰设计的过程中。

第 1 章 手稿图册及服饰设计

1.1 什么是手稿图册

总地来说，手稿图册是一本由设计者收集和加工信息，从而帮助其确定设计方向的图集，它不仅仅是用来展示设计者所收集到的各类资料，更可以通过思维与艺术的加工创造出新的设计作品，使设计既具现代感又具创新性。手稿图册是创意与灵感的集散地，是设计者个性与私人的空间。手稿图册不仅仅可以用于服饰设计，还可以用于其他设计行业，或是对某一阶段思想或心得的总结与发展。一般来讲，手稿图册的尺寸规格要比普通的书本读物略大些，方便加工整理搜集到的资料。设计者可以根据自身需要购买、自制或利用旧书籍制作，也可以选择不同纸质和装订排列方式。

1.2 手稿图册的产生及发展

关于手稿图册的起源，目前为止无从考证，笔者并没有找到相关的文献及图片资料可供查阅，但可以肯定的是，手稿图册早已被广泛应用于各类艺术创作于设计当中，其形式则随着漫长的历史发展和使用者的不同需求而不断演变。

1.3 什么是服饰设计

服饰[1]，即装饰人体物品的总称，包括服装、鞋、帽、袜子、手套、围巾、领带、提包、阳伞、发饰等。服饰设计[2]，即对于这些装饰人体的物品的设计。“服饰设计是艺术创作的过程，是艺术构思与艺术表达的统一体。设计者一般先有一个构思和设想，然后收集资料，确定方案。其方案内容包括：风格主题、造型比例、色彩、材料、细节等。同时对其结构尺寸以及具体的制作加工等工艺也要进行周密严谨的考虑，以确保最终

[1] 百度百科——词条“服饰”.
[2] 百度百科——词条“服装设计”.

完成的作品能够充分体现最初的设计意图。构思过程中，设计者可通过勾勒草图来表达思维过程，通过修改补充，在考虑较成熟后，再绘制出详细的设计图。”

第 2 章　手稿图册在服饰设计中的用途及意义

2.1　手稿图册在服饰设计中的用途

通常在服饰设计的最初阶段，设计者会把搜集到的信息集中在一起，通过对资料的探索与实验，运用不同的表现方式把新尝试与新想法记录下来。手稿图册不仅可以为自己所用，也可以成为描述并展示设计过程的工具。

2.2　手稿图册在服饰设计中的意义

首先，手稿图册作为一种探索技巧，可以激发设计者的创造力，并记录灵感与创意；其次，手稿图册作为学习与思考的过程，是设计者掌握新知识、新技巧并了解自身、了解世界、了解研究对象的机会；再次，手稿图册作为设计者设计进程的展示，是设计者与作品、作品与受众交流的媒介，从而使受众也对作品有更深层次的了解，也使设计者能够及时得到反馈；最后，手稿图册作为设计者的调研记录，也对设计者本身起着监督作用，帮助设计者养成独立思考的习惯，拒绝“拿来主义”。

第 3 章　服饰设计的过程及手稿图册的应用

这一部分同时以笔者的自身实践与他人作品等不同的手稿图册图例来说明制作手稿图册时可采纳的多种方式。

3.1　服饰设计的设计任务

设计任务在通常情况下是一切服饰设计工作的起点。设计者在明确了自己要设计什么、为谁设计之后，就能把握整个设计的方向，把创造力聚焦于某些特定方面，从而准确有效地进行设计工作。同时，设计任务也为制作手稿图册所需要的灵感收集指明了方向。

3.1.1　定位和目标

作为一名服饰设计者，在实现任何理念与想法之前，都要对自己所要设计的服饰有明确定位和目标，这是一切设计工作的起点。随着现今市场不断的扩大，人们对于服饰种类的需求也不断增加，气候、地域、文化、性别、观念、身份等诸多方面都决定着服饰产品的性质与分类，设计者的作品无论是旨在表现其艺术性、思想性还是倾向于功能性、实用性，都要与设计最初阶段的定位和目标相符合。例如，高级定制的服饰与大众服饰相比，其客户群、销售价格、产品数量等的不同会对产品的材料、质地、细节处理与制作工艺等方面产生直接影响。这也需要设计者在设计之前对需要考虑的因素进行深入的调查了解，列出限制因素、有利条件以及可能存在的问题，这对整个设计进程起着引导作用，如果没有事先了解就盲目地进行设计，可能会导致重大失误，无法顺利达到预期目标。例如，笔者在毕业创作中倾向于突出作品的艺术性与展示性，于是相对弱化作品的功能性与实用性。

如论文图 3-1、论文图 3-2 所示为服装毕业设计——《源》系列作品。

3.1.2　风格与主题

“风格”[3]是指创作中表现出来的一种带有综合性的总体特点，是把握不同作家不同作品之间的区别标志；“主题”[4]是作品内容的主体和核心，是作者通过全部材料和表现形式所表达出的基本思想。风格与主题往往代表着设计者的个性以及对事物的认识和看法，是服饰设计的基调和精髓所在，贯穿设计始终，并使设计具有独特性。

[3] 百度百科——词条“风格”.
[4] 百度百科——词条“主题”.

论文图 3-1　服装毕业设计系列作品

论文图 3-2　服装毕业设计系列作品

设计者在明确了服饰设计的定位与目标后，可以根据所掌握的初步资料在脑海里进行大致勾勒，找到能够引发兴趣、激发创造力的事物，通过自身的理解与思考，将观点和想法与作品相融合，以服饰设计的语言去表达。需要注意的是，当作品本身缺乏设计与美感而沦为表达思想的工具，或作品复杂但禁不起推敲时，这项设计也就失去了意义。知名服装设计师约翰·加利亚诺说："在一个系列中讲述故事是十分美妙的事情，但是你永远不要忘记，除了那些奇思妙想之外，它终归是与服装有关的事情。"[5]例如，笔者的毕业设计主题为水母，是因为笔者偶然发现水中的水母具有独特的美感，从而查阅大量的文字及图片资料，发现水母的体内有百分之九十五以上都是水，这一发现激发了笔者的创作灵感，即生命体与生命源的这种相互交融，进而创作了系列作品：源。

如论文图 3-3 所示的服装毕业设计——《源》系列作品。

论文图 3-3　服装毕业设计系列作品

[5]（英）西蒙·希弗瑞．时装设计元素：调研与设计．北京：中国纺织出版社，2011．

3.2　搜索灵感来源

在明确了服饰设计的任务与设计时需要收集哪些方面的灵感之后，设计者就可以利用各个途径展开灵感素材的查阅与搜索，找到能够激发自身创造性思维的线索，从而获取新的灵感。多种收集方式可以同时被设计者所采用。

3.2.1　收集实物资料：主料、辅料、旧物等

收集实物资料是指由设计者自身收集和保存下来的可引发设计灵感的现实的具体东西，如面料、花边、纽扣、拉链、衣物、生活用品等，收集实物的地点可以是各类材料市场、旧货市场、商店等，也可取材于自然，如石头、树叶、昆虫标本等。

收集到的实物可以单独或自由组合在一起，可以绘画、拍照的方式或经艺术加工后被记录在手稿图册上，有些实物素材例如面料和花边也可直接作为材料小样粘贴在手稿图册上，让设计者对面料的质地、手感、价格等方面有初步的了解。

实物素材因其可视可触的特点，在设计的过程中能够带来比其他素材更为具体、直接、强烈的感官联想，充分激发设计者的灵感。

如论文图 3-4－论文图 3-5 所示是奥斯陆国立艺术学院的学生手稿图册中所收集到的实物资料。

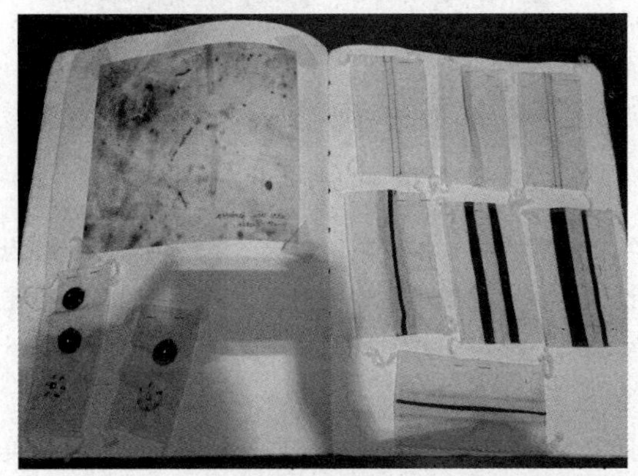

论文图 3-4　手稿图册中收集到的实物资料（一）

论文图 3-5　手稿图册中的收集到实物资料（二）

论文图 3-6　手稿图册中所收集到的实物资料（三）

3.2.2　收集信息资料

收集信息资料是指设计者通过网络、书籍、博物馆、美术馆、旅行等渠道获得的关于时尚、艺术、历史、文化、科学、建筑等方面的文字、图片及影像资料。

如论文图 3-7、论文图 3-8 所示为笔者在互联网中为毕业设计主题“源”搜集到的水母相关信息资料。

论文图 3-7　搜集到的水母相关信息资料（一）

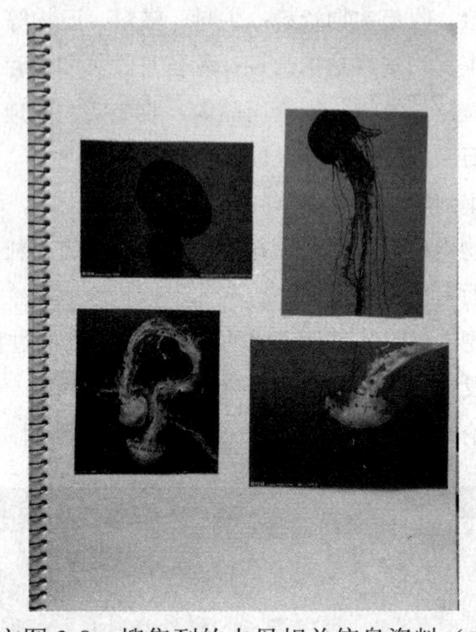

论文图 3-8　搜集到的水母相关信息资料（二）

信息资料的获得虽然不像实物资料那样直接，但在实物资料收集数量有限的情况下，信息资料能够为设计者提供更加广阔的空间和平台去调查和研究，也方便设计者在手稿图册上收集整理，所以，信息资料在灵感的搜索中比实物资料更为深入，更注重从视觉感受出发，从调查入手。

3.2.3　树立缪斯：具体人物、虚幻人物、照片肖像等

“缪斯”原是希腊神话中的艺术女神，在这里指心目中像神一样美好的人。有些设计者会把心目中美好的形象转化为灵感与创意表达出来，这个美好的形象可以是具体人物，比如明星、恋人；也可以是虚幻的人物，比如小说、动画中的人物；还可以是某人的照片或肖像等。很多知名艺术家或设计师都会寻找心目中的缪斯以激发创作灵感，如论文图 3-9 所示的纪梵希（GIVENCHY）与其灵感缪斯——模特 Mariacarla Boscono。

树立“缪斯”可以帮助设计者确定创意方向，奠定设计的风格计调。设计者通过对缪斯这个人物的设定与理解，可以得出创意的关键要素，继而围绕这些要素展开设计。

论文图 3-9　纪梵希（GIVENCHY）与其灵感缪斯 Mariacarla Boscono

3.3　服饰设计过程中需要收集哪些方面的灵感

3.3.1　造型与比例

从其准确的定义来讲，“造型”[6]指被创造出来的物体的形象；“比例”指数量间的对比关系，或指一事物在整体中所占的分量。一个物体的“造型”在它给人留下的第一印象中起着重要的作用，而“比例”则关系到这个物体整体与部分间的联系及节奏韵律。

而服饰的造型比例不仅仅是要塑造出一定的形象，占用一定的空间，还要通过反复的推敲设计，使其在人体上构成有美感的形象，能够被人的视觉所欣赏。在服饰设计过程中，很重要的一点是要清楚服饰与人体的关系，设计者要通过对各部分的长、宽、高和松量的控制，使服饰在人体上各部分个角度的比例协调，达到平衡的视觉效果。

另外，在搜集灵感时，对于一切能够激发灵感的素材，都要充分理解其结构和原理，并思考这些结构原理与人体之间的关系，然后把这些特点转变为设计元素融入到服饰设计中。在这一学习和思考的阶段，设计者可以在手稿图册上把对素材的理解通过拆分与整合，以文字或草图的形式记录下来，以帮助进一步激发灵感并设计，同时也可以为服饰的系列设计打下基础、提供方向。如论文图 3-10、论文图 3-11 为作者在毕业创作期间对于“水母”这一灵感素材体现在服饰造型比例方面的应用。

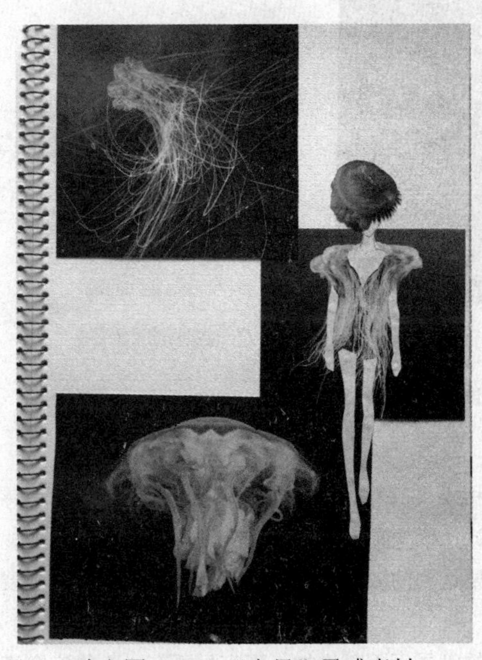

论文图 3-10　“水母”灵感素材

论文图 3-11　“水母”灵感素材在服饰中的应用

3.3.2　色彩

色彩是服饰设计能否引人关注的首要因素之一，也是生活中不可或缺的一部分。“心理学家认为，人的第一感觉是视觉，而对视觉影响最大的则是色彩。”[7]随着社会的发展，色彩所能代表的意义越来越多，人们对于不同色彩的需求也越来越多，色彩不仅能反映出人们的性格和情绪，也能传达出不同的社会、文化、身份、地位等。

[6] 百度百科——词条“造型”、“比例”.

[7] 百度百科——词条“色彩”.

作为一种设计语言，色彩在服饰设计中的地位至关重要。它通常是作品能否引起人们关注的首要因素。所以，关于色彩方面的素材收集不可或缺。色彩的灵感来源广泛，生活过中一切事物的颜色都可以作为服饰设计中色彩的一部分，例如自然、历史、艺术创作、流行趋势等。针对服饰设计的色彩所收集到的资料可以按照不同的颜色分类，找出设计的主导颜色，或把色彩融合在一起，得出配色方案并整理在手稿图册上，转化为服饰设计的色彩来源。如论文图 3-12 所示为在水母中所提取的应用于毕业设计的色彩来源。

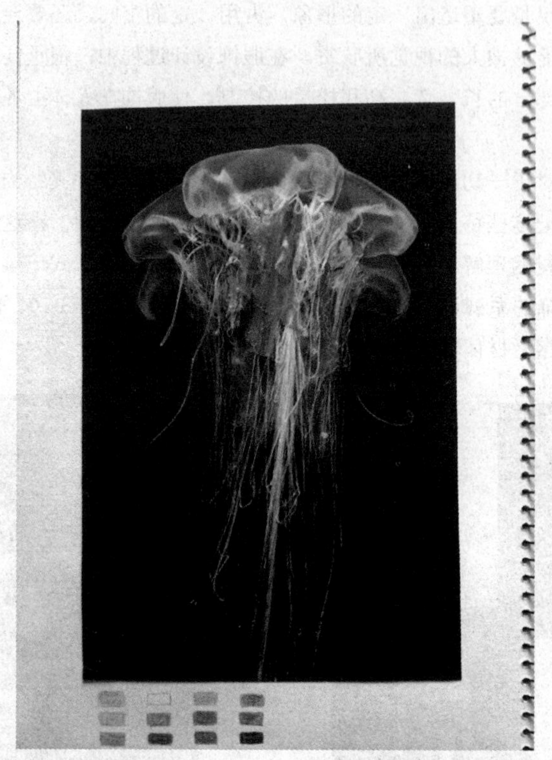

论文图 3-12　毕业设计的色彩来源

3.3.3　材料

服饰的用料在设计中与其造型和色彩息息相关、相辅相成，适当的材料会更好地塑造出设计的美感，充分地烘托出颜色和图案的效果；而材料选择不当会导致设计比例失衡，影响最终效果。所以在设计者搜索这一方面的灵感素材时，要考虑材料的特性能否实现设计想要达到的效果，比如材质的软硬、厚薄、延展性、悬垂性、光泽度等。

和颜色一样，人们对于服饰材质的要求也在随着时代的发展而不断增加，现有材质有时不能完全满足设计需要，这时设计者也可以把材料通过再造的方式组合在一起，从而改变原有形态，甚至转化为一种全新的材质。所以这一方面的灵感来源可以来自不同素材，设计者可以尝试改变材质的形态去表现特殊的素材效果。

如论文图 3-13 所示为奥斯陆国立艺术学院的学生为自己设计的鞋制作的鞋底，这种鞋底是由塑料和干花两种材质组合而成的一种全新的形态，以表达作者的创意及设计理念。

设计者可以将收集到的或再造过的材料小样以实物或图片的形式附于手稿图册中用来比对，理清设计思路，也便于资料的分类整理与再次利用。

论文图 3-14 为奥斯陆国立艺术学院的学生在手稿图册中所收集的材料小样。

论文图 3-13　材质形态

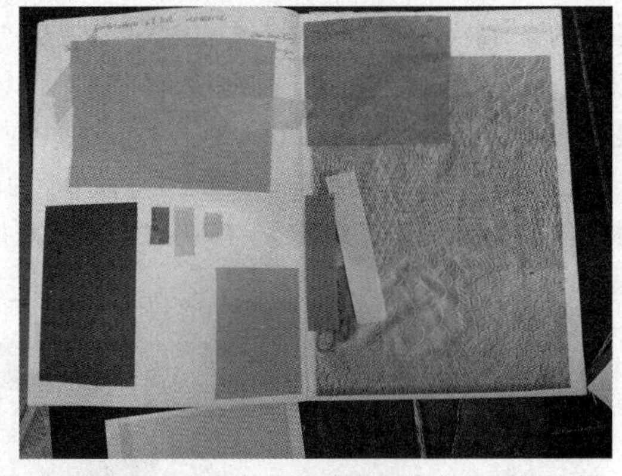

论文图 3-14　在手稿图册中所收集的材料小样

3.3.4　细节

服饰的细节既包括领子、口袋、扣子等实用性的部分，也包括装饰性的部分，如珠饰、刺绣等。细节的设计虽然不是服饰设计中的首要部分，但是它却是服饰设计中的重要部分。服饰的款式和变化在通常情况下无法脱离人体而单独存在，但在局部的设计中，细节却可以变化万千，使服饰设计作品能够禁得住人近距离的审视。

在这一部分的灵感收集中，设计者既可以搜集能够激发灵感的实物样本，如纽扣、珠子、花边，也可以寻找更抽象的素材，如天然纹理、装饰纹样等，还可以借鉴其他服饰的细节设计，如缝制工艺、装饰物等。

如论文图 3-15、论文图 3-16 所示为作者为毕业设计所收集到的细节素材及其在作品中的应用。

论文图 3-15　细节素材

论文图 3-16　细节素材在作品中的应用

3.4　提纯灵感

经过了灵感搜集这个步骤，有时设计者会发现能够激发灵感的资料过多，反而会使设计茫然无绪、毫无进展。而设计者对以下几个问题的思考则可以帮助减少过剩的灵感，并把注意力聚焦于那些给予设计者强烈灵感刺激的资料，提炼出关键要素并将灵感资料进一步完善。

3.4.1　功能性

服饰的功能性是针对功能要求而设计于服饰之上的，针对服饰的质量和采用的技术要求会相对比较高。功能性服饰[8]既包括具有科学技术功能的在特殊环境下具有防护作用过的服饰，也包括大众服饰中具有日常实用性的服饰。作为一名服饰设计者，服饰的功能性是设计时必须要考虑到的因素，因为功能直接关系着你

[8] 百度百科——词条“功能性服饰”.

所设计的服饰最终是什么样的事物，因此设计者要特别明确自身所要设计服饰的品种和类型，尤其是大众化成衣和职业装的设计。出于日常穿着和职业需要，其功能（比如保暖性、防水性、透气性等）更是首先需要考虑的问题，在这种情况下，设计者在设计过程中应该以兼具美观与实用功能的创意为优选。

如论文图 3-17 所示为奥斯陆国立艺术学院学生的功能性服饰设计作品。这件作品着重体现了服饰的防风、防水功能，荧光桔色的条状装饰带有警示性，印有森林树木图案的面料使人联想到登山装或某些特定行业的职业装。

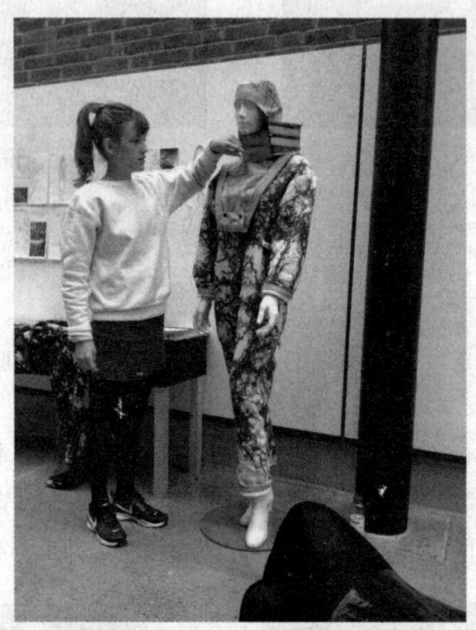

论文图 3-17 功能性服饰设计作品

3.4.2 文化与历史影响

在明确了设计任务后，设计者就要对设计对象所在国家的文化背景与历史背景有所了解，根据其文化与历史来寻找能带来丰富创意的灵感，如造型方面、材料方面、色彩方面的灵感等，但设计者也要明确，在尊重文化与历史的同时，也要追求设计上的突破，而不仅仅是对于文化历史的简单重复，并且要小心避免那些与民族、文化信仰相悖离的灵感资料。

如论文图 3-18－论文图 3-20 所示为奥斯陆国立艺术学院学生以修女为灵感设计的服饰作品，在设计过程中其在手稿图册中展示了大量的修女服饰品的素材。

论文图 3-18 以修女为灵感设计的服饰作品（一）

论文图 3-19 以修女为灵感设计的服饰作品（二）

3.4.3　流行趋势与市场影响

"流行趋势"[9]是指一个时期内社会或某一群体中广泛流传的生活方式，是一个时代的表达。对流行趋势的把握能够体现出一名设计者的判断力与适应能力，而流行趋势又左右并影响着市场需求。在服饰设计的过程中，设计者观察社会环境与文化潮流的变化，围绕着设计使用那些流行资讯中的元素，如色彩、面料等，结合对于自身设计的市场定位，使服饰设计作品与世界潮流接轨，并与市场需求相协调。

如论文图 3-21 所示为奥斯陆国立艺术学院的学生以艺术家艾未未的陶瓷瓜子为灵感设计的服饰作品，在这件作品中其使用瓜子作图案来印染面料，并以真实的瓜子沾满袖子作装饰与肌理，并巧妙地利用时尚界与艺术界的流行资讯，很好地接合了当代先锋艺术，为作品带来时尚感与话题性。

论文图 3-20　以修女为灵感设计的服饰作品（三）

论文图 3-21　奥斯陆国立艺术学院的服饰作品

3.5　编辑灵感图片

当设计者的灵感资料搜集到一定的程度，就可以把它们集中在一起进行编辑了，这一过程既可以在手稿图册上进行，也可以在计算机软件上进行，再打印出来附在手稿图册中。根据之前所收集到的关于造型、色彩、材料及细节方面的资料，通过分析与实验，采纳多种风格，运用不同的表现手法得出服饰设计的方向。

3.5.1　剪切与拼贴

另外，有些资料可以直接转化为服饰的造型、肌理、图案等方面的设计灵感，这种情况下，设计者可以把它们剪切下来直接在人体图形上拼贴，这是一种能够接近真实效果并且快捷有效的办法，同时也需要设计者对于人体结构有全面的了解。如论文图 3-22 所示，图片的肌理被笔者采纳而直接应用于服饰设计作品上。服饰设计者在编辑灵感的过程中，对不同信息资料的剪切与拼贴是激发设计者创意的一项基本工作。一般能够进行剪切与拼贴的多是图片类资料，如照片、网络图片、杂志剪报等。设计者可以根据自身设计需要选择一张或多张图片中有特点、能够激发灵感的部分剪切出来，再把这些剪切好的图片自由排列组合，选择具有设计美感和视觉冲击力的图片组拼贴在一起，形成一幅能够为设计指引新方向的图片。

[9] 百度百科——词条"流行趋势".

论文图 3-22　手稿图册中剪切拼贴的习作

3.5.2　并置与比较

不同于剪切与拼贴这样创造新理念的方法，并置是指将各类图片资料与材料小样按照相似或不同的分类排列在页面上，方便设计者能够把各个设计元素联系在一起，迅速地捕捉到这些资料所传达出的信息与情绪，通过研究资料间的对比与关联，找到能够为自身所用的创意灵感，并把它们整合成初期的主题或概念，方便设计者在设计过程中进行更为深入的研究。如论文图 3-23、论文图 3-24 所示，笔者在毕业设计过程中在手稿图册上将灵感来源分类并置，用以激发笔者对于灵感的捕捉。

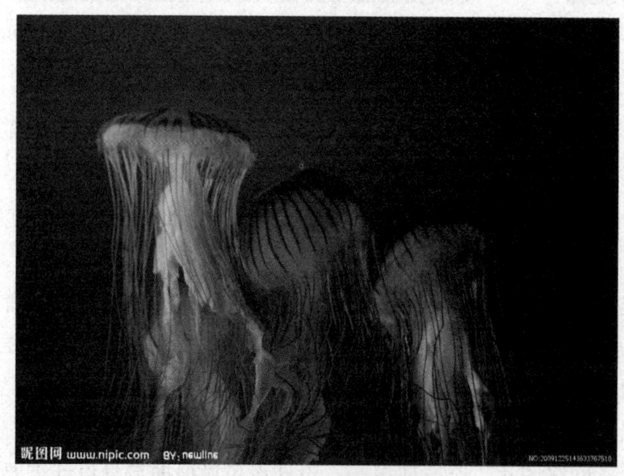

论文图 3-23　灵感来源

论文图 3-24　分类并置

3.5.3　绘图与描述

绘图与描述在编辑灵感图片这一过程中是最为直接、快捷的编辑手段，它可以将一切思想与创意的闪现以图画或语言的方式快速有效地记录在册，既可以帮助设计者研究灵感资料中所传达的讯息，又可以把这些研究成果快速转化为设计语言。

在设计者绘图与描述过程中可以运用不同的工具，如铅笔、马克笔、颜料等。绘图与描述不要求完整，但是要着重体现出设计的结构、造型、肌理、色彩、细节处理等创意的关键点和关键词，因为这些描述和草图很可能会直接为绘制设计手稿提供直接的灵感来源。如论文图 3-25、论文图 3-26 所示为笔者在手稿图册中根据灵感素材而绘制的草图。

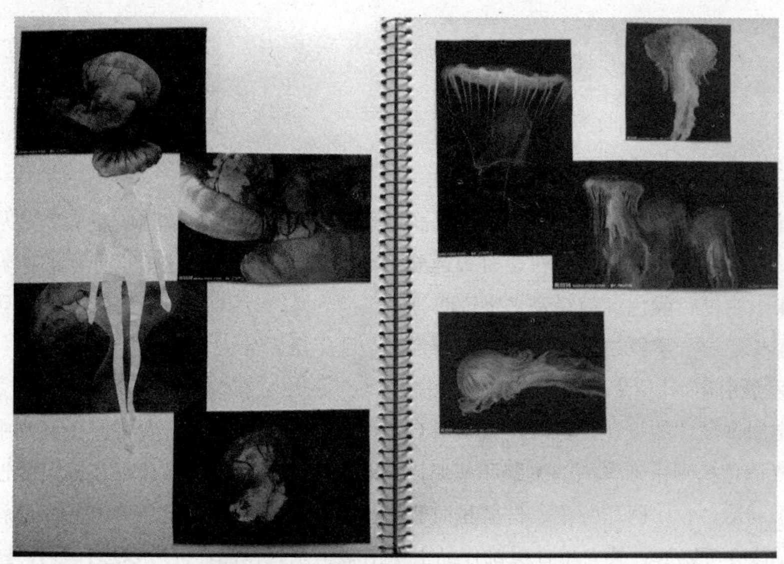

论文图 3-25　记录在手稿图册中的灵感来源

论文图 3-26　在手稿图册中根据灵感素材而绘制的草图

3.6　分析与聚焦

当服饰设计的灵感资料编辑完成后，设计者要运用手稿图册分析这些加工过的素材，从中提炼出关于服饰设计的关键设计要素，将思维聚焦于这些设计元素上，明确设计方向与设计重点后再进行效果图的绘制。设计者在对服饰设计的设计要素进行考虑时，可以通过一定的顺序进行一一探寻，这样做会对服饰的系列设计和设计主题有更充分、更深入的理解。

服饰设计的设计要素：

（1）造型。

（2）比例与线条。

（3）色彩。

（4）材料。

（5）细节。

（6）功能。

（7）文化与社会。

（8）潮流与市场。

分析与聚焦这一步骤也可以以情绪收集板的形式呈现。从本质上讲，情绪收集板就是从手稿图册中整理出来的研究成果，用以把收集到的信息快速有效地展示给他人，清楚地表达出设计师的逻辑思维过程，如服饰设计的整体效果、主题、颜色、用料及文字说明等。

未经过分析与聚焦这一步骤，可能会导致设计元素杂乱无章、失去重点。

3.7 系列的发展引申

在设计者指定服饰设计的设计任务时，就要对自己所设计的服饰的数量和规模做到心中有数，通过分析手稿图册中的要素信息找到系列作品的主题和基调，不断修改和挖掘各种设计存在的可能性，在这个过程中不断地绘图，把不同造型、比例、颜色、材质和细节的款式搭配组合在一起，构成完整的系列作品。

通常来讲，设计者可以通过某一单件服饰作品引申出整个系列作品，也可以选择多件作品进行增减调整，引申出整个系列作品。无论用何种方式，设计者绘制的款式变化数量要多于所要设计的款式数量，以挖掘所有的可能，并从中挑选出最为连贯完整的系列作品。

需要注意的是在系列作品的发展引申过程中，设计元素不能有过多的变化，也不能过于单调重复，这需要设计者有对全局的把控能力，并在不断的研究学习中增长知识经验。

3.8 绘制设计效果图

绘制设计效果图是服饰设计是专业技能的重要环节，它关系到设计师能否将创意准确、完善地记录与传达。服饰设计师在绘制设计效果图的时候可以根据手稿图册中记录的灵感资料详细描绘出设计的具体信息，包括人体形态、服饰的款式、质地、颜色和细节，材料小样和服装的平面结构图[10]也应该附在效果图旁边，以便在制作服饰时能够对每一处设计都能完整地表达出来。设计效果图可以通过以下两种方式绘制。

3.8.1 手绘

手绘效果图需要设计者有一定的造型能力与手绘功底，对人体的解剖结构有充分的了解，根据自身优势，使用不同的绘画工具（如铅笔、马克笔、颜料等）表达不同的线条、质地和色调，为设计图渲染效果，增添表现力。如论文图 3-27、论文图 3-28 所示为前迪奥设计师 John Galiano 的手绘作品。

3.8.2 计算机软件处理

随着科技的发展，使用电脑软件绘制效果图与平面图已经成为了一种绘图方式。在绘图过程中，设计者可以选择单纯用计算机软件，如 Photoshop、CAD、CorelDraw 等，也可以把手绘与电脑软件相结合，最大程度的传达出服饰设计作品的设计理念。这种绘图方式需要设计者对计算机软件能够熟悉操作，好处是能够快速地表现一些手绘不容易表现的气氛和效果，也方便设计者调整和修改。如论文图 3-29 所示为奥斯陆国立艺术学院学生的计算机绘图作品。

[10] 百度百科——词条“平面结构图”：按款式设计图及成品规格绘制的服饰结构的平面图形，是制订标准样板的依据.

论文图 3-27　迪奥设计师 John Galiano 的手绘作品（一）

论文图 3-28　迪奥设计师 John Galiano 的手绘作品（二）

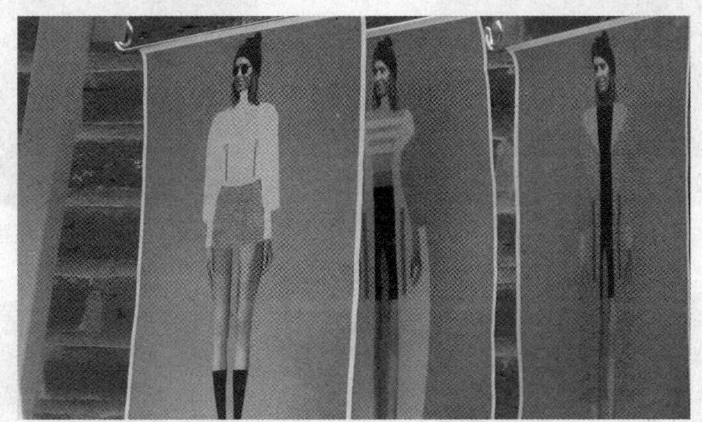

论文图 3-29　奥斯陆国立艺术学院学生的计算机绘图作品

第 4 章　手稿图册应用于服饰设计时需注意的问题

4.1　灵感资料的过度搜集

灵感资料收集过多对于设计者的设计过程没有好处，过剩的信息反而会使设计停滞不前，设计者要清楚收集灵感资料的首要前提是：灵感资料要能够切实可用地激发创作灵感，而不是越多越好。

4.2　手稿图册的过度编辑

在使用手稿图册来进行服饰设计的时候，设计者要注意的是手稿图册在设计过程中起的作用是辅助设计，是记录创意、激发灵感而非追求完美的地方，所以在编辑手稿图册的时候，无须对手稿图册过度装饰，而是尽量方便构思与记录，手稿与文字可以随意些，灵感与创意的过程要一目了然。

4.3　对现有资料的重复

手稿图册中收集的灵感资料是用来激发设计者的灵感和创意的，设计者在服饰设计过程中应避免收集过多已有的服饰设计资料，尤其是服饰设计大师的经典作品，过多的经典作品会使服饰设计知识掌握不扎实，缺乏经验的设计者被经典作品所影响，不自觉地借鉴模仿而忽略了自身设计的出发点。

4.4 设计过程中从二维到三维的转化

设计者在服饰设计的过程中，无论是手稿图册还是设计效果图都是在平面上进行创作，但有时平面效果不能代替立体效果，尤其是服饰设计的造型与材质的选择有很大的关系，所以设计者起对于自己所设计服饰全方位、各角度的效果都要考虑在内，这需要设计者的思维能够由二维到三维相互转换，或者通过使用立体裁剪的工艺在人台或模型上制作样本，以确保设计方案切实可行。如论文图 4-1－论文图 4-4 所示为作者在毕业创作期间对一件作品从平面到立体反复试验效果的过程。

论文图 4-1 平面草稿

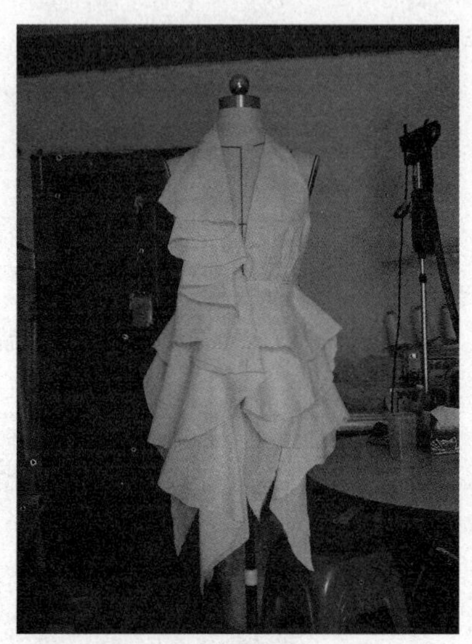

论文图 4-2 立体造型（一）

论文图 4-3 立体造型（二）

论文图 4-4 立体造型（三）

第 5 章 手稿图册对服饰设计师思维模式的影响

众所周知，经过调查研究和实践得出的结论会比一般理论更具说服力。手稿图册在服饰设计过程中最基本的作用就是收集灵感与激发创意，体现在设计作品中的正是这个道理。在手稿图册中体现出的调查与实践的方式与实验精神，不仅影响着设计作品的效果，更是直接影响着设计者对于设计过程的重视程度。当设计者的构思或想法经过了制作手稿图册这个调查与实践的考验之后，这一过程会在设计出作品中显露，设计者对其作品和设计流程能够了然于胸，作品自然也经得起他人的推敲；相反，如果未经这一阶段而直接追求创作结果，那么创作出来的作品也显苍白无力。普通的服饰设计者与服饰设计大师在服饰设计上的最大差距并不在于制作工艺，而在于思维方式，所以，设计者在进行服饰设计时可以运用手稿图册来训练自己的思维模式，将学习实践融入作品之中，设计出更具创意的作品。

结　论

综上所述，本文通过理论考察与大量的实例分析，旨在研究服饰设计过程中手稿图册的作用和意义，及其在服饰设计过程中的重要性。

主要结论：手稿图册在服饰设计过程中承担着收集灵感与激发创意的作用，是设计者进行服饰设计的重要手段之一。

创新点：运用了理论实践相结合的方式，讨论了手稿图册在服饰设计中的作用和意义，以及需要注意的问题。

参 考 文 献

[1] （英）西蒙·希弗瑞著．时装设计元素：调研与设计．袁燕，肖红译．北京：中国纺织出版社，2009.

[2] （英）古米尔特·马塔鲁著．什么是时装设计．江莉宁，刁杰译．北京：中国青年出版社，2011.

[3] （英）科林·伦弗鲁著．Research and Design:AVA Publishing SA．北京：中国纺织出版社，2011.

[4] （美）费尔姆著．国际时装设计基础教程．北京：中国青年出版社，2006.

[5] （英）麦克阿瑟，边克利著．时装设计元素：造型与风格．袁燕译．北京：中国纺织出版社，2013.

[6] （英）索格等著．时装设计元素．袁燕，刘驰译．北京：中国纺织出版社，2008.

[7] （英）卓沃斯·斯宾塞，瑟蒙著．时装设计元素款式与造型．董雪丹译．北京：中国纺织出版社，2009.

[8] （英）琼斯著．时装设计．张翎译．北京：中国纺织出版社，2009.

[9] （英）艾丽诺·伦弗鲁著．时装设计元素——拓展系列设计．袁燕译．北京：中国纺织出版社，2010.

[10] （英）麦凯维，玛斯罗著．时装设计：过程、创新与实践．郭平建，武力宏，况灿译．北京：中国纺织出版社，2004.

[11] （美）杰·卡尔德林著．形式适合时尚．周明瑞译．济南：山东画报出版社，2011.

[12] （英）阿特金森著．时装系列设计拓展与创意．于杨译．北京：中国青年出版社，2011.

致　谢

历时将近两个月终于将这篇论文写完，在论文的写作过程中遇到了很多困难和障碍，都在同学和老师的帮助下度过了。尤其要感谢我的论文指导老师——××老师，她对我进行了无私的指导和帮助，不厌其烦地帮助进行论文的修改和改进。在此向帮助和指导过我的各位老师表示最衷心的感谢！

感谢我的同学和朋友，在我写论文的过程中给予了我很多素材，还在论文的撰写和排版灯过程中提供了帮助。由于我的学术水平有限，所写论文难免有不足之处，恳请各位老师和学友批评指正！

最后向评审本论文和参加论文答辩的各位老师表示最衷心的谢意！

8.3 服装设计方向毕业设计实例（成品部分）

《手稿图册在服饰设计中的应用》实现过程

1. 搜寻灵感

百度搜索“水母”图片，将所需要的图片下载后整理、打印，作为礼服设计的灵感来源。如图 8-3－图 8-5 所示。

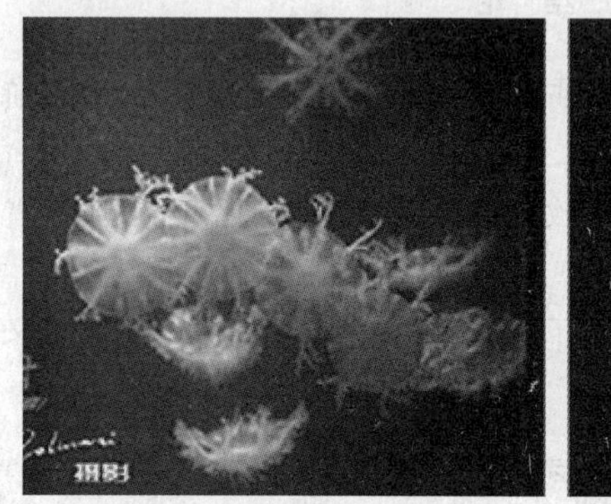
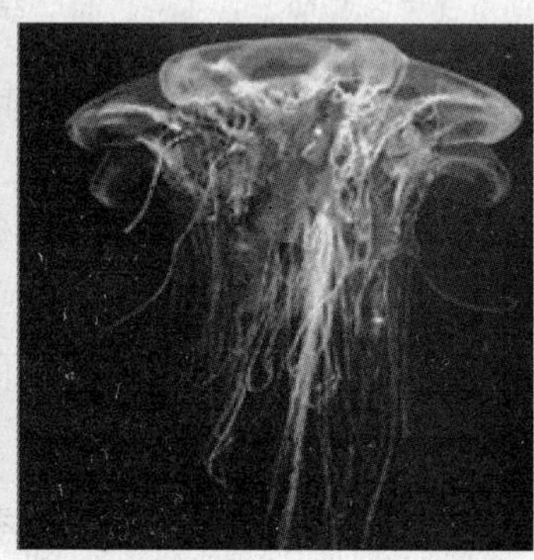

图 8-3 灵感来源——水母图片（一）

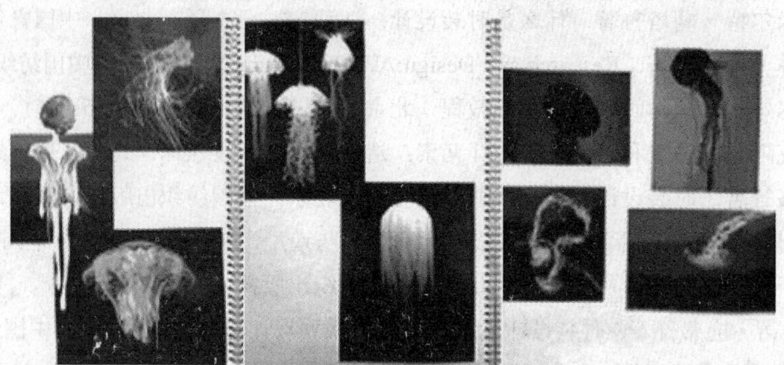

图 8-4 灵感来源——水母图片（二）

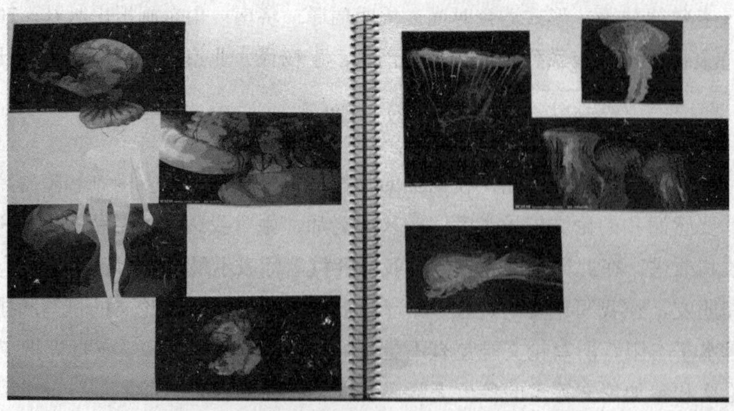

图 8-5 灵感来源——水母图片（三）

2. 绘制草图

依据水母的造型特点，提取所需要的造型元素、设计灵感来绘制草图。经过整理后形成系列的服装草图和配饰草稿，如图 8-6—图 8-8 所示。

图 8-6　绘制服装草图（一）

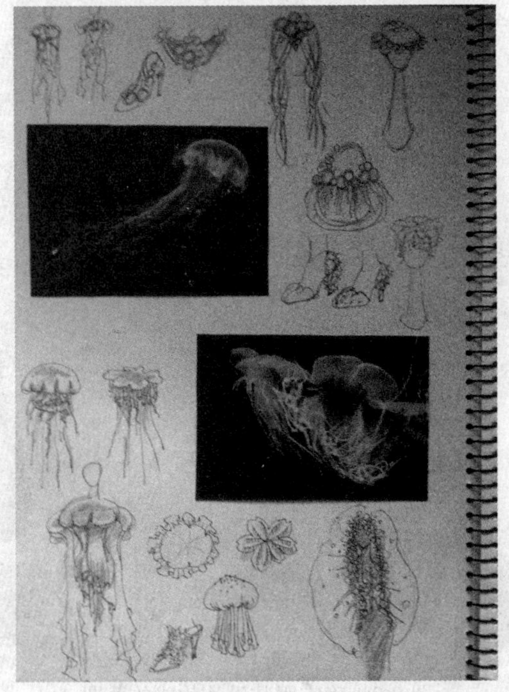

图 8-7　绘制配饰草图（二）

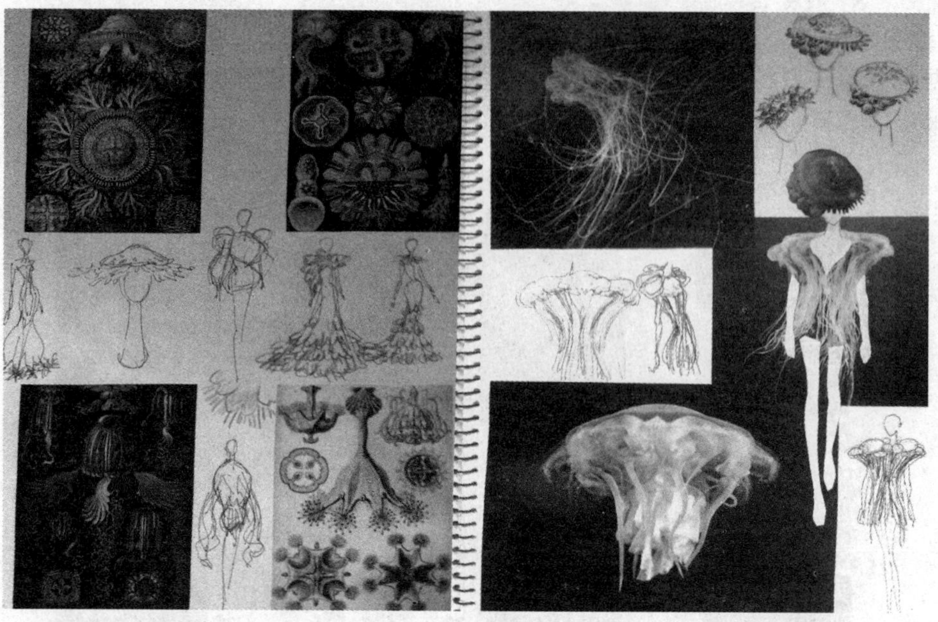

图 8-8　绘制服装及配饰草图（三）

3. 根据草图做以下工作

（1）确定服装的款式、色彩、面料。

（2）确定配饰：包括帽子、头饰、手包、项链、鞋等配饰。

（3）确定辅料：包括流苏、花边、亚克力钻、珠饰、纽扣、缎带等辅料。如图 8-9 所示。

图 8-9　确定服装设计款式的草图

4. 绘出服装设计效果图

要求画出时装人物和服装的造型，色彩表达完整协调，画面效果美观。可以通过手绘、计算机设计等形式表达效果图。工具可使用马克笔、水彩、水粉等，如图 8-10 所示。

图 8-10　毕业设计《源》效果图——设计：李知非

5. 绘出服装设计款式图

绘出服装的造型与结构。款式图为黑白线稿。要求比例正确，线条清晰，结构准确。要有细节说明。如图 8-11 所示。

图 8-11　毕业设计款式图绘画——作者：李知非

6. 服装制作过程

（1）根据要做的成品尺寸选择人台，号型有 9A、11A、84、88 等，最常用的工业人台为 9A 和 84。通过不同号型的人台放不同的松量来控制最后的成品尺寸。通过标注基础线来完成礼服的第一步辅助工作。

（2）初步进行服装造型

第一步进行白坯布试样，初步设计制作整体造型，在人台上完成。首先是上身的设计，其次是下半身设计。将上身的基础形态进行学习后发散设计，即变化款式设计，可以通过分割线的改变和转移来进行。下半身设计根据裙子的长度设计不同的变化款式，如图 8-12 所示。

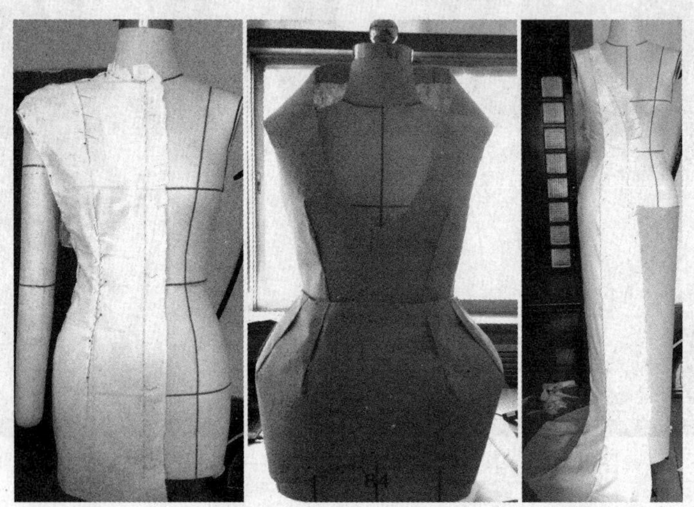

图 8-12 样衣造型阶段

7. 拷贝，用面料制作

通过白坯布试样得出立体裁剪样板，然后在白坯布上进行样板修正，修正后拓板，进行面料裁剪和缝制具体操作，如图 8-13－图 8-20 所示。

图 8-13 样衣初步形成阶段

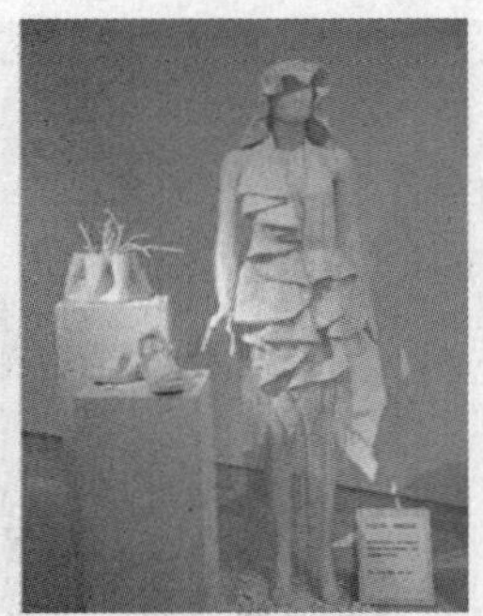

图 8-14　服装完成过程

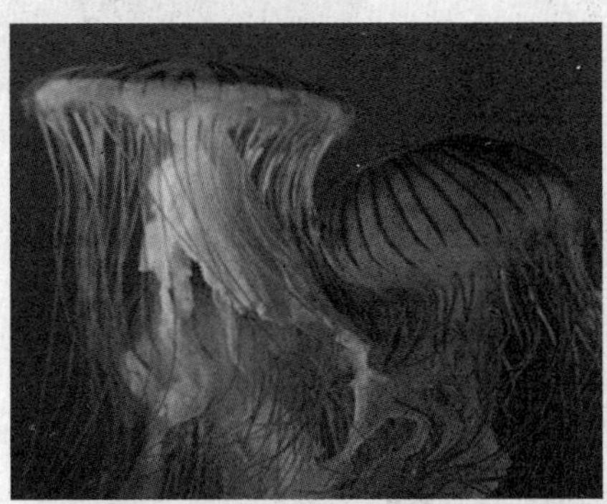
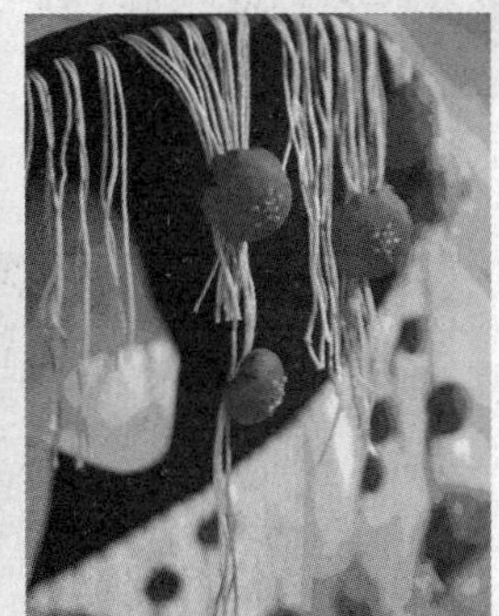

图 8-15　“水母”灵感素材在服饰中的应用（一）

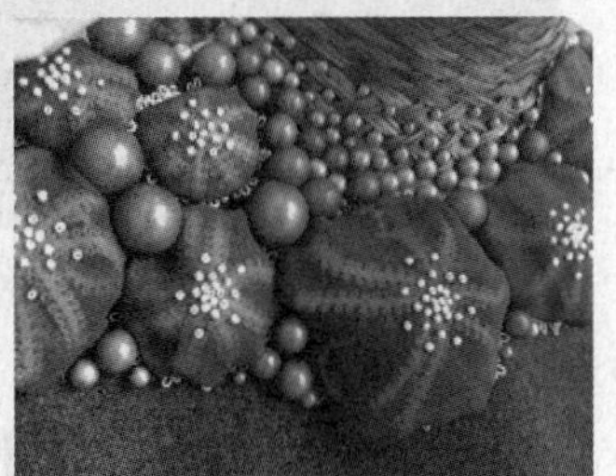

图 8-16　“水母”灵感素材在服饰中的应用（二）

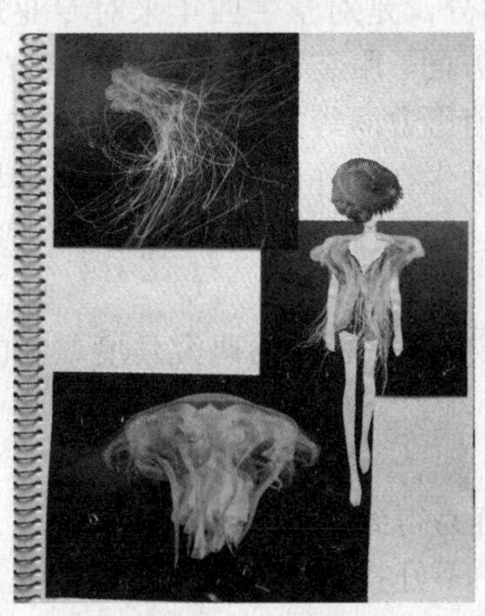

图 8-17　“水母”灵感素材在服饰中的应用（三）

图 8-18　系列成衣作品（一）

图 8-19　系列成衣作品（二）

图 8-20　系列成衣作品（三）

8.4　服装设计方向毕业设计选题领域

服装毕业设计是教学工作中的重要组成部分，是对学生四年来对专业知识和专业技能掌握情况的完整考核。选题可以在服装艺术设计方面、服装技术改造与创新方面、服装产品开发方面、社会科学方面、人文科学类、服装生产销售方面等方向中选择。在选题时，指导教师要把握住该题目是否是学生最感兴趣的选题，使学生在创作时保持激情。服装毕业设计的选题应遵循以下原则和要求。

1. 论文选题要有新意

视角、题目、使用的文献资料、使用的研究方法、新的研究角度、新的创作思想、新的工艺手段与方法的研究都要有新意。

2. 选择学生力所能及的选题

（1）选题不要太偏，所需文献资料应较容易得到。

（2）选题不要过大，否则在有限的篇幅中不好找到切入点，难以把握，而且容易写得空洞。最好确定在某一个点上去命题，完整、详细、透彻地进行论述。

（3）选题要结合自己最感兴趣的内容，在平时的学习中有相关信息的积累和第一手材料最好。

3．论题应有研究价值

（1）避免在论述中只攻击他人的观点，而没有自己的论点。

（2）避免从他人的论文中抄袭拼凑。

（3）避免论点、论据与现代科学常识相悖。

（4）不要把自己的偏见强加于读者。

（5）论文不能违反人道主义和伦理道德。

4．双向选择

毕业论文设计于第七学期期末开始统一布置，向全体毕业班公布指导教师及指导方向，以便学生选择。学生选择好课题后，若发生矛盾，由毕业论文指导教师小组统一予以调整。

根据课题小组或指导教师与学生共同讨论，由指导教师把关，最终确定毕业论文的选题方向。

5．因材定题和因题定人

可结合学生的毕业设计、学生的志向、能力等因素确定毕业论文的题目，也可根据指导教师的研究课题选择学生进行专业研究论证。

8.4.1　基于服装艺术设计方面

选题研究领域：服装艺术设计

选题类型：设计与实现

选题完成形式：服装+论文

选题参加人数：个人独立完成

选题准备：

艺术设计类课题涉及服装美学的研究与发现、服装艺术设计创作与构思的体会、将社会艺术思潮与服装产品设计的创作风格相结合等，将意识形态与创作实践相结合，使感性与理性的认识得到更好的归纳与阐述。

相似选题拓展：

1．论采集与重构法在服装设计中的应用

2．计算机喷绘与服装面料设计

3．男装正装设计与调整方法分析

4．现代服装设计中的波西米亚风格

8.4.2　基于服装技术与创新方面

选题研究领域：服装技术与创新

选题类型：设计与实现

选题完成形式：服装+论文

选题参加人数：个人独立完成

选题准备：

服装艺术设计是艺术与技术的结合，完美的艺术设计需要通过精湛的技术手段来实现。

随着社会的发展，技术手段也在不断地丰富与提高。对传统技术的总结和对新技术的发现，都需要进行很好的论证。

相似选题拓展：

1．合体女装省道设计与服装审美的相关性研究
2．晚礼服推板技术研究
3．高科技健康面料在瑜伽服装设计中的应用
4．高级女装的门襟变化与工艺设计
5．西服、西裤生产中常见技术、质量问题分析
6．晚礼服推板技术研究
7．合体女装省道设计与服装审美的相关性研究
8．针织女内裤（文胸）的基本纸样研究
9．从人体工程学谈大肚（驼背、挺胸）体型西服的结构设计
10．防护服装结构设计对着装舒适性的影响
11．浅论服装细节的装饰性设计

8.4.3　基于服装社会科学方面

选题研究领域：服装社会科学
选题类型：设计与实现
选题完成形式：论文
选题参加人数：个人独立完成
选题准备：

服装艺术设计是一门综合学科，与社会科学的发展是离不开的。它是人类适应自然的载体，是构成社会环境的基本要素、生产力发展的基本表现，同时又是生产力发展的强有力的表现手段。因此针对服装产品市场与社会发展的关系，我们对服装市场与社会发展的关系进行探讨与把握是十分必要的，不仅可以对服装流行的研究更加清晰准确，同时又可以从社会发展的角度更高地认识服装艺术设计时尚文化，更好地认识服装设计。

相似选题拓展：

1．服装吊牌在品牌广告中的作用
2．内衣的服装消费心理及行为研究
3．面向国际市场 2015 服饰新产品开发探讨
4．陈列设计对服装销售的影响
5．服装企业质量管理制度的制定与执行研究
6．工业工程（IE）在现代服装企业中的应用
7．精益生产在服装加工型企业的适用性
8．浅析服装企业库存的管理
9．西服生产线管理模式分析
10．西服跟单常见问题分析与处理方法
11．服装现场管理存在的问题与解决方法
12．样衣制作中的技术处理方法

13．服装生产管理的细节管理

14．如何控制服装生产成本

8.4.4 基于人文科学方面

选题研究领域：服装社会科学

选题类型：理论与实现

选题完成形式：服装+论文

选题参加人数：个人独立完成

选题准备：

人文科学类课题涉及服装发展的历史，了解服装的变迁以寻找其发展规律，璀璨的服饰历史文化是服装艺术设计不竭的源泉。对各地民俗、民族服装、服装教育发展的研究等，都是与服装艺术设计紧密联系的相关课题。

相似选题拓展：

1．十八世纪中西军服审美比较

2．传统刺绣图案在服饰设计中的应用

3．论乔托的艺术成就对文艺复兴时期服装造型的影响

4．探究唐装与唐代服装的互通性

8.4.5 基于产品开发方面

选题研究领域：服装社会科学

选题类型：理论与实现

选题完成形式：论文

选题参加人数：个人独立完成

选题准备：

服装成衣设计类课题涉及对服装产品设计美学的研究，侧重服装成衣设计的产品开发，将意识形态与创作实践相渗透，结合感性与理性进行归纳与阐述。

相似选题拓展：

1．面向国际市场 2015 服饰新产品开发探讨

2．校服产业现状分析及前景展望

3．立足大型服装企业新产品开发的战略与策略

4．中小企业战略转型模式探讨

5．新产品试销售战略分析

6．新旧产品组合模式探讨

8.4.6 基于服装生产销售方面

选题研究领域：服装生产销售

选题类型：理论与实现

选题完成形式：论文

选题参加人数：个人独立完成

选题准备：

服装的设计与生产都离不开终端环节——销售。对服装企业文化特点的了解、服装的研发设计、产品的特色、工作的环境、销售的渠道，商品陈列等管理方法等，都要做好调研工作。

相似选题拓展：

1．服装销售网点定位分析

2．店铺设计方式探讨

3．店铺管理模式探讨

4．销售队伍建设探讨

5．销售团队素质培养探讨

6．服装供应链常见问题分析与处理方法

7．如何建立服装企业的绿色营销模式

8．服装营销、促销方式与改进

9．服装销售激励机制的建立

10．如何调整销售被动局面

11．服装吊牌在品牌广告中的作用

12．内衣的服装消费心理及行为研究

13．陈列设计对服装销售的影响

8.4.7 基于礼服设计方面

选题研究领域：礼服设计

选题类型：设计与实现

选题完成形式：服装+论文

选题参加人数：1～2 人完成

选题准备：

礼服是在较正式场合穿着的服装，每个文明历程都产生过独特的礼服样式和文化，成为一种文化标志。而现代礼服在体现国际流行趋势的同时，依然继承传统样式和文化，展现独特而浓厚的礼服魅力。

礼服涵盖设计、色彩、造型、材料、人体学等多方面知识点，集服装的综合性、技术性、时尚性及个性于一身。礼服在国内外已经发展得较为成熟，风格也不尽相同。选择时要明确自己的喜好与擅长，确定设计方向。

相似选题拓展：

1．婚礼服造型设计

（1）鱼尾型婚礼服的造型设计

（2）钟型婚礼服的造型设计

（3）中拖尾婚礼服的造型设计

2．晚礼服造型设计

（1）鱼尾型晚礼服的造型设计

（2）漏斗型晚礼服的造型设计

（3）螺旋型晚礼服的造型设计

3．日间礼服造型设计

（1）圆台型日间礼服的造型设计

（2）陶瓶型小礼服的造型设计

（3）球型小礼服的造型设计

4．创意礼服造型设计

（1）肌理变化礼服的造型设计

（2）装饰图案礼服的造型设计

（3）塑料材质的礼服造型设计

8.4.8　基于泳装设计选题方面

选题研究领域：泳装设计

选题类型：设计与实现

选题完成形式：泳装设计+论文

选题参加人数：1～2 人完成

选题准备：

了解现代科技创造出莱卡、尼龙、橡皮、氨纶、弹性缎子等素材，新图案、新材质、新工艺使泳装和沙滩服饰的设计制作都发生了新变革。掌握泳衣与人体的关系，如何将泳装设计与人体巧妙结合更是泳装设计的难点。

相似选题拓展：

1．比基尼泳装款式设计

2．沙滩装（日光浴）泳装设计

3．温泉泳装设计

4．专业竞技泳装设计

8.4.9　基于商务休闲装设计方面

选题研究领域：商务装休闲设计

选题类型：设计与实现

选题完成形式：商务装的设计与制作

选题参加人数：1～2 人完成

选题准备：

无论是男女正装、商务装还是休闲装的设计，在当今款式和版型设计上都融入了轻松、优雅、豁达、健康、时尚、修身、讲究品位的多重理念，明显地体现出注重结构线条的设计思路，大大丰富了服装的款式造型。因而商务装休闲化的风潮也是风起云涌。不管是男装还是女装，都应塑造一种能体现个性与自信、积极并亲和力较强的新商务形象。

相似选题拓展：

1．商务男装款式设计

（1）英伦格调的商务男装

（2）互联时代的商务男装

（3）西装的设计与创新

2．商务女装款式设计
3．商务休闲男装款式设计
4．商务休闲女装款式设计
5．商务职业装款式设计

8.4.10　基于潮流时装设计方面

选题研究领域：潮流时装设计
选题类型：设计与实现
选题完成形式：时装+论文
选题参加人数：1～2 人完成
选题准备：

了解时尚前沿资讯，关注国内外各大时装周的走秀、品牌发布会，搜集国内外最新资讯，以及时装风格、新型服装材质、面料图案等流行的时尚元素，尤其要关注自己喜爱的某些知名品牌的新品设计，这是每一个潮流时装设计者应做的功课。

相似选题拓展：

1．时尚女时装款式设计
2．时尚男时装款式设计

8.4.11　基于家居装、内衣设计方面

选题研究领域：家居装设计
选题类型：设计与实现
选题完成形式：服装+论文
选题参加人数：1～2 人完成
选题准备：

家居装和内衣所选择的面料都比较柔软、环保。家居装款式上主要以宽松、休闲为主，内衣设计要求符合人体形态，对家居装或内衣的面辅料基础知识，尤其对花边的分类及特点要了解，从造型要素的应用方面来寻找家居服或内衣设计切入点、把握家居装及内衣设计的色彩与风格、品牌装设计的过程到图案的表现和花边的设计，了解国内外著名内衣品牌的文化、风格。健康绿色的面料质地、款式风格、色彩搭配等在设计时都要考虑在内。

相似选题拓展：

1．休闲装款式设计
2．家居服款式设计
3．睡衣款式设计
4．男女内裤的设计
5．文胸的设计
6．束身衣的设计
7．装饰内衣的设计

8.4.12　基于运动装设计方面

选题研究领域：运动服装

选题类型：设计与实现

选题完成形式：服装+论文

选题参加人数：1 人完成

选题准备：

运动服是专用于体育运动竞赛的服装，通常按运动项目的特定要求设计制作。广义上还包括从事户外体育活动穿的服装。设计时要考虑专项运动的特点，结合实际，有针对性地设计。

相似选题拓展：

1. 男、女运动竞赛服装的分类设计
2. 儿童运动竞赛服装的分类设计
3. 男、女户外运动装的设计
4. 男、女登山装及配饰的设计
5. 男、女装瑜伽服款式的设计

8.5　服装设计方向毕业设计（论文）成果最终呈现与要求

8.5.1　毕业设计提交内容

1. 毕业设计方案册。

（1）方案册设计：打印彩色图册并精装订册，方案册应具有设计整体美、封面艺术美、内容精致美、包装格式美、翻阅欣赏美的制作效果。

（2）方案册内容：封面设计，设计说明、主题、面料小样，效果图，实物图彩色打印，论文初期可黑白打印，最终答辩存档论文其中一份若有图片，用彩色打印。

（3）打印规格：A3 或 A4，或者 A3、A4 混合打印。

2. 服装：3～5 套服装。

3. 配饰：包、帽子、项链、头饰等。

4. 展板。

（1）展板内容

①设计说明

②设计效果图

③设计款式图

④平面样板图

⑤服装成品图

⑥服装店面陈列图

⑦毕业生个人信息

（2）展板尺寸

展板尺寸：90cm×180cm；数量：1 张；展板形式根据学院要求自定。

5．光盘。

（1）一级文件夹以班级、学号、姓名命名。

（2）二级文件夹设置五个文件夹。

1）“方案册部分”

“方案册部分”文件夹需包含的内容：排版好的全部手册内容，包括封面、封底、目录、设计说明、设计过程草图、效果图、款式图、结构图等。格式为排版的原始文件（.psd）和导出的 jpg 文件（dpi 像素为 150）。

2）“展板部分”

①展板要求：

- 设计说明
- 设计效果图
- 设计款式图
- 平面样板图
- 服装成品图
- 服装店面陈列图
- 毕业生个人信息

②展板尺寸

展板尺寸：90cm×180cm；数量：1 张；展板形式根据学院要求自定。

“展板部分”文件夹需包含的内容：排版的原始文件（.psd）和导出的 jpg 文件（dpi 像素为 300）。

3）“毕业论文”

“毕业论文”文件夹需包含的内容：毕业论文，以题目命名（Word 文档）。

说明：经指导老师审核，将毕业设计文件最终稿的电子文件按“方案册部分”、“展板部分”、“报告文件”、“毕业论文”建立文件夹，并刻入 DVD 光盘，必须用油性记号笔在刻录光盘表面注明“××级服装专业毕业设计文件”、“姓名”、“学号”、“毕业设计题目”、“指导教师”。

8.5.2 毕业论文提交要求

1．开题报告一式三份，黑白打印，开题结束后，若要进行题目更改，需填写申请表，在指定的时间内进行修改，若超期则不予修改。

2．毕业论文和开题报告中的题目进行对应，打印尺寸：A4 纸张，黑白。数量：两份。最终归档文档若有彩色图片，需将图片打印成为彩色图片。

8.5.3 毕业设计答辩要求

1. PPT：要求准备 10～15 分钟的 PPT 答辩文件。其中每页的内容要根据自己的毕业设计、毕业论文的实际感受进行阐述和论证。组成形式为图片、文字、图标等。

2．光盘刻制。

（1）一级文件夹以班级、学号、姓名命名。

（2）二级文件夹设置三个文件夹。

1）“方案册部分”

“方案册部分”文件夹需包含的内容：排版好的全部手册内容，包括封面、封底、目录、设计说明、设计过程草图、效果图、服装实物图等。格式为排版的原始文件（.psd）和导出的 jpg 文件（dpi 像素为 150）。

2）“展板部分”

“展板部分”文件夹需包含的内容：排版的原始文件（.psd）和导出的 jpg 文件（dpi 像素为 300）。

3）效果图若采用手绘方式，需将图纸扫描保存，dpi 像素为 300，格式为 jpg。

3．“毕业论文”文件夹。

毕业论文以题目命名（Word 文档）。

说明：

（1）经指导老师审核通过后，方可将毕业设计文件以电子文件存入。

（2）用“毕业论文”建立文件夹，并刻录的 DVD 光盘，必须用油性记号笔在刻录光盘表面用注明“××级××毕业设计文件”、“姓名”、“学号”、“毕业设计题目”、“指导教师”。

8.5.4　毕业设计展览要求

1．服装设计专业毕业设计展板，如图 8-21－图 8-23 所示。

2．服装设计专业毕业设计系列作品展示，分静态展和动态展两种形式。

图 8-21　毕业展板（赵莉莉）

图 8-22　毕业展板（王琳琳）

图 8-23　毕业展板（孙岩）

8.6 服装设计方向毕业设计成绩评定方法

教师按学生设计、制作综合评定成绩：优良、良好、中等、及格、不及格。

优（相当于90～100分）

应按标准严格要求，一般占学生总数的10%以内。

1．能全面完成毕业设计任务书的各项要求；能灵活、正确、综合运用所学的基础理论和专业知识，具有较强的综合分析问题和解决问题的能力，并有一定的独立见解和创新。

2．设计完整，有系列感，具有创意性，服装工艺制作质量高。

3．配饰设计完整，做工精致，与服装搭配协调。

4．在毕业设计和老师交流中，态度端正，能按要求进行毕业设计审核，并且完成每一阶段任务。

良（相当于80～90分）

一般占学生总数的70%以内。

1．能全面完成毕业设计任务书的各项要求；能灵活、正确、综合运用所学的基础理论和专业知识，具有较强的综合分析问题和解决问题的能力，并有一定的独立见解和创新。

2．设计质量较好，款式、色彩、面料搭配较协调，服装工艺制作质量较高。

3．在毕业设计和老师交流中，态度端正，能按要求进行毕业设计审核，并且完成每一阶段任务。

中（相当于70～79分）

1．能基本完成毕业设计任务书的各项要求；能灵活、正确、综合运用所学的基础理论和专业知识，具有较强的综合分析问题和解决问题的能力，并有一定的独立见解和创新。

2．设计平淡，款式、色彩、面料的设计能综合在一个风格里，服装工艺制作质量一般。

3．有配饰设计，能与服装协调搭配。

4．在毕业设计和老师交流中，态度端正，能按要求进行毕业设计审核，并且完成每一阶段任务。

及格（相当于60～69分）

1．能完成毕业设计任务书的各项要求；能灵活、正确、综合运用所学的基础理论和专业知识，具有较强的综合分析问题和解决问题的能力。

2．设计较差，无系列感，款式、色彩、面料没有合理搭配运用，服装工艺制作质量较差。

3．配饰不完整，制作粗糙，不能与服装形成统一风格。

4．在毕业设计和老师交流中，态度端正，能按要求进行毕业设计审核，并且完成每一阶段任务。

不及格（60分以下）

1．不能完成毕业设计任务书的各项要求；能灵活、正确、综合运用所学的基础理论和专业知识，具有较强的综合分析问题和解决问题的能力。

2．设计不完整，款式、色彩、面料的设计均有明显问题，服装工艺制作质量差。

3．无配饰设计。

4．在毕业设计和老师交流中，态度不端正，未能按要求进行毕业设计审核。

8.7　服装设计方向毕业设计作品实例与欣赏

通过以上一系列的服装毕业设计训练，最终可以让毕业生在一个合理的指导下，有目标、有方向地将无形的设计思维变成有形的设计实物。通过配饰完善系列服装，最终以完整的设计呈现出来。

下列图片为各服装院校毕业设计作品。

一、服装毕业设计效果图部分

服装设计效果图是在设计前期直观表达设计意图的呈现形式，除了要画出服装的款式结构、色彩搭配、面料质感，使画面人物的造型和构图具有真实感和美感，还要设计背景和后期借助于计算机等辅助工具进行装饰，这也是毕业设计中非常重要的部分。如图 8-24—图 8-31 所示为辽宁传媒学院服装毕业设计效果图。

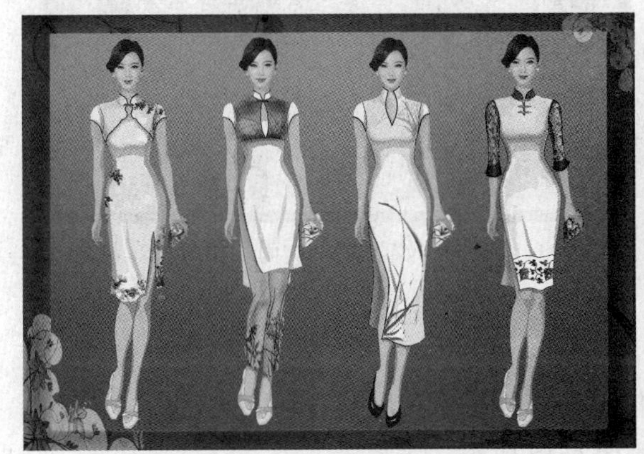

图 8-24　沈阳师范大学　指导：王树彬

图 8-25　沈阳师范大学　指导：王树彬

图 8-26　辽宁传媒学院　指导：魏秋菊

图 8-27　辽宁传媒学院　指导：魏秋菊

图 8-28 辽宁传媒学院 孙小娟 指导：魏秋菊

图 8-29 辽宁传媒学院 蒋闪闪 指导：王树彬

图 8-30 辽宁传媒学院 张婷 指导：王树彬

图 8-31 辽宁传媒学院 沈雨 指导：王树彬

二、服装毕业设计作品部分

服装设计作品是服装毕业设计最终的成果体现，通常为系列服装设计的表达形式。下面是各服装院校的服装毕业设计作品。如图 8-32－图 8-39 所示。

图 8-32 辽宁传媒学院 指导：张漪

图 8-33　沈阳师范大学　指导：王树彬

图 8-34　沈阳师范大学　指导：王树彬

图 8-35　沈阳师范大学　指导：王树彬

图 8-36　沈阳师范大学　指导：王树彬

图 8-37　沈阳师范大学　指导：王树彬

图 8-38　辽宁传媒学院服装系　指导：刘博洋

图 8-39　辽宁传媒学院服装系　指导：刘博洋

第 9 章　平面设计方向毕业设计实例及选题

本章概要

- 平面设计方向概述
- 平面设计方向毕业设计实例分析
- 平面设计方向的各类选题
- 平面设计毕业设计最终呈现的形式

9.1　平面设计方向的研究领域

9.1.1　平面设计专业概述

平面设计（graphic design）的定义泛指具有艺术性和专业性，以“视觉”作为沟通和表现的方式。透过多种方式来创造并结合符号、图片和文字，借此作出用来传达想法或讯息的视觉表现。平面设计师可能会利用字体排印、视觉艺术、版面（page layout）等方面的专业技巧，来达成创作计划的目的。平面设计通常可指制作（设计）时的过程，以及最后完成的作品。

平面设计（graphic）在现代平面设计形成前，泛指各种通过印刷方式形成的平面艺术形式。因此，当时这个词是与“艺术”连用的，统称为 Graphic design。“平面”这个术语当时的含义不仅指作品是二维空间的、平面的，还指批量生产的，并因此而与单张单件的艺术品区别开来。

9.1.2　毕业生能力培养目标

高等学校平面设计专业的毕业生以培养平面设计专业人才为目标。通过本专业的系统学习，学生可掌握相关的设计原理、Photoshop 位图处理软件、CorelDraw矢量图形软件等制图技术；以及平面设计基础理论、思维方式、模块训练、课题设计研究等实践课程。毕业后，学生能成为平面设计公司、营销策划公司等当前人才市场急需的人才。

学生毕业后应获得以下几方面的知识和能力：

（1）掌握作为大学生所必须具备的基本知识、基本技能，并形成良好的思想品格。热爱社会主义祖国，拥护中国共产党的领导，愿为社会主义现代化建设服务，为人民服务，有为国家富强、民族昌盛而奋斗的志向和责任感。

（2）具有敬业爱岗、艰苦奋斗、热爱劳动、遵纪守法、团结合作的品质；具有良好的社会公德和职业道德；具有健康的体魄，达到大学生体育合格标准。

（3）了解平面艺术设计领域的前沿理论和设计发展趋势，掌握平面艺术设计专业的基本知识和基本理论，具有较高的设计审美与评判能力。

（4）掌握广告设计、企业形象设计基础和广告创意设计与表现。

（5）有较强的计算机操作能力，掌握计算机操作系统、文字处理等基础知识，能熟练运用图象、排版、网页制作等专业软件进行设计创作，为本专业技术打好坚实的基础。

（6）熟练掌握计算机辅助设计软件、手绘表现技法和制作，具有一定的设计语言表达能力。

（7）了解印刷工艺的知识及对平面设计最终效果的影响。

（8）具有一定的社会调研、文献检索与资料查询能力，具有一定的科学研究和实践工作能力。

9.1.3　平面设计相关主干课程

1. 色彩

通过此教学提高学生敏锐的色彩观察能力和丰富的色彩感知能力，及对色彩的基本认识，提高用色彩表达设计思想的能力。

2. 平面构成

旨在使学生熟悉点、线、面等设计元素的灵活运用，通过学习形式美法则，提高其艺术处理能力，增强平面作品装饰性。

3. 色彩构成

通过色彩知识的学习，使学生了解色彩色相、明度、纯度，提高学生的视觉传达能力，了解色彩基础知识和空间混合概念，能够进行一般色彩搭配，培养学生的色彩感知能力。

4. 艺术欣赏

通过名家、经典作品讲解，拓展学员的思维层面，提高学员的艺术素养、审美能力、创新设计能力。

5. 印刷知识与硬件设备

了解印刷发展史、纸张与油墨、印刷方式、菲林输出、打稿、印刷工艺流程，介绍和示范苹果机和 Mac OSX 系统应用，MO 机、扫描仪、电子分色、打印机、刻录机、数码相机的实践操作等，学习印刷工艺流程，能够解决印刷中常见问题，亲身体验平面设计工作环境等。

6. 文案写作

培养平面设计学员平面设计写作功底、广告策划能力、广告营销能力。

7. Photoshop

学习 Photoshop 图像处理软件的几大主流功能：图像润饰和修补；图层、蒙板和通道的使用技巧；文字和路径功能的使用；滤镜特效制作技巧；动作功能的使用等。

8. CorelDraw

通过学习其强大而全面的功能，能熟练地掌握各种矢量插图、公司标志、宣传彩页、产品包装等效果的制作技巧。

9. Illustrator

学习矢量图形绘制。有效提高产品包装、企业 Logo 及 CI 设计中的工作效率，为更好地展示优秀创意提供最佳表现方式，主要用于中型及大型的广告公司。

10. InDesign

掌握专业的排版工具的使用、印刷相关知识、书报高级排版技巧。

11. 网页设计软件

Dreamweaver：网页布局、制作；网站管理与维护、上传与下载；案例分析 Flash：美工设计、网页配色；CI、Logo、Banner 的制作；常见网页动画制作、网页布局。

12. VI 设计

学习标志社会角色的历史转换、标志设计潮流的风格演变、现在标志设计的构形手法，分析中国古代图徽与现代标志设计，了解企业标志特征、企业标志设计与难点、商标的种类及其特点、国际品牌商标设计禁忌、企业商标标志释义常见词汇、国际/国内知名商标赏析、美术字体设计、专题标志设计等。学习 CI 概述、CI 的渊源、CI 在中国的应用、CI 的功用企业视觉识别系统、CI 发展史、CI 的构成（MI、BI、VI）、CI 战略视觉设计开发程序、VI 手册的编制内容等。

13. 包装设计

学习包装设计概述、包装的分类、包装的作用与机能、包装设计的视觉传达、包装设计的表现手法、包装结构学、包装立体效果图、包装工程、包装制版等。

14. 广告设计

学习广告学发展史、概念和分类、广告招贴、广告创意、广告构图与草图绘制、POP 广告设计、DM 广告设计、广告与市场、消费者心理、广告与法律等。

15. 版式设计

学习版式设计概述、书籍设计回顾、对书籍设计的认识、书籍设计的语言、书籍的规格、书籍的组成部分、封面设计、内页排版等。

9.2 平面设计方向毕业设计实例（论文部分）

平面设计方向的毕业论文/设计是以大学四年本科专业学习为基础，学生根据自己的意向、兴趣以及在平时学习中的不断积累与思考，对自己研究的课题进行研究、调查、分析总结、进行论证和设计的过程。平面设计方向毕业设计包括毕业论文的撰写及实例设计两个部分，是大学学习生活中非常重要的一个环节。本节将采用实际的案例详细介绍平面设计方向毕业论文的撰写与实例的设计。

一、论平面广告设计的审美与流行

1. 毕业设计任务书

毕业设计任务书如表 9-1 所示。

表 9-1 ××××大学毕业论文（设计）任务书

<table>
<tr><td>姓　名</td><td>×××</td><td>学　号</td><td>×××××××××</td><td>系　别</td><td>艺术设计系</td></tr>
<tr><td>专　业</td><td>平面设计专业</td><td>年级班级</td><td>××级×班</td><td>指导教师</td><td>×××</td></tr>
<tr><td>论文题目</td><td colspan="5">《论平面广告设计的审美与流行》</td></tr>
<tr><td>任务和目标</td><td colspan="5">毕业设计（论文）的任务和目标：
本毕业设计主要研究平面设计与流行元素的结合，其创意与整体的视觉效果有颇大的改变，给人不同的视觉效果，传达着不同的韵味。现代理论的不断更新，流行元素的不断发展，未来的时尚发展也在继续。注重流行元素的发展，突破原有的规则，不断创新，不断更新设计中的新画面，成就流行广告。流行元素在社会中的流行与对受众的影响，现代广告设计传播流行趋势，受众对于现代广告的认可与不认可，广告设计的出现对现代生活的影响等。</td></tr>
</table>

续表

任务和目标	广告设计概括 广告的定义 平面广告视觉要素 广告设计的审美性 广告设计的受众心理体现 标新立异，从众心理 年龄差异，态度不一 自然情境，销量差异 广告设计中的语言表达 广告语言中的图片应用 广告语言中的音乐应用 广告语言中的诗歌应用 平面广告设计中的字体设计 网络媒介传播 网络广告 网络杂志 网络娱乐 纸质媒介传播 影视媒介传播 平面广告设计中的形式美体现 传播的文化基础 传播的时尚元素 广告设计的文化底蕴 广告设计的传播媒介 网络媒介传播 纸质媒介传播 影视媒介传播 广告设计与流行文化的关系 传播的文化基础 传播的时尚元素 广告设计的文化底蕴
基本要求	论文撰写应在指导教师指导下独立完成，并以马克思主义理论为指导，符合党和国家的有关方针、政策；论文应做到中心突出、层次清楚、结构合理；必须观点正确，论据充分，条理清楚，文字通顺；并能进行深入分析，见解独到。同时论文字数不得少于 5000 字，还要有 300 字左右的论文摘要，关键词 3～5 个（按词条外延层次，由高至低顺序排列）。最后附上参考文献目录和致谢辞。
研究所需条件	1．具备足够的专业基础知识 （1）熟练使用平面设计软件如 Photoshop、CorelDraw、Illustrator 等。 （2）会根据要求进行数码照片的修饰及处理。 （3）能按要求进行网页美工的设计。 （4）进行书籍装帧的设计制作。 （5）能完成海报、画册、商品包装等产品的设计制作。 （6）能设计制作标志、文字特效等。 2．具备搜集资料的网络、图书馆等资源和条件。

续表

任务进度安排	序号	主要任务	起止时间
	1	任务书下达、毕业设计正式开始	2013.11.1～2013.11.12
	2	完成文献综述、开题报告	～2013.12.10
	3	完成需求分析	～2013.12.24
	4	完成论文二稿或中期检查	～2014.4.1
	5	上交论文成稿	～2014.4.13
	6	设计类论文上交程序代码	～2014.4.15
	7	论文答辩	～2014.4.20
指导教师签字		日期	年　月　日
系部领导签章		日期	年　月　日

2. 文献综述

文献综述如表 9-2 所示。

表 9-2　××××大学毕业论文（设计）文献综述

姓　　名	×××	学　　号	×××××××××	系　　别	艺术设计系
专　　业	平面设计专业	年级班级	××级×班	指导教师	×××
论文题目	《论平面广告设计的审美与流行》				
查阅的主要文献	[1] 李巍．平面广告新思维[M]．重庆：重庆出版社，2001． [2] 廖伦建．应用写作美学．北京：中国文史出版社，2013． [3] 全国大学生广告艺术大赛组委汇编．第三届全国大学生广告艺术大赛获奖作品集．北京：高等教育出版社，2009． [4] 徐键主．平面广告设计．郑州：郑州大学出版社，2012． [5] 张岩，赵纬．广告设计原理．北京：科学出版社，2011． [6]（美）伊莱扎・威廉姆斯．这就是广告．北京：中国摄影出版社，2012． [7] 马本和．艺术空白与审美意境的生成[J]，美苑，2009． [8] 王战，田中阳．现代广告设计理念与方法[M]．长沙：湖南师范大学出版社，2008．				
文献综述	**论平面广告设计的审美与流行** **一、前言** 设计是一门综合性很强的学科，它涵盖众多的知识，涉及到社会、文化、经济、市场、科技等诸多方面，它的研究内容和服务对象与消费者息息相关，其审美标准因诸多因素的变化而改变。设计要求新、求异、求变，只有新颖的设计，符合消费者的需求才是最成功的设计。广告设计作为一种特殊的身份，有着独特的审美角度。现代科技的飞速发展，艺术的繁荣，使艺术的美、现代广告的审美设计的技术美和其他方面的设计反映了不同的时代特点。广告设计是一种传播信息的媒介，更是一门艺术。广告形象美的呈现是建立在消费者的审美基础上的。美感是人们审美时产生的情感，它表现为对事物美与丑的评价，并由此产生不同的情感反应。现代广告设计艺术表现手法千姿百态、丰富多彩，这正是设计审美多元化发展的结果。				

续表

<table>
<tr><td>文献综述</td><td>二、论平面广告设计的审美与流行的背景
随着时代的发展，广告设计领域正处于网络社会与信息时代的演进和加入世界贸易组织的过程中。由于广告设计的理念变化之快，要求也会随之变化而变化。探索中国广告设计业“入世”后的发展方向是我们急需考虑的重要课题。在广告深入到世界的各个角落、步入独树一帜的时代，广告随着理论的流行，受众的影响，广告设计引领时尚、传播时尚、创造时尚，给人以一种新的审美感觉，打破传统的规则，顺应时代的发展进行创新，不仅沟通市场，了解受众消费心理，还成就时尚引领社会审美趋向。
三、论平面广告设计的审美与流行的研究意义
平面设计与流行元素的结合，其创意与整体的视觉效果有巨大的改变，给人不同的视觉效果，传达着不同的韵味。现代理论的不断更新，流行元素的不断发展，未来的时尚发展也在继续。注重流行元素的发展，突破原有的规则，不断创新，不断更新设计中的新画面，成就流行广告。流行元素在社会中的流行与对受众的影响，现代广告设计传播流行趋势，受众对于现代广告的认可与否，广告设计的出现对现代生活的影响等都具有研究意义。
四、结束语
《平面广告设计的审美与流行》属于平面广告设计的范畴。通过这段时间的设计和论文撰写过程，查阅、研究了大量的相关文献，分析了相关领域的特色资料并结合实际，使我对平面设计领域都有了更深入的了解，并利用所学知识，在老师的指导下对《平面广告设计的审美与流行》中，中国风元素的应用有了初步设想。虽然由于时间和本人水平能力有限，这个设计还有许多地方有待改进，但这次毕业设计对我来说是对大学学习阶段的一次全面检查，使我在大学阶段学习的理论在毕业设计中得到了实际应用，它使我懂得如何进行有效的平面设计，也使我对平面广告设计中多方面知识和表现技巧都有了更深入的理解和提高，使即将步入社会的我积累了很多经验</td></tr>
<tr><td>备注</td><td></td></tr>
<tr><td>指导教师意见</td><td>指导教师签字：
年　　月　　日</td></tr>
</table>

3. 论文开题报告

论文开题报告如表 9-3 所示。

表 9-3　××××大学毕业论文（设计）开题报告

<table>
<tr><td>姓　　名</td><td>×××</td><td>学　　号</td><td>×××××××××</td><td>系　　别</td><td>艺术设计系</td></tr>
<tr><td>专　　业</td><td>平面设计专业</td><td>年级班级</td><td>××级×班</td><td>指导教师</td><td>×××</td></tr>
<tr><td>论文题目</td><td colspan="5">《论平面广告设计的审美与流行》</td></tr>
<tr><td>选题依据与意义</td><td colspan="5">一、学术价值、应用价值
随着大众传媒的兴盛发展和全球化，平面设计在现代商业和经济活动中扮演着日益重要的角色。所谓平面广告设计，就是在二维空间中展开并以印刷复制为主要媒介方式的设计活动，并以此来区别其他门类的设计。现代平面广告设计从内容上可分为两类，商业性广告和工艺性广告，最基本、最重要的功能是传播信息。</td></tr>
</table>

续表

选题依据与意义	美国广告学家塞提尼瓦曾指出：广告创作的一个重大事实就是人们希望在看到广告的同时得以消遣，希望广告不仅仅告知什么，而且要有艺术性和娱乐性。现代平面广告作为一种文化的范畴，是现代文化精神的一种特殊表现，随着文化的内涵和形态的不断变化而变化，它与文化一样有着丰富的内涵和表现力，但它所面对的是世俗大众。 平面广告设计的基本特征在于实用性和审美性的统一，它既要把纷繁复杂的信息浓缩成简单易懂的符号，使消费者能够迅速了解广告所传达的信息，同时作品本身必须具有艺术性、哲理性和文化性，从而获得人们的共鸣和最终认可。所以广告设计的灵魂是创意，理智地进行创造性思维，便可能在日益激烈的平面广告竞争中获得胜利。 **二、平面广告设计的国内外研究现状分析** 平面广告是一种纯粹的视觉传递艺术，它以形象作为诉求的主导因素，具有清晰的目标性和计划性，也是实用性、审美性、功能性、经济性的综合统一，但因为表达媒介的单一，平面广告设计不可避免存在缺陷。首先，平面广告只有二维的创作空间，与影视媒体相比，没有影像和声响的渲染，没有美轮美奂的动态背景，没有充裕的时间保证，仅凭单纯创意和淡薄的平面来感染群众。其次，随着全球化经济和品牌建设趋势的兴起，不断涌现的新媒体发布环境的信息竞争愈加激烈，平面广告更依赖图像说服力，对其创意爆发力的要求也进一步提高。再次，随着生活节奏的加快，平面广告艺术不断简约化，即文字的内容在减少，表达的内容却在与日俱增。综上所述，无论从媒体特征、传播要求还是视觉表达角度，平面广告设计具有相当的难度
研究内容	1．广告设计概括 1.1 广告的定义 1.2 平面广告视觉要素 2．广告设计的审美性 2.1 广告设计的受众心理体现 2.2 广告设计中的语言表达 2.3 平面广告设计中的字体设计 2.4 平面广告设计中的形式美体现 3．广告设计的传播媒介 3.1 网络媒介传播 3.2 纸质媒介传播 3.3 影视媒介传播 4．广告设计与流行文化的关系 4.1 传播的文化基础 4.2 传播的时尚元素 4.3 广告设计的文化底蕴
研究方案	**一、本课题研究的目标** 课题研究方案：（查阅资料、市场调研、同导师探讨、课题组研讨） 为获得较好的研究效果，在本论文的研究过程中对多种研究方法进行了综合应用，主要有以下几种： 1．理论与实证相结合法。本文坚持视觉设计理论与平面设计这一实证相结合的方法，通过实践来指导、检验理论，通过实证研究对理论进行分析和证明。通过对多个平面广告设计的案例做整体的分析研究，最后总结设计出平面广告设计的审美流行元素。 2．文献归纳法。文献研究是本研究的一种重要方法。收集视觉设计理论的相关研究成果，将这些资料加以分析、归纳，从中找出带有普遍性的问题和有价值的观点，作为研究的基础。运用这种方法可以找出研究的各种理论视角，有助于把握各种理论的发展脉络，从而为本文的研究奠定一定的理论基础。

续表

研究方案	3．比较法。比较法是对平面广告设计在不同时期、地点、情况下的不同表现进行分析比较以揭示平面设计的发展，从而得出符合客观实践的结论。 **二、本课题研究的价值** 近年来，有不少学者关注和研究平面设计这一问题，其研究成果为我国完善和加强设计创意工作提供了很好的解决思路。然而，已有的研究成果主要是关注平面广告设计的状况分析，提出若干宏观层面的创意方法，但在研究平面广告设计的审美流行元素时没有将其特殊性进行理清和细化。本文从平面广告设计的审美流行元素入手，具有一定的理论价值。 **三、本课题研究要解决的问题** 平面广告设计的审美流行元素在实际生活中的应用。 **四、本课题的研究方法** 本论文采用理论与实践、文献收集和实地调研、案例的比较等研究的方法。逐步归纳和总结在平面广告设计中的审美元素，运用各种形式的手法启发阅读者的想象。从而得出利用审美艺术可以让设计师和阅读者更好地根据自己的创意想法，去创造出更优秀的平面作品的结论
写作进度安排	1．2013 年 11 月 22 日—2013 年 12 月 10 日，完成文献综述及开题报告。 2．2013 年 12 月 11 日—2014 年 3 月 25 日，进行系统需求分析，完成论文初稿（或框架）。 3．2014 年 3 月 28 日—2014 年 4 月 1 日，完成论文二稿或中期检查。 4．2014 年 4 月 2 日—2014 年 4 月 6 日，上交论文成稿。 5．2014 年 4 月 7 日—2014 年 4 月 13 日，设计类论文上交程序代码，并完成测试、验收
指导教师意见	指导教师签字： 年　　月　　日
系学术委员会意见	主任签章： 年　　月　　日

4．论文中期报告

论文中期报告如表 9-4 所示。

表 9-4　××××大学毕业论文中期报告

学生名字	×××	学号	××××××××	指导老师	×××
论文题目	《论平面广告设计的审美与流行》				
论文中期完成情况	**一、前期工作简述** 论文的前期工作主要完成了任务书、文献综述和开题报告的撰写，并对平面广告设计的审美与流行进行总体设计。				

续表

<table>
<tr><td>论文中期完成情况</td><td>二、解决的问题及解决办法
广告设计中审美性的涵盖面应如何确定？广告设计与流行文化的关系应该从哪几个方面进行阐述？解决办法，查阅大量纸质资料以及网络资料。经过和导师的分析，最终确定应包含心理体现、语言表达、字体设计和形式美体现几个方面。广告设计与流行文化的关系确定为从传播的文化基础、传播的时尚元素、广告设计的文化底蕴等几个方面进行阐述。
三、尚存在的问题及解决方案
论文中论点的实例，例如有效的实例展示图，需要收集具有代表性的实例图进行验证。
四、后期工作安排
2014 年 1 月 13 日－2014 年 3 月 15 日　进行代码后期书写调试，撰写论文；
2014 年 3 月 16 日－2014 年 4 月 11 日　上交论文初稿以及论文修改；
2014 年 4 月 12 日－2014 年 4 月 13 日　上交论文成稿</td></tr>
<tr><td>完成情况评价</td><td>1．按计划完成，完成情况优（ ）
2．按计划完成，完成情况良（ ）
3．基本按计划完成，完成情况合格（ ）
4．完成情况不合格（ ）
补充说明：

指导教师签名：　　　　　　　　年　月　日</td></tr>
</table>

5. 论文封皮

论文封皮示样图如图 9-1 所示。

××××大学

毕 业 论 文（设 计）

题　　目：**《论平面广告设计的审美与流行》**

系　　部：艺术设计系

专　　业：平面设计专业

班　　级：××级×班

学　　号：×××××××××

姓　　名：×××

指导教师：×××

完成日期：××××年××月××日

图 9-1　论文封皮示样图

6. 论文诚信声明和版权说明

论文诚信声明和版权说明如图 9-2 所示。

毕业论文（设计）诚信声明书

本人声明：我将提交的毕业论文（设计）《论平面广告设计的审美与流行》是我在指导教师指导下独立研究、写作的成果，论文中所引用他人的无论以何种方式发布的文字、研究成果，均在论文中加以说明；有关教师、同学和其他人员对本文的写作、修订提出过并被我在论文中加以采纳的意见、建议，均已在我的致谢辞中加以说明并深致谢意。

论文作者：×××　　（签字）时间：　　年　月　日

指导教师已阅　　（签字）时间：　　年　月　日

毕业论文（设计）版权使用授权书

本毕业论文（设计）《论平面广告设计的审美与流行》是本人在校期间所完成学业的组成部分，是在××××大学教师的指导下完成的，因此，本人特授权××××大学可将本毕业论文（设计）的全部或部分内容编入有关书籍、数据库保存，可采用复制、印刷、网页制作等方式将论文文本和经过编辑、批注等处理的论文文本提供给读者查阅、参考，可向有关学术部门和国家有关教育主管部门呈送复印件和电子文档。本毕业论文（设计）无论做何种处理，必须尊重本人的著作权，署明本人姓名。

论文作者：×××　　（签字）时间：　　年　月　日

指导教师已阅　　（签字）时间：　　年　月　日

图 9-2　论文诚信声明和版权说明

7. 论文正文

《论平面广告设计的审美与流行》

【中文摘要】

随着时代的发展，广告深入到世界的各个角落，步入独树一帜的时代，随着理论的流行，受众的影响，广告设计引领时尚、传播时尚、创造时尚，给人以一种新的审美感觉，打破传统的规则，顺应时代的发展，进行创新，不仅沟通市场，还了解受众消费心理，成就时尚引领社会审美趋向。

平面设计与流行元素的结合，其创意与整体的视觉效果有颇大的改变，给人不同的视觉效果，传达着不同的韵味。随着现代理论的不断更新，流行元素的不断发展，未来的时尚发展也在继续。注重流行元素的发展，突破原有的规则，不断创新，不断更新设计中的新画面，成就流行广告。流行元素在社会中的流行与对受众的影响，现代广告设计传播流行趋势，受众对于现代广告的认可与不认可，广告设计的出现对现代生活的影响等。

【关键词】广告设计；审美；创新；时尚

The theory of aesthetic pursuit and the popular element in the design of advertising language

【Abstract】 With the development of the times,the advertising have step into every corner of the world and step into the era become an independent school. With the effect of the theory of popular and the consumer, advertising always guide fashion, spread fashion, create fashion. They just in order to share a kind of new aesthetic feeling with people and break the traditional rules,comply with the development of the times and implement innovative. They not only communicate with the market, but also know the consumer's psychology, to make themselves fashionable and lead social aesthetic tendency.

The combination of graphic design and popular elements, the idea and the overall visual effect has a big change, give a person a different visual effect, convey different lasting appeal. Modern theory of continuously updated, the continuous development of the popular element, the future development of fashion and continue. Pay attention to the development of the popular element, break through the original rules, continuous innovation, constantly updated design of the new picture, pop advertising. Popular element in society and the impact on the audience, spread trend of modern advertisement design, audience for recognition and does not recognise the modern advertising, advertising design the appearance of the impact on modern life and so on.

【Keywords】 Advertising design; aesthetic; innovation; fashion

前 言

设计是一门综合性很强的学科，它涵盖众多的知识，涉及到社会、文化、经济、市场、科技等诸多方面，其研究内容和服务对象与消费者息息相关，审美标准因诸多因素的变化而改变。设计要求新、求异、求变，只有设计新颖且符合消费者的需求才是最成功的设计。

广告设计作为一种特殊的身份，有着独特的审美角度。现代科技的飞速发展，艺术的繁荣，使艺术的美、现代广告的审美设计的技术美和其他方面的设计反映了不同的时代特点。广告设计是一种传播信息的媒介，更是一门艺术。广告形象美的呈现是建立在消费者的审美基础上的。美感是人们审美时产生的情感，它表现为对事物美与丑的评价，并由此产生不同的情感反应。现代广告设计艺术表现手法千姿百态、丰富多彩，这正是设计审美多元化发展的结果。

随着时代的发展，广告设计领域正处于网络社会与信息时代的演进和加入世界贸易组织的过程中。广告设计的理念变化如此之快，要求也会随之变化而变化。探索中国广告设计业“入世”后的发展方向是我们急需考虑的重要课题。

第 1 章 广告设计概括

1.1 广告的定义

广告是一个信息传播的过程，是向公众传递信息的媒介。广告的本质是传播，灵魂是创新。1898 年美国学者 E.S.路易斯提出著名的 AIDMA 理论。广告要想取得良好的宣传，达到消费者的购买能力，都要经历这五个阶段，即 Attention（引起注意）、Interest（引发兴趣）、Desire（唤起欲求）、Memory（留下记忆）、Action（购买行动），简称 AIDMA。

1.2 平面广告视觉要素

广告设计是运用计算机软件进行创意到制作的过程，随着广告设计行业的不断发展，它主要包括图像、文字、色彩、版面、图形等元素，其主要目的是展现给群众看，传递着信息，从而吸引他们的眼球。

1.2.1 广告设计的任务

广告设计具有艺术性、欣赏性、目的性、传递性、服务性等，它们丰富、影响着人们的文化生活，承担着以下四种任务：

（1）信息的传递

在现代社会，将企业或商品形象、服务、承诺等信息传递给消费者，将消费者的反馈信息和意见传递给企业。

（2）树立良好的企业形象

一个企业的成立，首先要树立一个良好的品牌，一个优越的地理位置，培训优秀师资，讲诚信，求质量，给消费者留下深刻印象，并得到他们的信任。另外，加强对外合作，以提高企业在市场上的竞争力。

（3）激发购买的欲望

广告设计具有目的性，要想激发消费者的购买欲望，首先要把产品推销出去，让消费者了解产品，认知、熟知产品，明确消费者的需求，让消费者对产品产生兴趣，并说服消费者有购买的欲望，从而达到购买的目的。

（4）给人以审美感受

广告设计具有艺术性，通过广告设计的不断创新设计，以各种方式展现给群众，达到不同的视觉效果，给人以不同的感染力、不同美的享受，富予他们更强的欣赏性、联想性，提高他们的艺术氛围，丰富他们的文化生活。

1.2.2　广告设计的审美特点

（1）文字与图片结合性

在我们社会生活中，大街小巷处处可见的广告，大多以文字、图像相结合的形式展现，是最普通、最常见的一种形式。通过图文并茂这种形式来传递商品信息给消费者，以增强吸引力。

（2）语言性

广告设计是需要展现给所有观众看的，在设计一条广告时，语言上必须要让所有的观众看懂，太有哲学会让人绞尽脑汁，这样很难让人深入了解你的产品、认知你的产品。另外，语言要做到言简意赅，不能言词多理，让人看了心烦，广告的目的是传递信息给消费者，广告设计要集中宣传一种意念——简洁优美，这样才能引起他们的注意。

（3）作用性

广告设计的作用性，实际就是以创新设计来吸引消费者，使消费者对其产生兴趣。

（4）真实性

广告设计要遵循实事求是的原则，广告要取信于民，这样才能得到消费者的认可和信赖。讲诚信、讲道德，建立良好的社会风气，维护好企业的声誉和利益。弄虚作假、欺骗等行为要受到法律的制裁。

第 2 章　广告设计的审美性

2.1　广告设计的受众心理体现

1．标新立异，从众心理

在日常生活中，有的人由于想突出自己，更于表现自己，展示自己的风格，标新立异，独占高峰，自我享受。自古以来，人就好面子，由于好面子，不断改变自己的言行，要求与时代并驾齐驱。为了面子，人们进行不同形式的攀比。广告设计作为信息传播的载体，在与时代同步的同时，要进行不断的创新，适应不同群体，得到不同群体的认可，以达到更高的销售量。如论文图 2-1 所示为一家油漆广告。设计师利用油漆的一些特性，设计出了这一组广告。它不仅仅体现了该产品的色泽，同时寓意这款油漆迅速地向你逼来，势不可挡，就在你的身边。

2．年龄差异，态度不一

广告设计要展现给所有人欣赏，并吸引不同群体的目光，要想使广告适用于不同年龄，就需要对不同年龄群体进行分析，进行不同选择、不同布置，以达到吸引消费者的目的。

对于青年人来说，他们热情奔放、思想活跃、富有幻想，其特点是追求时尚和新颖。因此，广告设计在形式上、色彩上、个性上都要进行不断改造和创新，更容易吸引他们。

论文图 2-1　油漆广告设计

对于成年人来说，男性和女性也有差异性，有不同的喜好。女性通常有爱美之心和细腻的情感；男性通常喜欢成熟、稳重。所以广告设计要进行不同的设计，来满足男性和女性的共鸣。广告设计对于女性来说，要设计得让人感觉身心舒畅、典雅大方、蕴涵高贵，这样更容易吸引女性。广告设计对于男性来说，应该是低调有内涵、比较单一、纯粹的、大方得体的，这样更容易吸引男性。

对于中老年人来说，他们过着平淡的生活，在广告设计方面应该讲究科学性，尊重他们的生活习惯。所以提倡身心健康、表现家庭美满、温暖亲情的广告，这样更容易吸引中老年人。

如论文图 2-2 所示的《低碳生活》公益广告，以单线条的轻松卡通形象，以健康环保的脚踏车为载体漫步地球绿树。底纹以纸飞机来体现环保低碳的理念。最后经过 Photoshop 和 Illustrator 加成美化初步成型，让人一眼看来感觉生动轻松欢快。

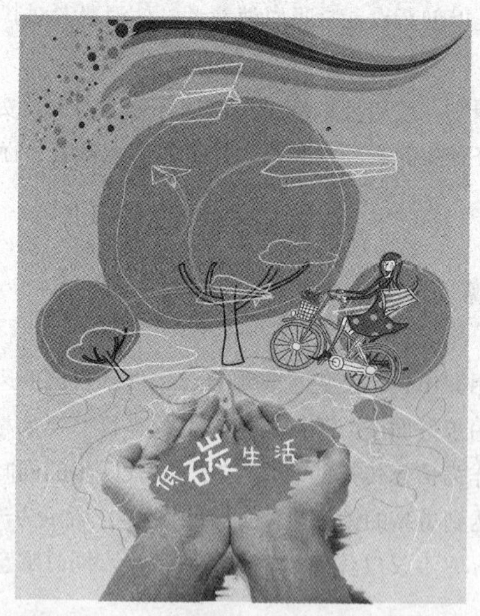

论文图 2-2　《低碳生活》公益广告设计

3．自然情境，销量差异

一个企业在树立一个良好的品牌之外，还要选择一个优越的地理位置，环境和谐的地方，这样才能更吸引群众，让人感觉心情舒畅。大家试想一下，如果一家商品在宽敞明亮干净的地方，另一家商品在狭窄黑暗坑脏的地方，消费者会去哪一家企业比较多。广告设计也是如此，要放在适当的位置，适当的环境，让人去欣赏。反之，即使你的广告设计得再华丽、再怎么好，也是一个失败的广告。

2.2　广告设计中的语言表达

时代的飞跃，经济的发展，广告设计的发展也越来越快，要求也越来越高，内容也越来越丰富。

1．广告语言中的图片应用

在广告设计中，图片应用是最常见的一种手法，其中广告语言中的色彩运用，不同的色彩，不同的色块，不同的色条，都会彰显出不同的效果，给观赏者不同的视觉效果，激发消费者不同的情趣。广告设计中，选择一副好的图片，恰如其分，符合主题，必须考虑整体的用意，集中要表达什么，从而精美的选择图片，适当调整，给予装饰，会更容易传递信息，表达用意。

如论文图 2-3 所示是德国在 2008 年发行的国际土豆纪念邮票，足以体现土豆这一本土文化在德国设计中的重要性。

如论文图 2-4 所示是德国教育家兰堡的设计，他用视觉语言强调其作品深刻的内涵。他通过捕捉土豆这一事物的本质，用极其夸张的艺术表现手法，使观众一目了然。他本人一直提倡的是以本土文化为设计的根本，强调以视觉语言设计为根本的同时，着重强调要在设计中加入本土特色。

论文图 2-3　《国际土豆纪念邮票》设计

论文图 2-4　《德国本土文化广告》设计

2．广告语言中的音乐应用

看到此标题，有人会问，广告设计中的音乐应用是什么？在广告设计中，广告语言中的音乐不同于现实的音乐，不是用来说拉弹唱的，而是用来书写优美的句子，让人读起来更为生动，并有吟唱起来的想法的，让人感觉别具一格。巧妙运用现实音乐中的歌词，更为生动、活泼，惟妙惟肖，增强感染力。

3．广告语言中的诗歌应用

广告设计要求越来越高，内容越来越丰富，必须什么东西都得略知一二。广告语言中的诗歌应用，是要巧妙地运用诗歌，诗歌的句意、诗歌的句式、诗歌的内容。形象的刻画，语意双关，严此意彼。此外，诗歌里有的词表达不同的意思，广告设计中可以巧妙地应用，激发消费者理解不同的意思，引起他们的兴趣，对该事物产生更多的联想，从而对该事物产生兴趣。例如，如论文图 2-7 和论文图 2-8 所示的这组招贴广告是本人的平面广告毕业设计，是以中国传统的文房四宝——笔、墨、纸、砚作为设计对象。运用传统的卷轴画形式加之水墨语言作为设计背景。其中在轴的一侧加入了中国传统的诗歌。整幅画面中国元素的运用以及印章、诗歌、传统吉祥的图形语言的搭配，加之水墨的融合，在描绘文房四宝的同时，也深深地展示了中国水墨艺术的魅力。

论文图 2-5 《文房四宝——笔》设计

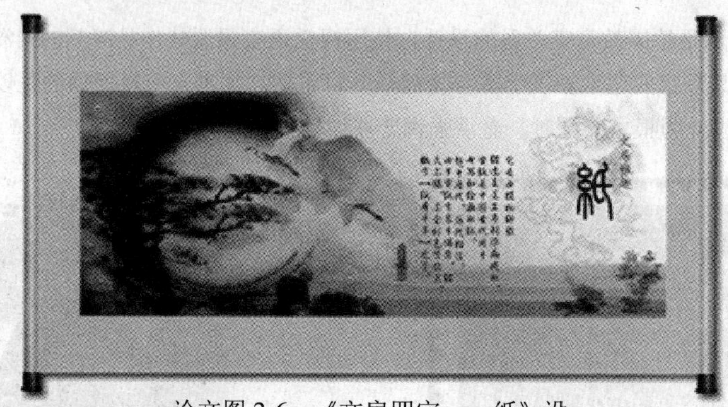

论文图 2-6 《文房四宝——纸》设

2.3 平面广告设计中的字体设计

现在的广告设计形式丰富多彩，传播媒介多种多样，要灵活运用，根据不同的情况多种选择，来不停地改变、发展广告设计。顺应时代的发展，紧跟时代的步伐，一个广告设计师也应该博学厚德，有内涵，有修养，有丰富的知识，去改编，去创新。广告设计中的文字形式丰富多样，不同的文字表达不同的内涵，要合理地运用文字，文字在广告设计中恰当结合，处理好文字与图片的主辅关系，做到创造形式新颖多样，情趣高雅，会是一个富有较强吸引力和美感的广告设计。

日本人非常喜欢中国的汉字，对中国书法研究得非常透彻。日本著名的医药厂商大胆使用书法大字，醒目地点出了沐浴液“日本名汤”这一主题，在包装上书写出了日本各地温泉的地名及其主要的特点，使品牌鲜明、突出，让人一目了然，如论文图 2-7 所示。

论文图 2-7 《日本名汤》文字设计

突出主题的文字设计还有如论文图 2-8 所示的《黑人牙膏》设计，同样主题鲜明，富有很强的吸引力。

论文图 2-8　《黑人牙膏》图文设计

2.4　平面广告设计中的形式美体现

点、线、面是最基本的形式单位，也是构成广告设计的基础。在广告设计中，点、线、面自然形成的效果，然后再稍加整理，巧妙地运用，其效果也非同凡响。此外，在视觉效果上，点、线、面虽然是最普通的形式，但利用广告设计中的知识，根据它们的远近、大小、虚实、角度等形式，加强并完善整个画面，其内容也会很丰富，吸引众人的目光。它们之间相互交叉、交错，又有别出心裁的画面显现，让人感觉不同的视觉效果来增加吸引力，并增强他们的审美效果，从而不会显得画面古板、单调。总地来说，时代的飞跃，时代的追逐，广告设计也在不断地发展，不断地创新，永不止步。

广告设计中讲究的形式很多，比如重复、渐变、对称、均衡、分割等，不同的形式会产生不同的形式美，从视觉中可以产生一种韵律，也可以产生节奏感。这些形式渗透着不同的美，虽有时候感觉简单，但细细观赏，细细品味，相互结合，相互运用，使画面交相呼应，和谐起来，其效果不同凡响。同时彰显出不同的情趣，观赏者可以从中联想更多的形象，思维变得更灵活，审美效果更佳具备。如论文图 2-9 所示为《视觉艺术三人展》设计。

论文图 2-9　《视觉艺术三人展》广告设计

第 3 章　广告设计的传播媒介

3.1　网络媒介传播

3.1.1　网络广告

时代的进步，经济的发展，科技也在不断地进步，不断地发展。互联网被大众广泛使用，广告设计自觉或不自觉地踏入互联网中，以各种形式、各种动态传播着信息。

新媒体的不断成熟具有鲜明的时代个性，其被广泛地应用，适用于不同的人群、不同的场所，更好地被大众所接纳。网络广告实际上就是一个以 Internet 网络为传播媒介，以各种形式和方式来发布和传播广告的形式，吸引众人目光。

1. 网络广告的优势

（1）网络广告的传播不受时间的限制。网络广告通过互联网 24 小时不间断地传播信息到世界各地，能让人们以最快的速度知晓。不管什么时候，不管你在什么地方，只要具备能上网的条件，都可以随时随地阅览到信息。

（2）网络广告的受众是最年轻、最具活力、受教育程度最高、购买力最强、传播速度最快的群体。网络广告可以满足任何人的需求，比如，一些人因为工作忙，而没有时间逛街买东西，可以利用网络广告去点击他们所需要的东西，可以高效、方便、轻松地达到目的，让很多人得到欣慰，并且很多人依赖于网络广告，每天都会点击看一下，只要短暂的时间就可以，网络广告是一个很好的选择。

（3）网络广告涵盖多媒体，利用不同的方式，传递多感官的信息。例如，现在多媒体教科是老师们的得力助手，并且以不用于书本的方式，给同学们不同的授课体验，很好地为人们服务，并得到众人的共识和青睐。

（4）网络广告的范围很广，内容丰富，覆盖率较大，并且互动性较强。通过网络广告，人们可以比较方便地获得他们想得到的信息，不懂的，不理解的，不知晓的，都可以通过网络来解决；想看的，想听的，都可以通过网络找到。总而言之，网络广告是一个很好的传播工具，得到人们的喜爱，让广大观众对其感兴趣。网络广告广为传播，广为流行。

2. 网络广告的劣势

网络广告同现实广告一样，犹如一个市场，也有竞争压力，并且其竞争极为强烈。比如打开一个网页，就有好几个小广告相继弹出，当我们在时间紧急、查找东西时，或者在观看自己喜欢的东西时，繁琐的小广告的出现让人感觉厌倦。不过广告商也是为了工作，为了能更多地吸引顾客，让顾客随时都能看到他们的广告，关注到他们的广告，在如此激烈的行业里，为了生存，为了赚钱，我们应该换个角度考虑考虑，不能盲目地去判断人家就是错的。网络广告还存在着真假是非，有许多广告，为了推销产品，夸大其词，不择手段，弄虚作假，误导顾客，让人们陷入歧途。

3.1.2 网络杂志

网络杂志中的广告内容丰富。网络杂志在设计上形式多样，提供给读者不同的形式、不同的模式来欣赏阅读。网络杂志广告灵活、方便，可随时下载，随时观看，并可以建立一个文件夹，清晰地分类，进行搜索查找。而现在的广告是一本本书，要去购买，看完了堆压在一起，再反过来寻找以前看过的好文章时却无从下手，翻得遍地都是，到最后却没有一个好结果。而网络杂志既节省了购买这一途径，也节省了费用，只要在网络上轻轻一点便会一目了然。

3.1.3 网络娱乐

现在的时代是一个高速运转、一次性消费泛滥的时代。科技的不断发展、不断创新，人类思想意识的变革，使社会多角度、多层面地更新。新技术的发展，新技术的引进，不断被群众使用。比如手机的通信功能逐渐被淡化，为什么这么说呢？不能打电话，不能联系了吗？因为，新技术的不断发展，手机的功能越来越多，手机中的娱乐游戏、网络社区、信息服务等网络娱乐还有很多功能相继出现。这些功能可以让我们随时随地进行交流，携带方便，并且可以节省费用。另外，手机小说、手机报纸、手机电视、手机电影等业务也都相继出现，带给人们更多的方便，满足人们更多的需求。手机功能的增多改变着人们的生活。

广告设计推动社会的进步，展现社会的流行趋势，影响和改变着人们的生活。

3.2　纸质媒介传播

纸质媒介传播是人类传播信息的重要形式，是以报纸为主要形式的传播媒介，纸质媒介是自古至今一直被流传的一个媒介载体。

纸质媒介传播的特点：

（1）组织性。纸质媒介是一个大规模性的机构，必须进行细致的分工，具有条理性，这样整体才能有条不紊，才能统一、协调好这个大机构。

（2）选择性。纸质媒介对信息有不同的方式来进行传播。不同的刊类传播不同的信息，并公开性地传递给观众们看，得到更多人的青睐。

（3）开放性。纸质媒介是信息传播的媒介，是向广大观众传播信息的载体。如世界的发展、世界的步伐、社会的变革、社会的重要事件、现在的流行趋势，往往都会公开性地传播给大众，使大众快速地得到信息，了解世界的变化、国家的变化、社会的变化，以及贴近我们生活的变化。

（4）发展性。时代的飞跃，经济的发展，科技的进步，传播信息的速度，都在超越众人的想象，快速步入一个又一个的发展趋势，让人们不断地去适应它，接受它。

（5）循环利用性。纸质可以循环利用，可以用来保护环境。

3.3　影视媒介传播

电视传播改变着人类文化的传播方式，电视传播是多样而广泛的。现在每家每户都有一台或多台电视，电视传播包含着很多形式的传播给众人欣赏。

电视传播是通过人们的视觉和听觉得到信息，并传达信息，使人们通过记忆留下深刻的印象。电视由以前的黑白电视、彩色电视，到现在的网络电视，电视随时代的潮流不断地发展。现在的电视犹如电脑，具有电脑的功能，形式也越来越多，带给人们更多的奇思妙想，频道也越来越多，不断满足人们的需求，让人们更加喜欢现在的世界，一个多变的时代，永不止步。

第 4 章　广告设计与流行文化的关系

4.1　传播的文化基础

文化传播是面向广告业为主的，是文化交流的过程，通过一定的方式传递知识、信息、观念、情感和信仰。

如今，经济的发展，新媒体汇集着各地的信息，各地的政治、经济、文化的发展，其传达方式必须超越他人的想象，并通过全球接受的共同语言进行广泛的传播。文化的广泛传播可以推动世界的发展，被众人所知晓，被众人所学习，增加众人对文化的了解，追随现在的社会潮流。

1. 文化传播的特征

（1）社会性。文化传播是通过人与人之间的传播，人是文化传播的主体，。如果文化传播离开了人，文化的传播活动就无法进行。所以，文化传播与人息息相关，是紧密联系在一起的。

（2）目的性。文化传播是一个信息传播的过程，必须广为人知。

（3）创造性。文化的传播不是随意传播的，而是需要收集、选择、整理，把最真实的所包含的精华、所含有的智慧、处理好的结果传播出去，让人们学习，也彰显出人类文化的创新。

（4）互动性。文化传播传递着全球的文化，并使文化在全球内得到共享，相互学习，相互交往，推动世界的发展，了解世界的文化。

（5）永恒性。文化是永恒的，不可破灭的，要将文化永远地传递下去，让世世辈辈都能了解，永远留在每个人的心里。文化传播生生不息，绵延不断。

4.2 传播的时尚元素

广告设计无处不在，广告设计推动着经济的发展，扩大着文化的传播，并永远追随时尚，在时代风尚中扮演着重要的角色。广告设计不仅传递着信息，也传递着一种时尚，一种生活观念，一种丰富的艺术情感。广告设计日渐成熟，步入一个独树一帜的时代。

时尚的追求是要去深刻体验，不断追逐的。广告设计的时尚是要不断创新，不断让众人喜爱，不断被众人接纳。同时关注时代的潮流，关注世界，关注社会，关注生活，关注每个角落，都要去了解，多观察，多去看，多去想。时尚是永不止步的，年轻人是追求时尚的主角，我们应该有选择性地关注人或事物。时尚的元素很多，我们应该行于社会各阶层、各群体当中，不要只看显眼的东西，还要看到一些微不足道的、影响极小的事物，也许它们才是最有价值的、最值得使用的，才是最流行的元素。

每个人都有自己的个性，不断追逐着时尚，创造新的事物，时尚对于每个人来说，都可以创造出时尚，我们可以借鉴不同的时尚，相互结合，创造新的时尚。所以我们时刻都要提高自己的审美，紧跟时代步伐。

4.3 广告设计的文化底蕴

1．相辅相成

流行元素在广告中极为重要，一个好的广告设计，一个永追时代的广告设计，必须紧跟时代的潮流，并有流行元素提供适应的素材。

流行文化的发展，文化的传播，都很容易被众人接受，迎合大众们的口味。广告设计中融入流行文化，可以得到众人的喜爱，增强众人对产品的情趣，增加购买能力，提高众人的审美能力，众人们也紧跟时尚的脚步。广告设计中融入流行元素，并以流行元素为素材，在广告业中也能得到印证。

广告设计是流行文化的引导者，通过广告设计的传播，流行文化相继展开。可见设计师每天都在做什么，知识有多丰富，不得不让人感到佩服。广告设计与流行文化相互结合，引导新的潮流文化，改变了很多从未想到过的事情。广告不仅引导着流行文化，还传承并普及流行文化。通过广告的传播，人们作为信息接收员感受颇多。广告设计时刻改变着人们的生活。

流行文化需要广告的传播，广告设计也需要流行元素的介入。所以，广告设计与流行文化是相辅相成、永续发展的。

2．依赖性

流行文化的发展依赖于广告设计，广告设计借鉴于流行文化，得到众人的青睐。

流行文化犹如一个流行符号，是承载信息的工具，具有永久的效果。其在生活中往往被看作一种象征性的符号，一种符号代表着一个企业，人们只要认定了它，就会一直热衷于它。

广告设计对流行文化的依赖不是随意和偶然的，而是合理和必须的。如果没有广告设计的传播，就没有流行文化，也没有一种特定的符号去吸引群众，让群众感到可靠。流行元素在广告设计中具有重要的作用，通过传播广告设计，流行文化才能成为一种时尚，受到众人的关注，影响着受众。广告对流行文化的引入应用，传播积累的果实，不断推动广告业的发展，乃至世界的发展。广告选择了流行文化，广告也从此离不开流行文化。

3．塑造性

现在的广告步入一个独树一帜的时代，广告获得了独立，并拥有着自己的身份。广告设计还应该成为一种交互式的行为，不应该只关注几个层面上，应该更多层面地展开。对于流行，对于社会的潮流，还要靠自己的想象力去塑造。并通过自己的实践，了解群众，去不断改造广告设计，自然而然的广告极易被众人接触、理解和认同。

广告设计不是纯粹的艺术，同一幅精美的画，也可以展现不同的美。广告设计闯入人们的视野，被众人知晓、接纳。但也必须要不断地进行创意，创造出精良的广告，令人赏心悦目，百看不厌。

4. 引领性

广告引领着流行文化，同时又是流行文化的倡导者，而流行文化为广告指引方向，两者是互为指引的。广告设计要为了满足消费者的需求，了解消费者，从而设计出不同形式的广告。广告设计提倡新的观念、新的生活方式，引出新的潮流来。现在技术的发展、多媒体的应用、广告设计的传播、对人的影响力给人留下的深刻印象，都会潜移默化地植入大众的心里。

广告设计犹如一个蒲公英，一点风吹草动就能让它起舞。广告设计感觉到的流行元素很早就被知晓，并且迅速地传播，迅速地被众人知道。广告设计无处不在，与任何事物都息息相关。

结　论

现在的社会已步入高速发展的时代，广告作为一门艺术，一个行业，已经介入到社会各个角落，发生了前所未有的变化。广告设计的广泛传播，理论的流行，其设计的观点要求也随之改变。广告设计与受众的关系正影响着受众的生活方式、受众的审美追求等。

时代的飞跃，科技的发展，广告设计处于信息发展的时代，通过科技的传播，使其传播速度更快、更便捷、更有效率，更被众人所接纳和喜爱。广告设计的流行以及信息的发展影响着现实生活的变化。

广告设计的流行离不开流行元素的发展。我们为了追随时代的脚步，就要紧追现代流行元素。人们大多喜欢最新流行的事物，并对新事物产生强烈的好奇心。所以借助流行元素的特殊身份，让它介入到广告设计中去，更显现出现代广告设计的审美特点及现在广告设计的流行趋势。

参 考 文 献

[1] 李巍．平面广告新思维[M]．重庆：重庆出版社，2001．

[2] 廖伦建．应用写作美学．北京：中国文史出版社，2013．

[3] 全国大学生广告艺术大赛组委汇编．第三届全国大学生广告艺术大赛获奖作品集．北京：高等教育出版社，2009．

[4] 徐键主．平面广告设计．郑州：郑州大学出版社，2012．

[5] 张岩、赵纬．广告设计原理．北京：科学出版社，2011．

[6]（英）伊莱扎・威廉姆斯．这就是广告．北京：中国摄影出版社，2012．

[7] 马本和．艺术空白与审美意境的生成[J]．美苑，2009．

[8] 王战，田中阳．现代广告设计理念与方法[M]．长沙：湖南师范大学出版社，2008．

致　谢

历时将近两个月的时间终于将这篇论文写完，在论文的写作过程中遇到了无数的困难和障碍，都在同学和老师的帮助下度过了。尤其要真诚感谢××老师对我进行了无私的指导和帮助，不厌其烦的帮助进行论文的修改和改进。此向帮助和指导过我的各位老师表示最中心的感谢！

感谢我的同学和朋友，在我写论文的过程中给予我了很多你问素材，还在论文的撰写和排版灯过程中提供热情的帮助。由于我的学术水平有限，所写论文难免有不足之处，恳请各位老师和学友批评和指正！

最后向评审本论文和参加论文答辩的各位老师表示最衷心的谢意！

9.3 平面设计方向毕业设计实例（设计部分）

《论平面广告设计中的审美与流行》毕业设计是给一家印刷企业设计的企业文化宣传系列招贴和广告设计。在海报设计中大量地采用了活字印刷、水墨等中国元素。整个画面给人的感觉不像是一幅死板的文字招贴，而是通过图中的事物传递印刷在中国的发展，从而让读者能够读到图中的时间流转。这组招贴运用中国传统的文化元素，但又结合当今较为流行的设计版式。整幅招贴在构图形式上应用的是传统的中国元素形式，但表达的确是平面广告设计中的流行美。整幅画面中元素的运用，印章、传统吉祥的图形语言的搭配以及招贴中时间信息的融合，突出描绘中国传统工艺印刷术的同时，也深深地展示了现代印刷术的发展及其在当今印刷术的地位。

（一）选题、定方案

1．在课程开始阶段，第一个需要解决的问题是毕业设计的选题。平面设计是一门结合社会比较密切的学科，因此，在选题之前要做的是市场调查工作，在深入、细致的市场调查的基础之上，经过对资料的分析、提炼来确定自己的设计选题。

然后，根据自己的选题方向，尽可能多地查阅相关资料，逐渐地进入初步设计阶段。

在初步设计阶段，勾画大量的设计草图，并在勾画阶段同老师进行创意沟通，激发设计灵感。

2．在最初的草图的基础上，与指导老师进行设计方案的讨论，这个阶段对培养学生的表达能力、向客户阐述自己的设计方案的能力，都是一个极好的提高机会。

3．通过对设计方案的讨论与讲解，会产生出一些新的灵感和改进方案，接下来就是对设计方案的进一步深化。

4．确定方案时要与指导老师讨论，并预见此设计方案的可行性、可操作性和市场性。

（二）深入表现

此阶段的设计表现要更加深入。对设计理念的分析、表现，以及设计中所体现的文化内涵，都要进一步地体现出来。

（三）整体调整，深入设计

1．首先，要重新审视整个设计构思的可行性；设计思路的准确性；设计手段的多样性和设计表现的创造性。

2．对一些细节部分进行调整，如构图的合理性、科学性及实用性；在表现中水墨效果运用的合适程度；文字的设计表现与整体要求的统一；内容与外形要求的匹配等。

3．对其他细节的自我评价与推敲。

（四）排版出图

排版出图阶段是对整体版面布局能力的一个检验。在总体创意的指导下，对自己的整个毕业设计进行阐述性的版面安排，其中包括作者简介、创意简述、设计效果图、色彩表示等。以视觉导向设计为排版设计的主线，按照主次关系，遵守美的法则，完成排版出图，如图 9-3—图 9-13 所示。

图 9-3　《文墨轩香之笔》设计（一）

图 9-4　《文墨轩香之墨》设计（二）

图 9-5　《文墨轩香之纸》设计（三）

图 9-6　《文墨轩香之砚》设计（四）

图 9-7　《虎驰企业文化招贴》设计（一）

图 9-8　《虎驰企业文化招贴》设计（二）

图 9-9 《虎驰企业文化招贴》设计（三）

图 9-10 《世纪东方城系列招贴》（一）

图 9-11 《世纪东方城系列招贴》（二）

图 9-12 《世纪东方城系列招贴》（三）

图 9-13 《世纪东方城系列招贴》（四）

水墨与文化，加之时间主线的完美融合，产生出了文化艺术。这种传统的艺术元素承载了千年文化积淀下的中华儿女的审美和认知，这是我们设计师在今后的设计中值得传承和发扬的。在现代的国际化大家庭中，中国的招贴事业要想在其中占据重要的位置，就必须要走自己的特色之路。中国元素艺术作为我们传统文化的精髓，对设计事业有着非常重要的影响。只有处理好本土化、民族化和把握时代的气息这三个方面的关系，才能真正地创作出独具中国审美特色的设计。

（五）结合作品和创作过程体会，写出设计说明。

（六）展示总结

展示总结是毕业设计的最后一个精彩的乐章，它就像孔雀开屏一样，将自己的作品展现给观众。在进行毕业设计展示的布展、规划、挂画的整个过程中，要在指导老师的总体协调下进行工作。

9.4　平面设计方向毕业设计选题领域

毕业设计时要求选择平面设计方向一些常见的、有代表性的毕业设计选题，概括为平面广告设计、广告公司标志设计、包装设计、企业宣传册设计、书籍装帧设计等部分。

9.4.1　基于平面广告设计方面

选题研究领域：平面广告设计
选题类型：设计与实现
选题完成形式：设计与实现
选题参加人数：个人独立完成
选题准备：

平面广告设计是以加强销售为目的的设计。也就是基于广告学与设计，为产品、品牌、活动等做广告。最早的广告设计是早期报纸的小布告栏，这是采用平面设计的方式展现的。平面广告设计是用一些特殊的操作来处理一些已经数字化的图像的过程，是集计算机技术、数学技术和艺术创意于一体的综合内容，是一种工作或职业，是一种具有美感、使用性与纪念功能的造型活动。

设计是有目的的策划，平面设计是利用视觉元素（文字、图片等）来传播广告项目的设想和计划，并通过视觉元素向目标客户表达广告主的诉求点。平面设计的好坏除了灵感之外，更重要的是能否准确地将诉求点表达出来，是否符合商业的需要。平面广告，若从空间概念界定，泛指现有的以长、宽两维形态传达各种广告媒体的广告；若从制作方式界定，可分为印刷类、非印刷类和光电类三种形态；若从使用场所界定，又可分为户外、户内及可携带式三种形态；若从设计的角度来看，它包含文案、图形、线条、色彩、编排等要素。平面广告因为传达信息简洁明了，能瞬间扣住人心，从而成为广告的主要表现手段之一。

平面广告设计在创作上要求表现手段浓缩化和具有象征性，一幅优秀的平面广告设计具有充满时代意识的新奇感，并具有设计上的独特的表现手法和感情。广告设计的优秀与否对广告视觉传达信息的准确性起着关键的作用，是广告活动中不可缺少的重要环节，是广告策划的深化和视觉化的表现。广告的终极目的在于追求广告效果，而广告效果的优劣关键在于广告设计的成败。现代广告设计的任务是根据企业营销目标和广告战略的要求，通过引人入胜的艺术表现，清晰准确地传递商品或服务的信息，树立有助于销售的品牌形象与企业形象。

相似选题拓展：

1. 公益宣传广告设计
2. 企业宣传广告设计
3. 个人宣传广告设计
4. 杂志平面广告设计
5. 海报平面广告设计
6. 招贴平面广告设计

9.4.2 基于广告公司标志设计方面

选题研究领域：广告公司标志设计

选题类型：设计与实现

选题完成形式：设计作品+论文

选题参加人数：个人独立完成

选题知识准备：

在进行标志设计之前，首先要知道什么是标志。标志是表明事物特征的记号，它以单纯、显著、易识别的物象、图形或文字符号为直观语言，除了能表示和代替一定的内容之外，还具有表达意义、情感和指示行动等作用。英文俗称为 Logo（标志）。

相似选题拓展：

1. 吉祥物设计
2. 图案设计
3. 标签设计
4. 信封设计
5. 办公用品
6. 小饰品设计

9.4.3 基于包装设计方面

选题研究领域：包装设计

选题类型：设计与实现

选题完成形式：设计作品+论文

选题参加人数：独立完成

选题准备：

包装设计是将美术与自然科学相结合，运用到产品的包装保护和美化方面，它不是广义的“美术”，也不是单纯的装潢，而是包含科学、艺术、材料、经济、心理、市场等综合要素的多功能的体现。

包装的主要作用有二：其一是保护产品；其二是美化和宣传产品。包装设计的基本任务是科学、经济地完成产品包装的造型、结构和装潢设计。

（1）包装造型设计

包装造型设计又称形体设计，大多指包装容器的造型。它运用美学原则，通过形态、色彩等因素的变化，将具有包装功能和外观美的包装容器造型，以视觉形式表现出来。包装容器必须能可靠地保护产品，有优良的外观，还需具有相适应的经济性等。

（2）包装结构设计

包装结构设计是从包装的保护性、方便性、复用性等基本功能和生产实际条件出发，依据科学原理，对包装的外部和内部结构进行具体考虑而得的设计。一个优良的结构设计，应当以有效地保护商品为首要功能；其次应考虑使用、携带、陈列、装运等的方便性；还要尽量考虑是否能重复利用、显示内装物等功能。

（3）包装装潢设计

包装装潢设计是以图案、文字、色彩、浮雕等艺术形式，突出产品的特色和形象，力求造型精巧、图案新颖、色彩明朗、文字鲜明，装饰和美化产品，以促进产品的销售。包装装潢是一门综合性科学，既是一门实用美术，又是一门工程技术，是工艺美术与工程技术的有机结合，并考虑市场学、消费经济学、消费心理学及其他学科。

相似选题拓展：

1．工业产品包装设计
2．个人包装设计
3．影视包装设计
4．栏目包装设计
5．公司形象设计
6．企业形象包装设计

9.4.4　基于企业宣传册方面

选题研究领域：企业宣传册设计
选题类型：设计与实现
选题完成形式：设计作品+论文
选题参加人数：独立完成
选题准备：

企业宣传册是一般以纸质材料为直接载体，以企业文化、企业产品为传播内容，是企业对外最直接、最形象、最有效的宣传形式，宣传册是企业宣传不可缺少的资料，它能很好地结合企业特点，清晰表达宣传册中的内容，快速传达宣传册中的信息，是宣传册设计的重点。一本好的宣传册包括环衬、扉页、前言、目录、内页等，还包括封面、封底的设计。宣传册设计讲求一种整体感，从宣传册的开本、文字艺术，到目录和版式的变化，从图片的排列到色彩的设定，从材质的挑选到印刷工艺的质量，都需要做整体的考虑和规划，然后合理调动一切设计要素，将它们有机地融合在一起，服务于企业内涵。

相似选题拓展：

1．系列海报设计
2．系列招贴设计
3．系列广告设计
4．折页广告设计
5．图片册设计
6．系列宣传单设计

9.4.5　基于文学类书籍装帧设计方面

选题研究领域：文学类书籍装帧设计
选题类型：设计与实现
选题完成形式：设计作品+论文
选题参加人数：独立完成

选题准备：

纷杂的文化形态中，书籍依然在这样一个知识经济爆炸的时代充当着佼佼者，与此同时，人们不单只停留在书籍的内容上，在书籍设计的造型风格上也开始重新为其定义。书籍设计的造型风格开始形成了新的规律，内容与形式的高度统一使其走上了正确的轨道，从内涵寻找、文字排列、图片选择、构成格式、色彩配置、纸张到印刷工艺都在有序地进行。

设计时要遵循以下原则：

（1）文学类书籍设计的首要目的是服务于受众。

（2）文学类书籍设计的造型风格应该贴近文学书稿的内容，体现设计本身的审美感。

（3）把握书籍的精神。

相似选题拓展：

1．个人作品集设计

2．企业产品集设计

3．概念书籍装帧设计

4．企业文化作品设计

5．个人简介设计

9.5 平面设计方向毕业设计（论文）成果最终呈现与要求

9.5.1 毕业设计提交内容

平面设计方向毕业设计提交的内容主要有以下三种。

（一）企业 VI 设计

VI 设计的基本要素系统严格规定了标志图形标识、中英文字体形、标准色彩、企业象征图案及其组合形式，从根本上规范了企业的视觉基本要素。基本要素系统是企业形象的核心部分，是企业的基本要素，包括：企业名称、企业标志、企业标准字、标准色彩、象征图案、组合应用和企业标语口号等，如图 9-14 所示。

图 9-14 企业 VI 实例展示

1．1 人完成（可小组完成，此时指导教师应注意小组间的分工以及最终的呈现。最终呈现不应以同种形式或内容展现），在自己设定的虚拟环境中进行方案的实施。

2．要求：时代感强，设计精美考究，风格独特，能够充分表现出目标品牌所代表的文化、品类特点，要注意 VI 手册的系统化、整体化。

3．数量：一套完整的 VI 树和一本精美制作且完整的 VI 手册（VI 手册含封面、扉页、目录、基础系统与应用系统的设计部分。若小组完成，每个小组成员至少制作 30 页，即 2 人小组制作的 VI 手册至少需要 60 页，3 人的则至少为 90 页。应用系统包含内容可自选，详见附录）。

4．规格：建议 VI 手册以 A4 为最大规格纸张，可出 A4 册子，亦可在 A4 范围内设定特种大小规格；VI 树以 VI 手册单独页面的 4 倍为大小，两折后夹入 VI 手册内，可作为 VI 手册起始部分。

5．方式：机绘、手绘可相结合。

6．提交形式：实图 VI 树、实物 VI 系统画册、设计提案电子档（刻盘包括：VI 树及 VI 手册的原始设计文件），应包含至少 10 件以上实物形式。

7．VI 手册内容顺序：封面、标志页、目录、企业总体介绍（包括企业性质、公司文化、面向的受众群体分析、经营的项目方向等）、VI 树、VI 基础部分、VI 应用部分、封底。其各内容开头前页可以加标题页、扉页等形式，以美观、整体、统一、严谨为原则。

（二）包装设计

1．主题鲜明、创意独特，表达准确、生动。

2．包装形状、结构合理、新颖、有创意。利用新材料、新技术、新工艺的同时，提倡简约的、绿色的、人性化的现代包装。

3．画面清晰、色彩明亮、时代感强，具有较强的视觉效果和艺术感染力。

4．包装实物按盒型要按照大、中、小进行划分。盒型质感按高、中、低档进行划分。以 5 种以上盒型为优，综合实物数量 20 个以上为优。

5．作品要求为成品（实体）比例 1:1。

6．要注意最终的展示效果，以展示效果为主要展现形式，如需要，可制作小型展示架、展台、悬挂物等，如图 9-15 所示。

图 9-15　包装设计实例展示

（三）书籍装帧

1．以系列书籍为题材做书籍整体设计，制作出实物。

2．设计内容包括护封、封面、环衬、扉页、目录页、内页、正文版式等。

3．同系列书籍应不少于 3 册（3 册内页的文字内容可以相同，但封面、内页等不能雷同，应呈现出系列书籍）。书籍内页展示海报两张，拟 90cm×120cm 大小。

4．书籍宣传品应不少于 5 类，如宣传海报、书签、台历、折页、单页、赠予宣传物等。

5．书籍开本不限、材料不限、装帧方式不限，实例如图 9-16 所示。

图 9-16　书籍设计实例展示

9.5.2　毕业论文提交要求

1．开题报告的内容要全面，字数 2000～4000 字。

2．毕业设计论文要求不少于 5000 字。论文应写出 300 字左右的中文摘要并译成英文，中英文摘要放在论文的首页。

3．要求按照毕业论文的格式要求完成。

4．论文要章节清楚，语言通顺，概念准确，力求见解独特，有严谨的因果关系，并总结论述出自己的创新理念。

5．应采用计算机打印，一式三份，需进行论文装订。要求项目齐全（包括：毕业设计任务书，目录，中英文摘要，正文，图片，中、外文参考书目）。

6．开题报告和毕业论文内容要对应。由指导教师写出评语，供答辩委员会参考。

9.5.3　毕业设计答辩要求

1．PPT（设计题目，设计草稿集，设计过程图，设计最终出稿平面图，最终效果图）。

2．展板（个人姓名，毕业设计平面图，最终效果图）。

3．方案册（手绘方案，方案修改过程，最终确定形式）。

4．光盘（包含毕业设计所有电子稿，毕业论文）。

9.5.4　毕业设计展览要求

要求布展时有整体规划和设计，使展示的作品有美感，摆放的位置和角度能便于观者审视。

9.6　平面设计方向毕业设计成绩评定方法

指导教师、评阅成员在评分中坚持严格要求和实事求是的原则，根据学生在毕业设计中独立完成的实际情况和评分标准作出评定。

1．毕业设计的成绩采用优、良、中、及格、不及格五级分制。优秀人数不超过本专业学生人数的 20%，中等、及格、不及格不低于 20%。

2．采取“结构评定成绩”进行成绩的综合评定。结构评定成绩的构成：指导教师评定成绩、评阅教师评定成绩分别占总评定成绩的 60%、40%。具体要求如下：

（1）指导教师评分标准的计算：附表的总评分×60%（见附表一）。

（2）评阅教师评分标准的计算：附表的总评分×40%（见附表二）。

根据学生毕业设计工作的态度、工作纪律、分析问题和解决问题的能力、动手能力和工作任务的完成情况、设计的水平给予评分。对在毕业设计中具有创新精神、做了开拓性工作的学生，在评分时应特殊考虑。

指导教师评分专用表（附表一）：

姓名	选题计划（10%）	一次草图（10%）	二次草图（10%）	制作和装裱（60%）	展示（10%）	总评

评阅教师评分专用表（附表二）：

姓名	整体设计是否偏题（5%）	展示效果是否搭配（5%）	成品是否一系列（10%）	创意设计（60%）	实物是否精致（20%）	总评

9.7 平面设计方向毕业设计作品实例与欣赏

1.《三生有姓》书籍设计

（1）本套设计以百家姓为设计元素进行设计，设计形式为创意书籍，采用的是镂空及浮雕效果的手段进行成果展示。

（2）展示墙以不同的姓氏文字为原型，用不同的笔画粗细来达到变化，并用黑色和黄色产生强烈对比，达到整体色调的和谐和作品的个性突出。

（3）镂空灯箱的设计为整个设计作品添加了亮点。

（4）书籍中的版式设计率性随意，但不乏整体的统一性，可谓形散而神不散，如图 9-17一图 9-19 所示。

图 9-17 《三生有姓》书籍设计（一）

图 9-18 《三生有姓》书籍设计（二）

图 9-19 《三生有姓》书籍设计（三）

2.《城市中消失的绿色》书籍设计

（1）设计思想及题材的选择：主要以环保为主题进行设计。

（2）设计形式的选择：以纸盒和箱子为基础进行设计，整体色调以黄、黑色为主。搭建出层叠的不规则空间，以营造整体的展示效果。

（3）书籍设计中的亮点：应用不同大小的箱子进行设计再造，也能体现出本设计的主体性及环保的概念。并且能够根据箱子的空间感营造出每一个小的故事情节，吸引人们进行拼读与观看，如图 9-20—图 9-24 所示。

图 9-20　《城市中消失的绿色》书籍设计（一）

图 9-21　《城市中消失的绿色》书籍设计（二）

图 9-22　《城市中消失的绿色》书籍设计（三）

图 9-23　《城市中消失的绿色》书籍设计（四）

图 9-24　《城市中消失的绿色》书籍设计（五）

3. 包装设计过程实例

（1）《漫生活》系列包装设计

1）《漫生活》系列包装整体的系统性非常强，干净的色彩说明了一种存在于包装中的生活状态。

2）包装结构：有新意，其中三至五种是特殊盒型结构，给整体的设计增加了可观性，制作手工较为精细。

3）整体盒型布局：大、中、小分布比较明确，适合最终布展的需求。

4）本组包装的亮点：色彩的同意和独特的盒型。如图 9-25、图 9-26 所示。

图 9-25 《漫生活》系列包装设计（一）

图 9-26 《漫生活》系列包装设计（二）

（2）《甜点屋》系列包装设计

1）本组包装整体风格非常统一，应用的粉红色系突出了甜点屋的甜美感觉。

2）本组包装的亮点：色彩、展示搭配、盒型丰富，并应用了蕾丝作为辅助材料进行点缀。包装结构上比较简单，创意盒型不多。如图 9-27—图 9-31 所示。

图 9-27 《甜点屋》包装设计（一）

图 9-28 《甜点屋》包装设计（二）

图 9-29 《甜点屋》包装设计（三）

图 9-30　《甜点屋》系列包装设计（四）

图 9-31　《甜点屋》系列包装设计（五）

（2）《五谷》系列包装设计

1）本组包装风格特点非常明确，应用的包装材质比较特别，更能体现本组包装主题的特点，色彩虽然较多，但是整体风格较统一，细节处理完整。

2）本组包装的亮点：材质的应用，不同色彩的和谐统一，整体风格的掌握。如图 9-32—图 9-37 所示。

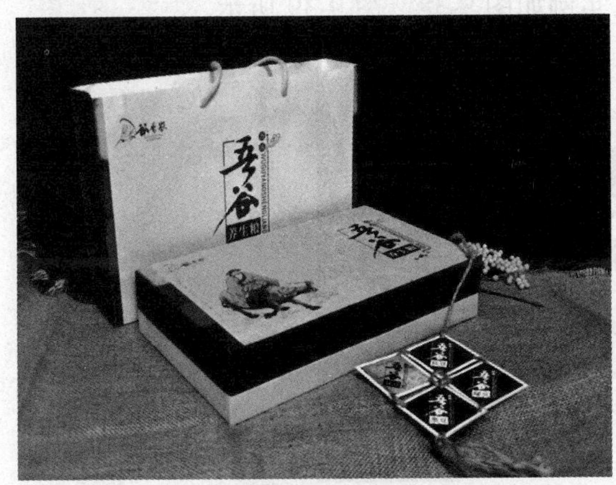

图 9-32　《五谷》系列包装设计（一）

图 9-33　《五谷》系列包装设计（二）

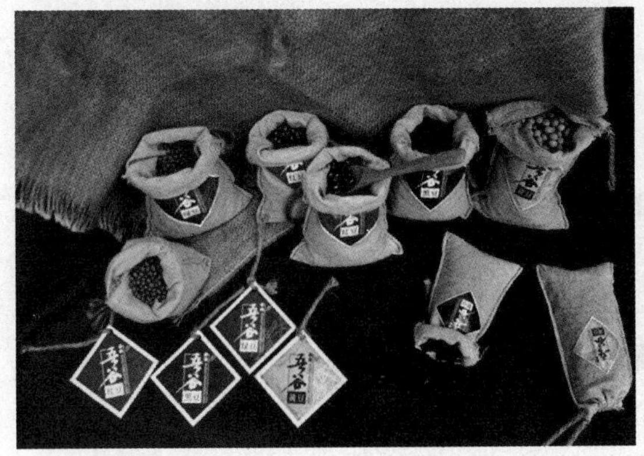

图 9-34　《五谷》系列包装设计（三）

图 9-35　《五谷》系列包装设计（四）

图 9-36 《五谷》系列包装设计（五）

图 9-37 《五谷》系列包装设计（六）

4. 企业 VI 设计过程实例

（1）《玉鼎广告设计有限公司》企业 VI 设计

1）本套 VI 设计中的标志和版式是亮点。

2）标志应用的是大块红色印章阴字效果，色彩上比较突出。

3）采用古典形式进行表现。

4）标志应用的是“玉鼎”的文字变形。

5）版式上规整但不死板，整体风格统一。实例如图 9-38、图 9-39 所示。

图 9-38 玉鼎广告设计有限公司》企业 VI 设计（一）

图 9-39 《玉鼎广告设计有限公司》企业 VI 设计（二）

（2）《格瑞特广告传媒策划公司》企业 VI 设计

1）本组设计采用的标志设计形式是字母变形，应用了“格瑞特”的首字母“G”来进行。

2）应用了多个颜色进行展示。多色彩在标志中的应用并不提倡，但本组标志的整体色彩较为统一和谐。如图 9-40、图 9-41 所示。

图 9-40　《格瑞特广告传媒策划公司》企业 VI 设计（一）

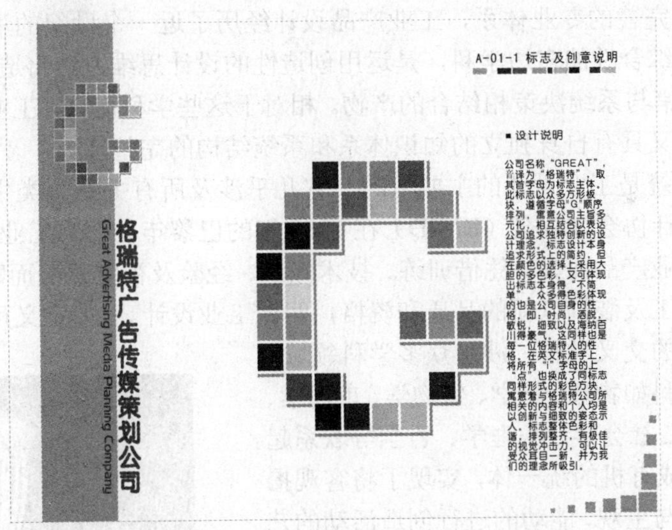

图 9-51　《格瑞特广告传媒策划公司》企业 VI 设计（二）

第 10 章　工业产品设计方向毕业设计实例及选题

本章概要

- 工业产品设计方向概述
- 工业产品设计方向毕业设计实例分析
- 工业产品设计方向的各类选题
- 工业产品设计方向毕业设计所呈现的形式

10.1　工业产品设计方向的研究领域

10.1.1　工业产品设计方向专业概述

作为一个日趋完善的专业体系，工业产品设计经历了近一个世纪的里程，它是一项集科学和艺术为一体、综合性的多边学科，是运用创造性的设计思维方法将造型美学、工程技术、生产制造、市场营销与系统决策相结合的产物。相对于这些学科而言，工业产品设计既与之有密不可分的联系，又具有自身独立的知识体系和系统结构的完整性。

产品和产品系统是工业设计的主要范畴，它几乎涉及所有关系人类生存环境的工业产品领域。国际工业设计协会联合会（ICSID）在 1980 年的巴黎年会上为工业设计作出如下定义："就批量生产的工业产品而言，凭借训练、技术知识、经验及视觉感受而赋予材料、结构、形态、色彩、表面加工及装饰以新的品质和资格，叫做工业设计。"如定义可知，工业产品设计是一门覆盖面很广的交叉学科，涉足众多学科领域，它使原本孤立的学科如物理、化学、生物学、市场学、美学、人体工程学、社会学、心理学、哲学等联系起来并相互交融，结成有机的统一体，实现了将客观揭示自然规律的科学与主观、能动的进行创造活动的艺术高度结合，如图 10-1 所示。

图 10-1　菲利普・斯塔克设计的榨汁机

20 世纪 90 年代后，全球各行业领域之间的界限变得逐渐模糊，这个现象所受到的最大刺激是设计师遇到问题时不能按照产品的类别进行硬性划分，设计师在进行设计时必须注意设计对象与其他产品之间的关系，必须跨出设计对象的范围来重新考虑问题。如设计一个杯子，并不是单纯地以是否符合人体工程学或以优美的造型为标准，而要考虑它被什么人群在什么场合下使用，要让杯子能与目标人群和使用环境相适应，亦或跳出用杯子饮水这一传统理念的束缚，考虑设计一种全新的饮水方式等。随着设计师考虑的设计范围日趋增大，出现了以品种分类的边缘的模糊化问题，各类学科也有了互相兼容的现象，即学科的交叉化，这也是现代工业设计的一个重要变化趋势。

学科交叉化和计算机的介入是对当今工业设计行业的积极影响，它们将促进设计在新的时代面前更快地向好的一面发展。当然，现代工业产品设计也存在一些问题，国际主义风格的工业产品可以批量生产，并且价格低廉，适合广大民众的需求，但它在设计过程中牺牲了民族性、地方性与个性特征，一味地追求共性。现在是工业化向信息化转型的一个阶段，从长远来看，工业产品必须拥有个性才能在激烈的市场竞争之中占有一席之地。

在工业产品设计中，从国家、地区的实际情况出发，把民族审美情绪同现代工业设计的某些因素结合起来，形成独特的工业设计体系，是工业设计的一个发展趋向。后现代主义由建筑设计产生，对严肃的现代设计的负面冲击却是难以估量的。20 世纪 80 年代后期以来，极简主义从近乎混沌的众多流派中脱颖而出，它比现代主义表现出更为强烈的感性精神追求，它不仅是一种设计风格，而且是一种生活方式，以物质享受为中心的价值观被抛弃，物欲被淡化。极简主义追求清心寡欲以换取精神上的高雅与富足，这种思想与靠消费支撑起来的资本主义经济秩序格格不入；同时，极简主义以极少的线条语言来表现丰富的空间形式，它与“兼收并蓄”的后现代主义亦是水火不容。它将自工业产品设计产生以来就不变的经典话题“简洁美”赋予了一个新的诠释，如图 10-2 所示。

iPhone 6
The Sign of Design.
With You in mind.

图 10-2　苹果 6 手机设计

目前，中国的工业产品设计行业已具有一定的规模，开办工业产品设计专业的高校与培训机构数量众多，设计人员从业者年龄结构呈年轻化趋势，设计机构呈现出多样化的模式，设计对象也比较广泛，如政府机构、信息产业、家具制造、家电产业、医疗产业、交通工具产业等。中国的企业家也认识到，工业产品设计既不是设计师满足自己表现欲望的东西，更不是简单的设计包装，而是能够提升品牌、促进销售、提高消费者满意度、增强国际竞争力的一种必不可少的手段。在设计潮流和设计风格上，中国的工业产品设计也逐渐与世界接轨，以人为本的人性化设计、绿色设计已经提上日程。此外，结合中国地域特色及民族传统元素的本土化设计探索也逐步开展起来，中国工业产品设计的国际竞争力正在与日俱增，如图 10-3 所示为具有中国特异及民族传统元素的小乾隆茶器。

图 10-3 小乾隆茶器设计

10.1.2 毕业生能力培养目标

（1）掌握相关工业造型设计专业方向领域内的基本理论和基本知识。

（2）掌握相关产品模具开发专业方向领域内的设计方法和有关技术。

（3）具备相关材料与制作工艺专业方向领域的知识和进行设计制作的基本能力。

（4）熟悉相关产品设计专业方向领域内的相关方针、政策和法规。

（5）了解相关产品设计专业方向领域内产品设计的前景、需求发展动态。

（6）具有初步的科学研究和实际工作能力，具有一定的批判性思维能力。

10.1.3 工业产品设计相关主干课程

1. 结构素描

一切物体的造型都是由形态、色彩两个基本要素组成的，怎样认识物体的形状，构成规律，用素描与平面构成的手法去认识世界和创造美的东西是本课程的主要教学目的。通过对本课的学习，一是使学生充分认识到形态与平面构成规律在产品设计中的重要作用；二是使学生掌握平面构成的基本理论知识，提高学生的构成审美能力和艺术修养；三是提高学生对平面构成的感知能力、审美能力、想象能力、艺术表现能力及创造思维能力。本课程是让学生在进入产品设计专业方向课程学习之前，学习和掌握与专业相关的“平台式”基础课，这样可以承前启后，并会促使学生提前开始进入设计师的状态。为学生的专业设计打下良好基础。

2. 设计色彩

本课程在教学计划中属于设计色彩基础课程。通过此课程学习，使学生在色彩原理、色彩的物理与生理方面有一个更科学的理解，并掌握色彩在对比、调和、情感上的表现手段。

使设计专业的学生不拘泥于具象图形的束缚，能够把色彩作为单纯的表现手段，去诠释主题和情感，学会运用更时尚的色彩搭配及组合，从绘画认知思维更快地进入设计思维，为接下来的专业设计课程打下基础。

3. 立体构成

本课程是设计基础课，它与结构素描与设计色彩一起成为设计基础的三大主要课程，是从事设计专业首先要学会运用的构成语言与构成方法。通过材料、构造所产生的造型，使学生能够创造性地运用材料、构造和造型这一基本视构造语言进行设计，创造形式美，并能提高审美能力。

4. 产品设计手绘表现技法

通过设计透视学的学习，使学生了解透视的原理；能够准确绘图，掌握素色和色彩表现的各种技法，并能熟练应用于绘制效果图中，提高学生绘图中分析产品形态和结构的能力。通过课程的学习，提高产品设计的表现技能。

5. 工业设计概论

通过学习，使学生了解工业设计历史上及现代有影响力的设计师的相关知识及其代表作品和主要思想。通过学习，要求学生能够认识到其作品的设计创意点以及作品称为经典的原因，为以后的专业设计做好专业理论积累。

6. 机械制图

本课程的任务是培养学生具有一定的空间想象能力和基本的绘图技能，具有一定的识读机械图样能力和初步的图示表达能力，通过学习计算机绘图的初步知识，能够绘制简单的图形，能识读中等复杂程度的零件图。包括想象该零件的结构形状；了解图样中有关技术要求，如表面粗糙度、极限与配合、形状和位置公差的符号及其含义。了解零件测绘的一般方法。能独立操作计算机绘图软件，绘制简单的图样。

7. 材料与工艺

材料与工艺是设计的物质技术条件，是产品设计的前提，它与产品的功能、形态构成了产品的三大要素，而产品的功能和造型的实现都建立在材料和工艺上。

明确材料与设计的关系，了解材料设计体系，掌握设计材料的基本属性和表面质感特征，把握材料工艺与产品、人、环境之间的有机联系，积极评价各种材料在设计中的美学价值。

8. 产品构造原理

产品构造原理从“多学科”的角度，将社会学、生物学、人类文化学、机械学、美学等学科相关知识有机地纳入到“产品构造原理”的研究中。内容包括：自然界和人造物的构造研究、产品构造和机构设计、构造创新设计和课题设计实例。重点探讨了折叠、契合、连接等八类构造的特点和在产品设计中的应用。

9. 人机工程学

通过人机工程学的教学，使学生了解人—机器—环境等的综合关系，解决环境艺术设计过程中如何与人体的各种要求相适应，从而使设计达到人—机器—环境—工作效能的完美协调，实现高效、安全、舒适的人机环境。该课程要求学生正确了解人机工程学系统中人的因素，使学生掌握人机界面设计原理，提高学生的作业空间环境设计能力，使学生掌握作业器具的设计方法。

10. 金工实习

金工实习是机制类专业学生熟悉冷热加工生产过程、培养实践动手能力、学习《机械制造技术基础》等后续课程的实践性教学环节，是必修课。通过实习，使学生熟悉机械制造的一般过程，掌握金属加工的主要工艺方法和工艺过程，熟悉各种设备和工具的安全操作使用方法；了解新工艺和新技术在机械制造中的使用；掌握对简单零件冷热加工方法选择和工艺分析的能力；培养学生认识图纸、加工符号及了解技术条件的能力。通过实习，让学生养成热爱劳动、遵守纪建的好习惯，培养经济观点和理论联系实际的严谨作风；并为学习《工程材料及成型工艺基础》和《机械制造技术基础》等后续课程打下良好的基础。

11. 模型制作

模型制作课程通过有步骤的课题教学训练，首先要掌握模型制作的常用材料及其特性，模型制作的制作工具的使用方法、应用范围，掌握模型制作常用技术和其他模型实现技术；更为重要的是提升脑与手的协调造型能力，加强设计的尺寸观念，锻炼学生对产品面的分析能力，能独立探究制作模型方法的能力；最终通过训练培养学生对新材料、新技术的敏感性；对模型制作的兴趣和深入学习的主动性。

12. 计算机平面设计综合训练

通过 Photoshop 的学习，使学生能以计算机辅助方法加强专业基础知识的学习，明确 Photoshop 在产品表现中的作用，全方位了解 Photoshop 的功能应用和实战技巧。了解产品设计理念和产品效果图的表现技法。能够让学生达到掌握 Photoshop 软件的功能，熟悉其界面，掌握菜单、控制面板的使用方法。熟练操作图像处理的方法与灵活运用设计创作的基本要求，从而达到专业学习的基本要求和满足市场与社会发展的需求。

13. 计算机三维造型综合训练

该课程主要介绍实现产品设计的三维数码虚拟表现方法，包括工业产品领域最常用的三维设计软件 SolidWorks 和 keyshot 的基本使用方法。主要讲解 SolidWorks 2010 二维草图的绘制、零件设计、装配体设计、创建工程图和曲面设计以及渲染效果图等内容。通过讲解要培养学生的三维空间思维能力，使学生掌握 SolidWorks 的基本操作方法，掌握 SolidWorks 创建产品模型的方法，同时能熟练运用 keyshot 进行渲染。使学生能够独立完成从二维草图绘制到创建模型并最后生成效果图的整个过程。

14. 产品包装设计

该课程会介绍包装设计的分类、文字表现、色彩表现、包装结构及制作方法。学生通过学习此课程了解包装设计的形式与表现手法，掌握包装设计的表现语言并锻炼学生设计的独立、综合思维能力。对于产品设计的学生，课程侧重内容产品与包装结构的协调与统一，色彩的相关性及如何更好地传达产品的特点。

15. 产品开发与创业演习

通过该课程，学生可以融入到专业教师的设计项目中去，或者去设计公司实习。目的是让学生跟专业教师及行业进行比较密切的接触，进行专业实战演练或者专项研究。

10.2 工业产品设计方向毕业设计实例（论文部分）

工业产品设计方向的毕业论文/设计是以大学四年本科专业学习为基础，学生根据自己的意向、兴趣以及在平时的不断积累与思考，对自己研究的课题进行研究、调查、分析总结、进行论证和设计的过程。工业产品设计方向的毕业设计包括毕业论文的撰写及实例设计两个部分，是大学学习生活中非常重要的一个环节。本节将采用实际的案例详细介绍工业产品设计方向毕业论文的撰写与工业产品的设计过程。

《斯堪的纳维亚家具设计与明清家具设计的异同》

1．毕业设计任务书

毕业设计任务书如表 10-1 所示。

表 10-1　××××大学毕业论文（设计）任务书

<table>
<tr><td>姓　　名</td><td>×××</td><td>学　　号</td><td colspan="2">×××××××××</td><td>系　　别</td><td>工业与艺术设计系</td></tr>
<tr><td>专　　业</td><td>工业设计专业</td><td>年级班级</td><td colspan="2">××级×班</td><td>指导教师</td><td>×××</td></tr>
<tr><td>论文题目</td><td colspan="6">《斯堪的纳维亚家具设计与明清家具设计的异同》</td></tr>
<tr><td>任务和目标</td><td colspan="6">1．毕业设计（论文）的任务
1．远古时期斯堪的纳维亚家具的历史与风格
2．纳维亚家具的风格设计的功能需求
3．我国明代家具设计的历史与风格
4．明代家具设计的功能需求
5．斯堪的纳维亚家具设计与明清家具设计的异同
2．毕业设计（论文）的目标
借鉴斯堪的纳维亚家具设计的成功设计，与中国传统家具设计在现代产品设计中如何应用是本文研究的目标</td></tr>
<tr><td>基本要求</td><td colspan="6">论文撰写应在指导教师指导下独立完成，论文应做到中心突出，层次清楚，结构合理；必须观点正确，论据充分，条理清楚，文字通顺；并能进行深入分析，见解独到。同时论文字数不得少于 5000 字，还要有 300 字左右的论文摘要，关键词 3～5 个（按词条外延层次，由高至低顺序排列）。最后附上参考文献目录和致谢辞</td></tr>
<tr><td>研究所需条件</td><td colspan="6">1．具备足够的专业基础知识
2．具备搜集资料的网络、图书馆等资源和条件</td></tr>
<tr><td rowspan="8">任务进度安排</td><td>序号</td><td colspan="3">主要任务</td><td colspan="2">起止时间</td></tr>
<tr><td>1</td><td colspan="3">任务书下达、毕业设计正式开始</td><td colspan="2">2013.11.1～2013.11.12</td></tr>
<tr><td>2</td><td colspan="3">完成文献综述、开题报告</td><td colspan="2">～2013.12.10</td></tr>
<tr><td>3</td><td colspan="3">完成需求分析</td><td colspan="2">～2013.12.24</td></tr>
<tr><td>4</td><td colspan="3">完成论文二稿或中期检查</td><td colspan="2">～2014.4.1</td></tr>
<tr><td>5</td><td colspan="3">上交论文成稿</td><td colspan="2">～2014.4.13</td></tr>
<tr><td>6</td><td colspan="3">设计类论文上交程序代码</td><td colspan="2">～2014.4.15</td></tr>
<tr><td>7</td><td colspan="3">论文答辩</td><td colspan="2">～2014.4.20</td></tr>
<tr><td>指导教师签字</td><td colspan="3"></td><td>日期</td><td colspan="2">年　　月　　日</td></tr>
<tr><td>系部领导签章</td><td colspan="3"></td><td>日期</td><td colspan="2">年　　月　　日</td></tr>
</table>

2．文献综述

文献综述如表 10-2 所示。

表 10-2 ××××大学毕业论文（设计）文献综述

<table>
<tr><td>姓　　名</td><td>×××</td><td>学　　号</td><td>×××××××××</td><td>系　　别</td><td>工业与艺术设计系</td></tr>
<tr><td>专　　业</td><td>工业产品设计</td><td>年级班级</td><td>××级×班</td><td>指导教师</td><td>×××</td></tr>
<tr><td>论文题目</td><td colspan="5">《斯堪的纳维亚家具设计与明清家具设计的异同》</td></tr>
<tr><td>查阅的主要文献</td><td colspan="5">[1] 王受之．世界现代设计史[M]．北京：中国青年出版社，2002．
[2] 王受之．白夜北欧——行走斯堪的纳维亚设计[M]．哈尔滨：黑龙江美术出版社，2006．
[3] 张道一．走进人化的自然：设计艺术经典论著选读［M］．南京：东南大学出版社，2011．
[4] 王世襄．明式家具珍赏[M]．北京：文物出版社，2003．
[5] 陈进海，李正安．陶瓷的现代设计[M]．长沙：湖南美术出版社，1998．
[6] 曾坚，朱立姗．北欧现代家具[M]．北京:中国轻工业部出版社，2002．
[7] 张檵．明代家具对欧洲近现代设计的影响[J]．包装工程，2007（10）．
[8] 朱会平．瑞典设计[M]．北京：中国建筑工业出版社，2005
[9] 许佳．斯堪的纳维亚设计流派艺术风格及生活观对其影响[N]．东南大学博士学位论文，2004．
[10]（德）波尔斯特．北欧设计图典[M]．北京：机械工业出版社，2009．
[11] 孙娜蒙．北欧室内人性化设计发展研究，2007．
[12] 易晓．北欧设计的风格与历程[M]．武汉大学出版社，2005．
[13] 易晓，郝健．北欧民主设计[N]．山东工艺美术学院报，2002．
[14] 李颖．北欧家具设计的审美特征[N]．武汉科技学院学报，2008．
[15] 易晓．趋同性与多元化——斯堪的纳维亚现代设计风格演变探[D]．清华大学学位论文，2002．
[16] 薛野．中国明代室内软装饰初探[N]．苏州大学学位论文，2007．</td></tr>
<tr><td>文献综述</td><td colspan="5">一、前言
查阅的文献综述中了解到远古时期的家具只能在功能上简单满足人们的生活需求，而现代的家具除了要满足功能上的需求外，更加注重使用者心理上的需求。随着社会的发展，科学技术的不断创新和提高，以及生活方式的巨大变化，家具再也不是简单的功能需求品和填充空间的“道具”，它已经化身为人们生活中不可缺少的审美需求与个性的象征。如今，在竞争激烈的市场经济中，现代家具要使自身处于不败之地，就必须不断推陈出新，努力寻求设计上的创新与突破，来满足人们日益变化的消费水平和使用心理。
二、《家具创新设计》的背景
对传统家具艺术进行改良和创新，是我国古典家具制造行业可持续发展的前提，目前我们所处的时代是一个改革开放、迅猛发展的信息科技时代，当今社会无论是居室空间、房屋结构或生活方式，与明清时期相比都产生了巨大的变化，家具作为与日常生活紧密相连的物品，是与当代生活紧密相连的，不能脱离时代的需求。那么，在现代生活中，传统风格的红木家具是仅仅作为收藏欣赏的对象，还是应该成为具有实际生活使用功能的家具呢？应该是两种都需要，既需要原汁原味地展现传统家具艺术样式，也需要在传统家具风格的基础上进行改良更新，使其适宜现代生活。
三、结束语
《斯堪的纳维亚家具设计与明清家具设计的异同》属于产品设计范畴。通过这段时间的设计和论文撰写过程，我查阅、研究了大量的相关文献，分析相关领域的特色资料并结合实际，在老师的指导下，我对《斯堪的纳维亚家具设计与明清家具设计的异同》有了更深入的了解，虽然时间和本人水平有限，这个设计还有许多地方有待改进。但这次毕业设计对我来说是对大学学习阶段的一次全面检查，使我在大学阶段学习的理论在毕业设计中得到了实际应用，使即将步入社会的我积累了很多经验</td></tr>
</table>

续表

备注	
指导教师意见	指导教师签字： 年　月　日

3. 论文开题报告

论文开题报告如表 10-3 所示。

表 10-3　××××大学毕业论文（设计）开题报告

姓　名	×××	学　号	×××××××××	系　别	工业与艺术设计系
专　业	工业设计专业	年级班级	××级×班	指导教师	×××
论文题目	《斯堪的纳维亚家具设计与明清家具设计的异同》				
选题依据与意义	**一、学术价值、应用价值** 1. 斯堪的纳维亚的设计源自于地球上的这个地方，这里一年中的一半时间是漆黑的冬夜，而剩下的一半时间却又被持续不断的白昼所占据，这里就是斯堪的纳维亚设计的发源地——北欧。优越的社会条件和贴近自然的生活习惯，使人们更加注重生活质量及品质细节，所以在挑选物品时，舒适度总是首先考虑的因素。这种标准影响到他们生活中的每一个细节，小到一个勺子，大到一辆汽车。 斯堪的纳维亚设计奠定完成了功能主义思想的基础，并且将这一思想在以后的设计实践中发挥、创造到尽善尽美。他们没有一味地模仿和沉沦在这股国际风格中，而是积极进行探索和改革，最终成就了今天享誉世界的斯堪的纳维亚设计风格。斯堪的纳维亚是现代主义的拥护者，更是现代主义的改革者，它以独具特色的斯堪的纳维亚设计风格征服了全世界，并且一直在继续和深入这个完美的理想，在以信息社会为标志的新世纪里继续成为设计最重要的主流方向之一。斯堪的纳维亚设计以典雅、自然、温馨、简洁享誉全世界，在这些设计特征和面貌的背后，是斯堪的纳维亚设计师们源于自然的美学和为生活而进行设计的设计原则和设计本质。其特色是简约、实用以及基于人类工程精细的现代设计。斯堪的纳维亚家具与明代家具虽然身处时代不同，但是在设计理念上是相同的，都是为了人们的生活起居并且力求简洁。 近年来，我国的明式家具已经引起了国内外收藏界以及艺术界的关注，在国外有很多艺术机构专门研究明式家具，我在国外也看过一些西方艺术家按照明式家具的一些外部造型特征创作的明式家具艺术作品，在国内也有些现代板式家具借用了明式家具的局部的形式，这些都说明了我国传统家具艺术的影响力日益扩展。但是以上说的这两类家具不应该属于传统家具创新设计的范畴，如果抛弃了榫卯结构以及传统的制作工艺，而且不能展现明清家具的神韵，单纯从外在的造型去拼凑模仿，为了创新而创新，刻意去标新立异，那么这种方式不属于传统家具创新设计的范围。我们要继承古代传统，但也不能背离当前的时代需求，而是应该继承传统家具的精华，结合当今生活需求和这一时代的文化背景，在外部造型、内部结构、使用功能、制作工艺、雕刻装饰、家具用材等方面进行创新设计。明清家具的设计是艺术品，有着历史价值。将中国的民族特色创新运用到现代家具中是本课题的学术价值。				

续表

选题依据与意义	2．应用价值 研究、借鉴与学习斯堪的纳维亚设计的成功之处，坚守自己设计的风格、传统，这样才能设计出既具有世界化魅力又能以自己的文化影响世界的作品。这不是单纯地复古，我国的设计只有扎根中华民族五千年文化的深厚土壤中，而不是抄袭国外，才能尽早在世界设计领域脱颖而出，实现设计界的“中国梦”。 **二、国内外研究现状分析** 查阅相关资料，显示国内外与此相关的研究记载，国内外对这两种家具风格有了大量探析与研究。两种家具的风格虽然各有特色，但是在当今追求以人为本的社会，斯堪的纳维亚这种风格与艺术装饰风格、流线型风格等追求时髦和商业价值的形式主义并不同，它不是一种流行的时尚，而是以特定文化背景为基础的设计态度的一贯体现。这些国家的具体条件不尽相同，因而在设计上也有所差异，形成了“瑞典现代风格”、“丹麦现代风格”等流派。但总体来说，斯堪的纳维亚国家的设计风格有着强烈的共性，它体现了斯堪的纳维亚国家多样化的文化、政治、语言、传统的融合，以及对于形式和装饰的克制，对于传统的尊重，在形式与功能上的一致，对于自然材料的欣赏等。斯堪的纳维亚风格是一种现代风格，它将现代主义设计思想与传统的设计文化相结合，既注意产品的实用功能，又强调设计中的人文因素，避免过于刻板和严酷的几何形式，从而产生了一种富于“人情味”的现代美学，因而受到人们的普遍欢迎。 目前，国内外已经将中国明清家具作为一门独立的艺术形式予以研究，因此在后期的发展中会越来越注重具有创新设计意识的家具作品，传统家具设计师也会与其他艺术门类的艺术家一样享有同等的地位，受到尊重和推崇，不同层次设计师设计制作的仿古家具，会赋予不同的价值。这也是我国传统家具发展非常重要的一个阶段，应该予以重视
研究内容	1．斯堪的纳维亚风格简介 1.1　历史 1.2　地理因素 1.3　文化底蕴 1.4　芬兰设计师阿尔瓦·阿尔托 1.5　包豪斯对其影响 2．斯堪的纳维亚家具设计简介 2.1　参展 2.2　丹麦设计师 3．明清家具简介 3.1　明清家具的历史 3.2　王世襄品评明代家具 4．二者相似之处及原因 4.1　用材上都以木材为主及原因 4.2　风格上都追求简约自然及原因 4.3　制作方法上都注重手工技艺及原因 4.4　家具结构上都运用了榫卯结构及原因 5．二者的差异 5.1　所处时期不同 5.2　设计风格形成的社会原因不同 5.3　对外部设计思想的学习态度不同及原因 5.4　使用材料不尽相同及原因 5.5　结构不尽相同 5.6　造型风格不同及原因 5.7　是否有成名的设计师不同及原因

续表

<table>
<tr><td>研究方案</td><td>一、本课题研究的目标
课题研究方案：（查阅资料、市场调研、同导师探讨、课题组研讨）
为获得较好的研究效果，在本论文的研究过程中对多种研究方法进行了综合应用，主要有以下几种：
1．市场调研法。运用各种定量、定性化的统计手段对收集到的各类资料信息进行分析。
2．文献归纳法。文献研究是本研究的一种重要方法。收集国内外传统家具设计的功能有何不同，并如何结合到现代家具设计中。将这些资料加以分析、归纳，从中找出带有普遍性的问题和有价值的观点作为研究的基础。运用这种方法可以找出研究的各种理论视角，有助于把握各种理论的发展脉络，从而为本文的研究奠定一定的理论基础。
3．与导师和课题组成员探讨法。是对国内外传统家具功能在不同时期、地点、情况下的不同表现进行分析比较，以找到其发展的可能性，从而得出符合客观实践的结论。
二、本课题研究的价值
1．理论研究价值
通过研究探寻斯堪的纳维亚家具设计与明清家具设计的异同，对国外成功地将传统与现代设计相结合的案例做了细致的研究分析，分析了我国明代家具的设计及现代家具设计如何能更好地结合起来，对承接和发扬我国优秀传统手工艺与现代家具如何对接将有很重要的理论研究价值。
2．现实指导价值：研究结果将指导设计师对我国传统家具有了深入的了解，并如何将其运用到现代家具设计中，使其有一定的现实指导意义。
三、本课题研究要解决的问题
1．分析国外优秀的传统家具与现代家具设计的成功案例，找到突破口。
2．将我国传统的家具设计与当代家具设计相融合。
3．如何将传统与现代家具设计融合、发扬，让我们的设计走出国门，面向世界。
四、本课题的研究方法
通过查阅相关的资料来确定本课题的研究方法。
1．吸收国内外的经典案例，对与我国明代传统的家具设计的异同进行研究改进分析。
2．对不同时期的社会原因、材料、结构、造型风格进行调查分析，进行分析报告总结。
3．与导师共同探讨并分析课题研究的需求所在，进行功能的完善</td></tr>
<tr><td>写作进度安排</td><td>1．2013 年 10 月－2013 年 11 月，方案研究的初步构想，完成文献综述及开题报告。
2．2013 年 11 月－2013 年 12 月，方案研究的进一步深入构思，与平面的空间布局分析。
3．2014 年 3 月－2014 年 4 月，方案的模拟空间建立，与分析结果的相互融合，完成论文二稿或中期检查。
4．2014 年 4 月－2014 年 5 月，完成整个方案的平面布局，模型制作，表现制作，上交论文成稿。
5．2014 年 4 月－2014 年 5 月，设计类论文上交程序代码，并完成测试、验收</td></tr>
<tr><td>指导教师意见</td><td>指导教师签字：
年　　月　　日</td></tr>
<tr><td>系学术委员会意见</td><td>主任签章：
年　　月　　日</td></tr>
</table>

4. 论文中期报告

论文中期报告如表 10-4 所示。

表 10-4 ××××大学毕业论文中期报告

学生名字	×××	学号	×××××××××	指导老师	×××
论文题目	《斯堪的纳维亚家具设计与明清家具设计的异同》				
论文中期完成情况	**一、前期工作简述** 论文的前期工作主要完成了任务书、文献综述和开题报告的撰写，并对斯堪的纳维亚家具设计与明清家具设计的异同进行了研究探索，结撰写论文的结构进行总体设计。 **二、解决的问题及解决办法** 通过查阅大量的文献资料，运用分析比较法，找到了国内外两种传统家具的设计风格、材料运用、结构设计、工艺制作的异同， **三、尚存在的问题及解决方案** 论文中论点的实例，需要收集具有代表性的案例进行验证。 **四、后期工作安排** 2014 年 1 月 13 日－2014 年 3 月 15 日，进行代码后期书写调试，撰写论文； 2014 年 3 月 16 日－2014 年 4 月 11 日，上交论文初稿以及论文修改； 2014 年 4 月 12 日－2014 年 4 月 13 日，上交论文成稿				
完成情况评价	1．按计划完成，完成情况优（ ） 2．按计划完成，完成情况良（ ） 3．基本按计划完成，完成情况合格（ ） 4．完成情况不合格（ ） 补充说明： 指导教师签名： 年 月 日				

5. 论文封皮

论文封皮示样图如图 10-4 所示。

××××大学

毕 业 论 文（设 计）

题　　目：《斯堪的纳维亚家具设计与明清家具设计的异同》

系　　部：工业与艺术设计系

专　　业：工业设计专业

班　　级：××级×班

学　　号：×××××××××

姓　　名：×××

指导教师：×××

完成日期：××××年××月××日

图 10-4 论文封皮示样图

6. 论文诚信声明和版权说明

论文诚信声明和版权说明如图 10-5 所示。

毕业论文（设计）诚信声明书

本人声音：我将提交的毕业论文（设计）《斯堪的纳维亚家具设计与明清家具设计的异同》是我在指导教师的指导下独立研究、写作的成果，论文中所引用他人的无论以何种方式发布的文字、研究成果，均在论文中加以说明；有关教师、同学和其他人员对本文的写作、修订提出过并被我在论文中加以采纳的意见、建议，均已在我的致谢辞中加以说明并深致谢意。

论文作者：×××　　　（签字）时间：　　年　月　日

指导教师已阅　　　　（签字）时间：　　年　月　日

毕业论文（设计）版权使用授权书

本毕业论文（设计）《斯堪的纳维亚家具设计与明清家具设计的异同》是本人在校期间所完成学业的组成部分，是在××××大学教师的指导下完成的，因此，本人特授权××××大学可将本毕业论文（设计）的全部或部分内容编入有关书籍、数据库保存，可采用复制、印刷、网页制作等方式将论文文本和经过编辑、批注等处理的论文文本提供给读者查阅、参考，可向有关学术部门和国家有关教育主管部门呈送复印件和电子文档。本毕业论文（设计）无论做何种处理，必须尊重本人的著作权，署明本人姓名。

论文作者：×××　　　（签字）时间：　　年　月　日

指导教师已阅　　　　（签字）时间：　　年　月　日

图 10-5　论文诚信声明和版权说明

7. 论文正文

《斯堪的纳维亚家具设计与明清家具设计的异同》

【中文摘要】

斯堪的纳维亚家具设计与明代家具设计有诸多异同，对二者的辨析可以给我国当代的设计以启发。二者的相似之处如用材上都以木材为主，风格上都追求简约自然、装饰性少，制作方法上都注重手工技艺相似等；也有诸多不同之处，如所处历史时期不同、设计风格形成的社会原因不同、使用材料和结构不尽相同、造型风格不同、对外部设计思想的学习态度不同、是否有成名的设计师不同、是否可以批量生产不同、在当今世界的影响不同等。

【关键词】斯堪的纳维亚家具设计；明代家具设计；异同

【Abstract】

There are many similarities and differences between the Scandinavian furniture design and the Ming dynasty furniture design, The differentiate and analyse of them can give good summary and a great inspiration to China's contemporary design. The similarities of both is such as material is give priority to with lumber,the pursuit of simple natural style, less decorative, pay attention to manual skill on production methods, and so on. And they also have many differences, such as in different historical periods, different design style formation of the social reasons, the use of materials and different structure, different style, the thought of learning attitude to the external design is different, whether there is a famous designer is different, whether can be volume production is different, the influence in today's world is different, and so on.

Key words: Scandinavian furniture design; In the Ming dynasty furniture design; Similarities and differences.

前 言

工业设计是一门综合性很强的学科，它涵盖众多的知识，涉及到社会、文化、经济、市场、科技等诸多方面，其研究内容和服务对象与消费者息息相关，审美标准因诸多因素的变化而改变。设计要求新、求异、求变，只有设计的新颖、符合消费者的需求、具有设计内涵、符合人类可持续发展理念的设计，才是成功的设计。而家具是与人们的生活息息相关的产品，可以说自从有了人类的起居活动开始，就有了家具的雏形。远古时期，家具只能在功能上简单满足人们的生活需求，而现代的家具除了要满足功能上的需求外，更加注重使用者心理上的需求。随着社会的发展，科学技术的不断创新和提高，以及生活方式的巨大变化，家具再也不是简单的功能需求品和填充空间的“道具”，它已经化身为人们生活中不可缺少的审美需求与个性的象征。如今，在竞争激烈的市场经济中，现代家具要使自身处于不败之地，就必须不断推陈出新，努力寻求设计上的创新与突破，来满足人们日益变化的消费水平和使用心理。

第 1 章　斯堪的纳维亚风格简介

1.1　历史

工业革命以来，英国工艺美术运动对法国的新艺术运动产生了影响，同时瑞典、丹麦、芬兰也产生了适合自己的新艺术运动。主要体现在家具、装饰品设计以及传统工艺品设计上，并建议政府部门制定了政策以保护传统工艺在工业化发展的同时不受损害，时至今日，在与生活相关领域的设计已达到世界一流水平。

斯堪的纳维亚指北欧五国：丹麦、挪威和瑞典及与其历史、文化背景相近的芬兰和冰岛。这些国家地处欧洲西北角，由于地理原因，冬季和黑夜漫长，阳光缺乏并且气候条件寒冷，人们需要长时间在室内度过，所以斯堪的纳维亚人对室内环境、家具都向往温暖、自然、明亮的设计。于是，简洁、温暖、人情味就成了斯堪的纳维亚设计的主要风格。从设计师对人机工程学的研究也能看出，斯堪的纳维亚设计是为人们的方便生活考虑。

1.2　地理因素

“一方水土养一方人”，地理环境对当地的设计有很大的影响，斯堪的纳维亚地区森林分布广，木头给人的感觉温暖、自然，于是木材就自然而然成了主要原料。斯堪的纳维亚地区特别讲究好的设计，而且是人人都觉得好的。设计已融入他们的文化，成为其重要组成部分。家具设计更像是融入了斯堪的纳维亚人的血液，成为了他们的生活习惯，斯堪的纳维亚人都懂一些设计。挂毯、亚麻、棉织物等自然、温暖的配饰也是斯堪的纳维亚风格的基本元素。加上斯堪的纳维亚地处偏远地区，较少受到其他国家风格的影响，所以能始终保持他们设计的主要风格——充满人情味的简洁设计。

斯堪的纳维亚从工业化一开始就已意识到必须把传统的手工艺与现代先进的科技相结合，重视传统手工业。在之后的现代主义活跃之时，斯堪的纳维亚也能设计出引人注目的具有自己风格特色的作品，并享誉全世界。

1.3　文化底蕴

斯堪的纳维亚地区长期的边缘化，使其很少受到外来文化的侵略。当地的设计风格朴素，注重实用功能，历史悠久、手法精湛的手工艺传统能够高度融合。该地区各国为大众服务设计的思想深入人心。在斯堪的纳维亚传统中，几乎是出于本能地认同和提倡为大众服务，就是这天时地利造就了斯堪的纳维亚设计的成功之路。20 世纪 30 年代，斯堪的纳维亚设计开始影响世界。50 年代，芬兰风（Finnish Flair）刮遍全球，使斯堪的纳维亚设计对世界的影响更加深远。

1.4　芬兰设计师阿尔瓦·阿尔托

其中芬兰的现代主义奠基人之一阿尔瓦·阿尔托的现代设计思想对现代设计思想体系的形成有着重要的意义。阿尔瓦·阿尔托把现代主义的单调和他的有机装饰形态高度统一。所谓的现代主义设计，其特点是单调的功能主义、原色方案、高度理性和民主主义。现代主义设计是真正的现代设计的开端，它肯定工业化批量生产，考虑人民的利益。但将其高度理性、冷漠的色彩、单调的形式、没有人情味的风格运用到家居上，就很难迎合人们的审美和心理需要。而斯堪的纳维亚的设计大师们，尤其是阿尔瓦·阿尔托，却很好地把现代主义的功能主义特点和传统工艺、有机形态相融合，不仅在设计上简洁典雅、轻松流畅、有人情味、自然温馨，同时也注重功能。两种风格的完美结合既有实用价值，适合批量化生产，又有极高的审美情趣。

阿尔瓦·阿尔托对现代主义设计的人情化改良十分显著，结合得很有艺术高度，他很擅长使用对比手法于设计中，这也正是其设计不会单调无趣原因之一。他热爱木结构和木结构部分的表现，不仅喜爱单一种艺术形式，1929 年－1933 年，其建筑作品《帕米欧疗养院》在当时立即成为现代建筑的杰作之一，也确立了芬兰的功能主义设计思想的国际地位。如论文图 1-1 所示。在这以后的斯堪的纳维亚国家也有许多杰出的设计大师，他们都强调现代主义的功能原则，但同时将传统与现代、自然结合，奠立了斯堪的纳维亚设计风格。

论文图 1-1　帕米欧疗养院

1.5　包豪斯对其影响

20 世纪 20 年代后期，虽然受到包豪斯所推崇的功能设计的影响，但是斯堪的纳维亚设计没有完全推崇模仿包豪斯，没有像包豪斯那么强硬，却因此更加明确了自身以人情味、功能主义为设计风格的发展方向，形成了“柔软的包豪斯风格”。

斯堪的纳维亚国家文化背景相似中带着不同，没有一模一样的文化背景。在这种文化背景相似又不同的情况下，每个斯堪的纳维亚国家的设计也是共性中有着自己独特的风格，很有辨识度，形成了“瑞典现代风格”、“丹麦现代风格”等流派。

第 2 章　斯堪的纳维亚家具设计简介

2.1　参展

斯堪的纳维亚风格能有如此大的影响，与其参加了很多会展有一定关系。瑞典是斯堪的纳维亚各国中最先发展功能主义的国家，1917 年瑞典举办的“家庭日用品展”就是其中的一次将理论付诸实践的积极行动。设计师西蒙・盖特（Simon Gate）和爱德华・霍德（Edward Hald）创造了陶瓷设计史上的奇迹，他们设计的薄型雕刻玻璃（如论文图 2-1 所示），当时被认为是“瑞典式典雅（Swedish Grace）”的代表性作品和重要组成部分。1925 年，“瑞典式的优雅”和“瑞典式的现代”（节俭、中用、色彩典雅、作品材质自然，具有清新的色调和朴素的装饰）便是瑞典设计的标志性特点。传统和自然形态与现代化的功能主义原则完美结合，这就是瑞典的风格，而不是其他风格，简单、摩登成为瑞典家具的主要风格。瑞典人通常喜欢用当地木材为原料制作家具。有时候会被丹麦所影响，使用柚木、紫檀木等珍奇木材。

2.2　丹麦设计师

1925 年，丹麦功能主义设计确立，丹麦设计大师保尔・汉宁森（Paul Henningsen）展示的 PH 灯声名大噪，获得展会金奖，这成为了二战前丹麦最著名的功能主义作品，如论文图 2-2 所示。PH 灯不管从哪一个角度都看不到光源，保护眼睛，并且灯光营造出一种柔和、舒适的阴影效果，完全就是充满人情味的设计作品。就像保尔说的：“驾驭灯光就像在驾驶一辆汽车，各方面的状况都必须达到最好。”丹麦设计的精髓不言而喻，以人为本，线条、结构等一切都从人体结构出发。丹麦设计师凯尔・柯林特（Kaare Klint）为求在比例和尺寸上精益求精，在设计前画出各种人体素描来研究座椅的实用功能，对丹麦现代设计做出了重要的贡献。他的设计能将传统与现代技术相结合，在体现传统的同时又注重功能主义。丹麦家具设计是极简主义的巅峰，丹麦家具设计师汉斯・瓦格纳（Hans Wegner）以简洁造形、感性的线条、高标准的品质，设计出许多具有丹麦风格的经典作品。汉斯・瓦格纳的设计以恬静、富有韵味而著称，将手工艺美观与现代化的机械化生产结合，作品更精细、更具协调性。

论文图 2-1　薄型雕刻玻璃

论文图 2-2　PH 灯

芬兰是斯堪的纳维亚各国中最晚进入现代化的国家，但是这并没有影响到芬兰的设计。芬兰并不特别重视手工艺传统，这使其不受传统的束缚，拥有更加大胆的设计。也是由于环境因素，芬兰文化的特性使其没有受到巴洛克、洛可可等风格的影响，设计保持自然淳朴同时充满现代感强的风格。

第 3 章　明清家具简介

3.1　明清家具的历史

设计离不开环境。在中国传统文化中，木象征着生生不息、轮回永生的生命。树木有生命，古代建筑更多的是象征，象征了贵族的兴旺、衰败。除去文化因素，木材取料、运输比石材方便，所以大多数的中国古代建筑都是以木材为原料。

从古至今，中国人对木头的情感在家具上表现得淋漓尽致，喜欢用一些有特殊性质的木头为原材料。比如用老鹰茶树做碗柜，这是因为这种木材有防止食品变质的功能；用檀木作斧头的手柄，因为它木质坚硬不易变形，更能保证使用者的安全。

明代是中国家具设计的巅峰时期。由于明代当时的社会风向和潮流指标，家具大多数以硬木作为原材料，例如黄花梨、紫檀等优质的木材，即使不是硬木，也多选择名贵的木材，如楠木、黄杨木等。加上当时的文人参与到了设计、制作中，将其文化内涵与对美的理解、长幼尊卑的传统和中庸的儒家思想完全融入到家具的造型以及选料中，明代家具是当时人文素质的体现。明代家具的经典明式圈椅，直线与曲线的结合刚柔并济，下方上圆的设计充分显示出了儒家温和敦厚的审美观、礼的中庸含蓄的文化特点（正襟危坐），如论文图 3-1 所示。

论文图 3-1　明式圈椅

3.2　王世襄品评明代家具

王世襄品评明代家具十六品：简练、淳朴、厚浊、凝重、雄伟、圆浑、沉穆、浓华、文绮、妍秀、劲挺、柔婉、空灵、玲珑、典雅、清醒；八病是繁琐、赘复、臃肿、滞郁、纤巧、悖谬、失位、俚俗。

明代家具的风格是“高雅”，造型简洁，以曲线、直线为主。由于明代家具风格受到儒家、道家思想的影响，儒家讲究中庸，道家讲究“无为而治”“无欲则刚”，所以明代家具给人的感觉是一种温和敦实且简洁得恰如其分的自然美。

第 4 章　二者相似之处及原因

4.1　用材上都以木材为主及原因

明代椅子用材多为高级硬木，如黄花梨、红木、紫檀等，原因在于：一方面，中国传统五行文化中，木代表东方和春天，象征生生不息，木主仁，其性直，其情和，古代家具同古代建筑一样，代表一个家族的兴旺；另一方面，明代郑和下西洋，加强了与东南亚各国的贸易往来，从而使这里出产的优质木材为明代椅子所用。

斯堪的纳维亚也多用木材，原因在于该地区的地理位置极为特殊，地处北极圈附近，其特点之一是森林茂密，平均覆盖率达 50%，森林工业为重要经济部门。

4.2 风格上都追求简约自然及原因

明代工匠们在制作椅子时，多以天然面目示人，充分显示木材的天然色泽和自然纹理，疤节仍在；制作工艺精湛，多数不加漆，不上色，不作大面积装饰，很少滥施雕琢，只局部能见细致的雕刻。原因在于：一是木材本身的色调和纹理已具审美特性。古人说："丹漆不文，白玉不雕，宝珠不饰，何也，质有余者不受饰也。"二是中国文化传统使然。儒家讲究克己复礼、修身内省；道家讲究道法自然，大巧若拙，有无相生，以少胜多；佛家讲究四大皆空。这些意识形态在家具上的表现就是以简洁胜过奢靡的装饰、以简洁克制过多的欲望，形成了"清水出芙蓉，天然去雕饰"的对美的追求，如论文图 4-1 所示。

斯堪的纳维亚的设计风格是造型简洁优雅，注重美感的同时注重人机工程，不大量依赖装饰；大量地使用自然材料，具有亲切感和人情味。如论文图 4-2 所示。

论文图 4-1　四出头官帽椅

论文图 4-2　克兰特设计的躺椅

4.3 制作方法上都注重手工技艺及原因

明代处于封建社会的农业化国家，没有接触到工业化，绝大多数产品当然都是手工技艺。斯堪的纳维亚国家在一战前多为农业国，手工艺的传统非常强烈。以至于到了现当代设计阶段，家具设计仍注重对传统手工艺的继承和发扬，注重把现代设计和传统手工相结合。

4.4 家具结构上都运用了榫卯结构及原因

中国木工创造出传奇般的榫卯结构，这种连接方法有很多精妙之处：首先，很好地限制了木件向各个方位的扭动；其次，金属容易锈蚀或氧化，而真正的实木可以使用几百年或上千年。这种工艺在郑和下西洋后传到了海外，尤其在斯堪的纳维亚的家具中广泛运用。

第 5 章 二者的差异

5.1 所处时期不同

明代家具设计从公元 1368 年至 1644 年，处于封建社会的繁荣时期。

斯堪的纳维亚设计风格形成于 19 世纪末，工业革命之后，至今畅行不衰，处于资本主义社会。两者相距 400 年之久。后者从前者借鉴颇多。

5.2 设计风格形成的社会原因不同

明代椅子的成功在于社会重视程度在该时期的转变。政治上，明中晚期科举制度不合理，许多文人看不到考取功名的希望，便全身心地投入艺术创作来转移注意力，其中包括参与椅子的制作，从而促进了家具风格的成熟；工匠为官方服役的同时还可以单独的从事手工艺活动，这也为手工业的发展提供了条件；意识形态上，一直为文士所遵循的程朱理学遭到反驳，阳明心学成为文士追随的价值观，历代传统的“重文薄技”观念越来越薄弱，人们不再轻商和工；技术上，一批高水平的与家具有关的专业书籍问世，如《天公开物》、《园治》等，使家具制作技术得到了总结、提高和推广。

斯堪的纳维亚的成功在于国家及全民对设计的重视。家具设计教授里奥·威勒海蒙先生说：“我们可以宣称，我们更重视设计文化，也许世界上没有哪一个国家会像我们这样重视设计，设计是我们民族的基石。”

5.3 对外部设计思想的学习态度不同及原因

明代椅子设计中对外部设计思想的借鉴学习很少。原因在于自古以来，中国是一个农耕社会，自给自足的农耕经济使其对于现代化科技看得很轻；中国素有文明古国之称，在五千年的历史中，大多数时间领先于世界，特别是家具方面更是如此，这也使得中国人对海外的文化习惯性地轻视。

斯堪的纳维亚在设计方面的对外学习中不卑不亢。在工业革命的进程中，英、法等国在初期开展了工艺美术运动和新艺术运动，表现出与工业化的对抗。而斯堪的纳维亚国家并未出现类似的强烈冲突，手工艺和现代化一直处于和谐共处的状态中。

5.4 使用材料不尽相同及原因

明代椅子的材料基本都是没有经过化学加工过的原始木材。其原因在于当时所处的时代还没有迎来工业革命，没有可以加工的科技。

斯堪的纳维亚的家具除了使用没有化学加工过的原始木材外，还有经过化学加工的木材（如压弯成型木材、层积木、胶合板）和非木材（如皮革、织物、纤维织条、藤、竹、泡棉），局部采用现代新型工业化材料，如雅各布森设计的“蛋”椅和“天鹅”椅。其原因在于，当时所处的历史时期已经历了工业革命，新材料和新技术相继出现。这再一次证明设计要受到材料和技术的制约。

5.5 结构不尽相同

明代家具多采用节点设计，榫卯大量被使用而少用或不用钉和胶。

斯堪的纳维亚椅子除了用榫卯结构外，还使用钉和胶或一次成形工艺。

5.6 造型风格不同及原因

明代椅子的造型或上圆下方（如圈椅）或上下皆方正（如官帽椅、灯挂椅、太师椅等）；靠背多使用 S 曲线，与人体自然曲线高度吻合，充满了实用性，这优美的线条更曾被西方科学家誉为东方最优美、最科学的明代曲线。这一方面源于中国的人本思想“仁者，爱人”，另一方面源于中国的礼教思想“天圆地方”“没有规矩，不成方圆”。

斯堪的纳维亚椅子的造型或成有弧度的曲线，或更趋于有机形态，这源于该地区自然至上的民族观念。

5.7 是否有成名的设计师不同及原因

明代椅子没有单独设计师。原因是明代封建王朝的巅峰时期，任何人工制品都服从于统治阶级彰显自己统治地位的需求，没人能在作品上签上自己的名字，所以明代椅子是工匠、文人世代积累的文化工艺结晶。

斯堪的纳维亚的设计师名家辈出，如上面提到的丹麦的汉斯·瓦格纳（Hans Wegner）、雅各布森（Arne Jacobsen）、克兰特（Kaare Klint），瑞典的马姆斯登（Carl Malmsten）和马特逊（Bruno Mathsson）、芬兰的阿尔瓦·阿尔托（Alvar Aalto）。

结 论

由此可见，斯堪的纳维亚家具与明代家具虽然身处时代不同，但是在设计理念上是相同的，都是为了人们的生活起居且力求简洁。

斯堪的纳维亚家具设计是现代化的，在吸收其他国家的元素、风格的同时与时俱进，形成了具有世界范围的风格，如今对世界家具的影响也是巨大的。明代家具更多的是历史性的传承，是作为历史价值的艺术品。中国家具企业琳琅满目，却没有一家是在国际上出名的，其主要原因就是中国的设计没有自己的民族特色，生硬地模仿，没有辨识度，没有创新，我国的设计师不能将民族文化、地域优势等元素运用到设计中。根本原因就是我国还没有足够重视设计理论这一块的发展，因而不能打开国内和国际市场。斯堪的纳维亚设计的成功之处值得我们借鉴与学习，日趋现代化的同时，坚守自己设计的风格、传统。这样才能设计出既具有世界化魅力、又能以自己的文化影响世界的作品。这不是单纯地复古，我国的设计只有扎根中华民族五千年文化的深厚土壤中，而不是抄袭国外，才能尽早在世界设计领域脱颖而出，实现设计界的“中国梦”。

参考文献

[1] 王受之. 世界现代设计史[M]. 北京：中国青年出版社，2002.

[2] 王受之. 白夜北欧——行走斯堪的纳维亚设计[M]. 哈尔滨：黑龙江美术出版社，2006.

[3] 张道一. 走进人化的自然：设计艺术经典论著选读［M］. 南京：东南大学出版社，2011.

[4] 王世襄. 明式家具珍赏[M]. 北京：文物出版社，2003.

[5] 陈进海，李正安. 陶瓷的现代设计[M]. 长沙：湖南美术出版社，1998.

[6] 曾坚，朱立姗. 北欧现代家具[M]. 北京：中国轻工业部出版社，2002.

[7] 张榄. 明代家具对欧洲近现代设计的影响[J]. 包装工程，2007（10）.

[8] 朱会平. 瑞典设计[M]. 北京：中国建筑工业出版社，2005.

[9] 许佳. 斯堪的纳维亚设计流派艺术风格及生活观对其影响[N]. 东南大学博士学位论文，2004.

[10]（德）波尔斯特. 北欧设计图典[M]. 北京：机械工业出版社，2009.

[11] 孙娜蒙. 北欧室内人性化设计发展研究，2007.

[12] 易晓. 北欧设计的风格与历程[M]. 武汉大学出版社，2005.

[13] 易晓，郝健. 北欧民主设计[N]. 山东工艺美术学院报，2002.

[14] 李颖. 北欧家具设计的审美特征[N]. 武汉科技学院学报，2008.

[15] 易晓. 趋同性与多元化——斯堪的纳维亚现代设计风格演变探[D]. 清华大学学位论文，2002.

[16] 薛野. 中国明代室内软装饰初探[N]. 苏州大学学位论文，2007.

致　谢

毕业论文的完成为大学四年划上了一个完美的句号，为以后做了一个很好的铺垫。

我的毕业论文题为《斯堪的纳维亚家具设计与明清家具设计的异同》。在导师的指导下，通过各种渠道（网络、图书馆）搜集相关资料。在深入学习相关知识，并且与导师沟通后，摒弃了一些无关紧要的内容，保留关键、有价值的知识。写完这篇论文让我感受到，不管是学习还是工作都要懂得沟通与合作，听取好的建议，做任何事情都要有耐心和毅力。身边的同学和朋友给了我一个很好的学习氛围，在写论文的过程中给予了我很多帮助。

这篇论文的完成要感谢×××老师的指导，还有大学四年教导我很多专业知识的任课老师。感谢所有工业与艺术设计系的老师，感谢你们四年来的指导和栽培。

10.3　工业产品设计方向毕业设计实例（设计部分）

一、《家具的创新设计》——以“坐观”设计为案例

毕业设计作品《坐观》的设计意图在于中国传统家具的传承与创新，作者在充分理解原有设计的形式与内涵、保留中国传统优良的结构工艺的基础上，巧妙融入了现代流行时尚造型元素与新材料，使之在保留古典韵味的同时，更加符合现代人的生活需求和审美。

在本案例设计过程中，传统的榫卯结构、打蜡、生漆和雕刻技法尽量保持原汁原味，在此基础上，对古典红木家具的款式、造型、色彩、功能等方面进行了改良创新，更符合人体工程学的要求和与现代生活环境相协调需要，由传统的“尊严至上”转变为“以人为本”，展现了中国传统文化中“天人合一”的思想境界，如图 10-6 所示。

图 10-6　毕业设计作品《坐观》　作者：汪海龙

二、工业产品设计实例——某汽车品牌企业的车型设计

1．整理信息情报内容后，进行认真细致的分析研究，注重分析结果的比较评价。在这个阶段的工作中，设计师应该尽量运用各种定量、定性化的统计手段，对收集到的各类资料信息进行分析。其中各种类型的统计图表的绘制运用会起到简洁、直观的效果，帮助我们进行设计的定位，如图 10-7 所示为某汽车品牌企业的车型定位坐标图。

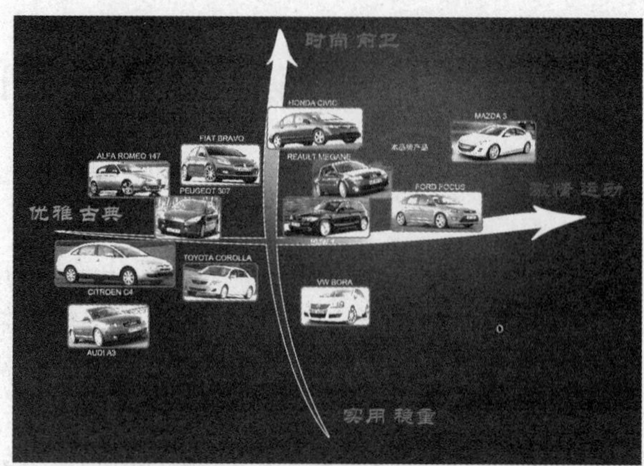

图 10-7 产品定位坐标图

2．在分析评估后，将分析结论有机融入个人创意与风格，以定位新产品的整体“概念”。这样的概念通常是以文字格式来作叙述，会将“市场定位”“目标客层”“商品的诉求”“性能的特色”等做以较为清晰的描述。例如我们口渴需要喝水，喝水要用杯子，在生活中的不同场合与情形下喝水，人的行为特点和需求是具有差异化的，在公园、在餐厅、在飞机场，喝水所使用的杯子是不同的。设计师必须明确要设计适合哪种环境下使用的“饮水用具”，同时要明确各种要实现的要求指标，其中包括功能要求指标、生产技术指标、造型及色彩方面的指标等，即要建立一个设计评价体系。

3．提出方案的概念构想，绘制构思草图

（1）使用者需求分析

只有当人们真正需要某种东西的功能时才会想要使用它，这种需求也成为设计者寻求产品外观、功能和形式上的理想解决方案的动力。如对于“居住”这一概念，不同的使用群体在特定的环境下就会产生不同的需求，这就要求设计师根据这些需求提出相应的解决方案。如果一项需求是要求自由移动方便搭建，那么你将会看到帐篷。如果有一项需求是节省空间，那么你就会看到日本的蜂窝式组合旅馆。如果有一项需求是在恶劣的寒带气候中简易地居住，那么你就会看到爱斯基摩人用硬雪块砌成的圆顶小屋。因此对使用者需求的分析是直接关系到设计方案成败的关键。

马斯洛提出的人的需求理论为我们研究使用者对产品的需求提供了帮助。根据马斯洛的“人的需求金字塔”我们可以知道，人们的需求是多方面、分层次的，且不同的项目需要对相应层次的需求做深入细致的分析。例如，大多数家居环境都有挂装饰画的需求，在为这种需求做设计时，我们可以看到不同的解决方案。人们为了在砖墙上挂画，往往到五金商店去购买钻机，但这仅仅是表象，通过分析不难看出，没有人需要钻机，而只是想要一个墙上的洞；也没有人想要一个洞，而只是一个装在洞里的固定装置；同样这种固定装置的目的是要挂画，以最终满足主人自我实现的满足感。在这个例子中，每一级的需求服从于一个较好的解决方案，却又成为较低一级需求的表象。因此，设计中的使用者需求分析必须抓住其行为方式的本质，才能准确地了解顾客真正意义上的需求本质，如图 10-8 所示。

此外，产品使用环境是设计师应该着力加以分析研究的地方。使用者是在特定环境下生活、工作、接受产品和服务的。同时在需求分析时也应该借助于适时创造的产品使用的虚拟环境，以深入发掘使用者对产品功能的潜在需求。如今在分析过程中，很多设计师愿意借助于剪贴描绘“故事板”的方式，生动高效地寻找到使用者的需求，如图 10-9 所示。

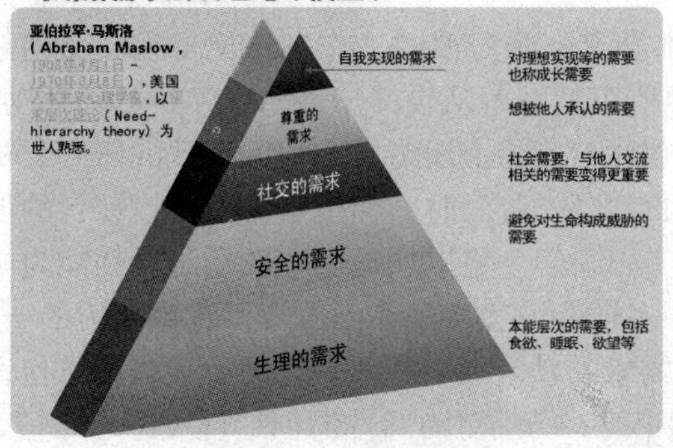

图 10-8　马斯洛需求理论图

图 10-9　产品使用情景故事版

（2）功能设计分析

产品的各个组成部分具有相应的功能，功能划分及分析研究的目的是要了解它们之间的功能内容和相互关系，这个过程实际上是透过现象来分析事物的本质，要知道，设计产品本身并不是我们的目的，它提供的功能才是其存在的目的。因此，确定功能实现的途径和手段，也就找到了设计的出发点。

我们在研究产品功能时，应该学会对组成产品功能的各个子功能进行分类研究，因其重要程度不同，在设计上区别对待。一般来说，人们习惯于将产品功能区分为基本功能和辅助功能。基本功能就是产品为用户提供的使用功能，它是产品不可缺少的重要功能。比如手表的基本功能是“指示时间”；笔的基本功能是“书写”；轿车的基本功能是“运送人员”。它们都是用户所要求的必须功能，在设计上是最应重视的。辅助功能也称二次功能，是辅助基本功能的功能，是在设计中选择了某种特定的设计构思而附加上去的功能。在保证基本功能的前提下，辅助功能是可以随设计方案的不同而加以改变的。收音机的基本功能是“播放声音信息”，而为达到这一主要功能所选择的结构、元件都是辅助功能的载体：外壳是为了防尘和保护机芯，提带是为了便于携带，发光二极管是为了指示机器的工作状态等。总之，设计师要想实现理想的方案，必须对设计目标系统中的内部诸要素进行深入研究与细致分析，以实现功能与形式的有机结合与完整统一。这里所说的“内部因素”包括产品的机能原理、结构特性、生产技术、加工工艺、形态色彩、材料等方面，如图 10-10 所示为某汽车内饰功能分析图。

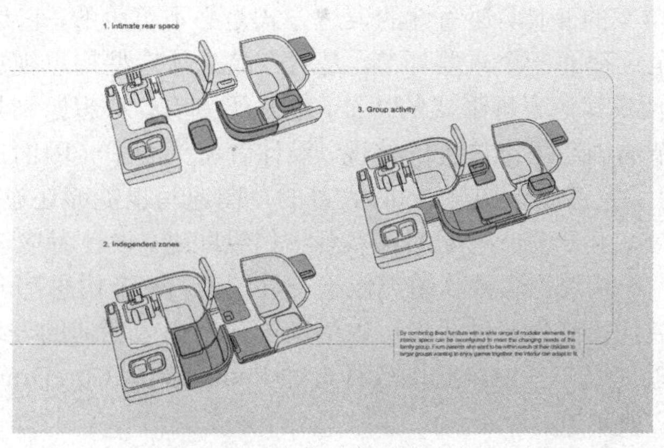

图 10-10　汽车内饰功能分析图

（3）提出各种变化方案

在提出方案前我们应当注意到，通常我们都会有一些习惯的工作方法使得我们在创新性设计过程中很容易被一些思维定势或者经验惯性所束缚，若从设计一开始就涉及具体的功能、结构等细节中，那么得出的方案就很难带来创造性的突破。上述诸方面深入细致的研究分析的结论就是我们从事物的本质入手寻找最佳方案的有力依据，同时它们也有可能给设计者的创造构思带来技术上的禁锢。因此在这个阶段，设计者必须学会将以物为中心改变为以功能为中心的研究思路。实现用户所要求的功能，可有多种多样的方案，现在的方案不过是其中的一种，虽然并不一定是一种理想的解决方案。这样，从需求与功能研究入手，有助于开阔思路使设计者的构思，使其不受现有产品方式和使用功能的束缚，产生更为感性的创造性灵感与激情，如图 10-11 所示。

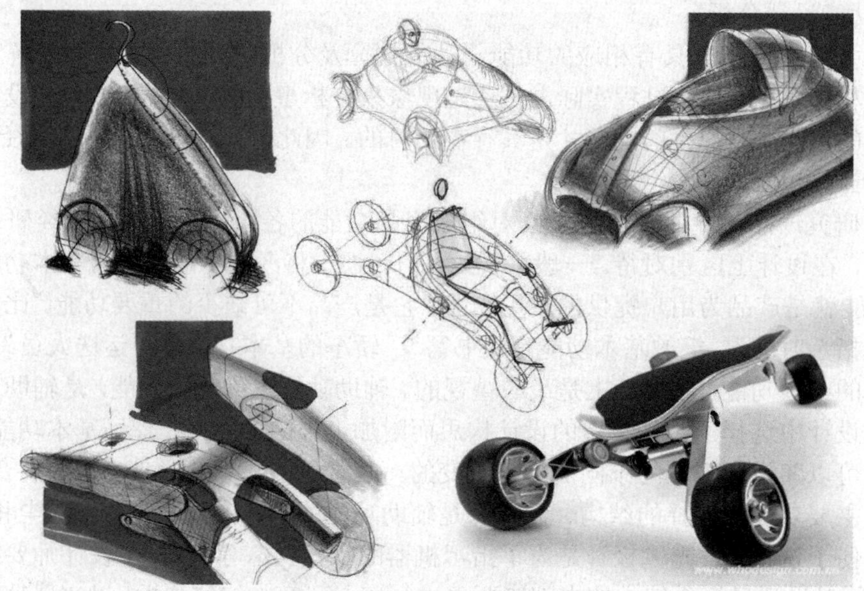

图 10-11　记录创意思路的草图

产品设计的制约因素复杂多变，设计更是一种综合性极强的工作，这就要求设计者具有创造性地运用形势法则去综合协调与解决设计目标系统内诸多因素的能力。为了高效快速地记录各种解决草案以及草案的变体，速写性的表达方式是必不可少的，它是设计者传达设计创意必备的技能，是设计全过程的一个重要环节，是对产品总体造型构思视觉化的过程。但这种专业语言具有区别于绘画或其他表现形式的特征，它从无到有，从想像到具体，是将思维物化的过程，因此是一个复杂的创造思维过程的体现。设计者将头脑中一闪而过的构思迅速、清晰地表现在纸上，主要是为了完善设计构想。同时大量的草图速写也能够在设计初期活跃设计思维，使创造性构思得以延展。由于设计初期的许多想法稍纵即逝，设计者应该随时以简单概括的图形、文字记录下任何一个构思。这种草图类似于一种图解，每个构思都表现产品设计的一个发展方向，孕育将来发展的可能性。设计者可以借助于任何高效便捷的表现工具，如钢笔、马克笔、彩色铅笔，还可以使用一些二维绘图软件，如 Photoshop、CoreDraw、painter 等手段进行快速表现，如图 10-12 所示。

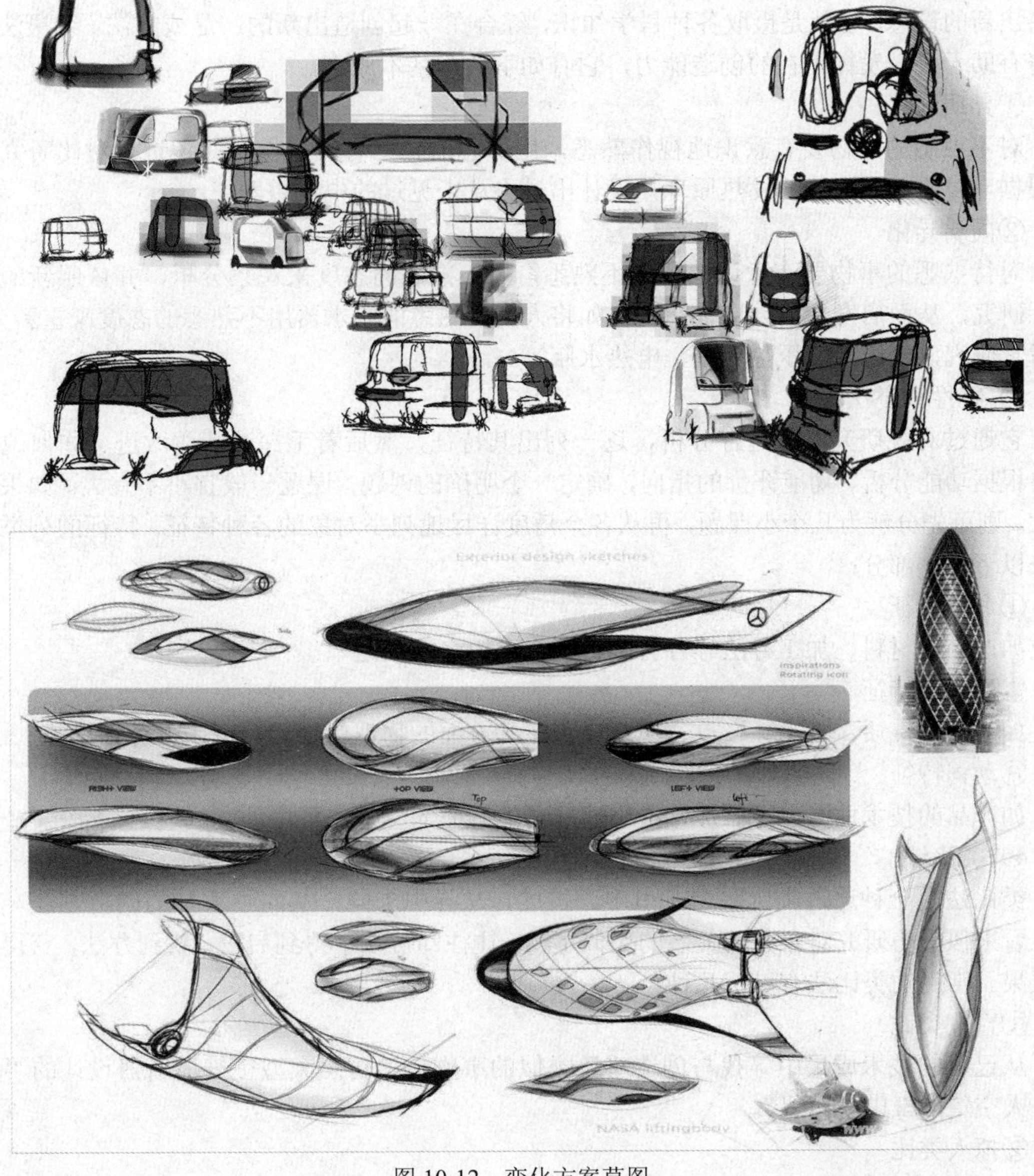

图 10-12　变化方案草图

这个阶段的主要任务是尽可能多地提出各种设想，创意设想的产生除了靠使者的灵感和经验，还有很多辅助方法。

1）大脑激荡法

大脑激荡法（BS）又称头脑风暴法，是世界上最早的创造方法，由美国人奥斯本在 1989 年首先提出。BS 法采用会议形式，在良好的创造气氛中发表意见进行集体创造，参加人数一般为 5～10 人，与会者不分职务高低，平等地、无拘束地发表见解，充分发挥想象力。通过发言，互相补充知识空隙，互相激励创意，产生新的灵感，共同进入创造的境界，从而获得大量的新设想。这里要注意，毕业设计小组成员一般在三人以下，可以邀请其他小组成员一起参加。

2）综摄法

综摄法是以已知的事物为媒介，将表面看来毫无关联、互不相同的知识要素结合起来，创造出新的设想，也就是摄取各种科学知识，综合在一起创造出新的产品或方法。综摄法的运用将有助于人们发挥潜在的创造能力，它有如下两个基本原则。

①异质同化

对不熟悉的事物要有意识地视作熟悉，用熟悉的、已有的事物和知识进行对比研究。比如根据当时原有陶瓷片的发热原理，设计出过去从未见过的电蚊香器。

②同质异化

对待熟悉的事物要有意识地视作不熟悉，用不熟悉的态度来观察分析，并依照新的理论进行研究，从而启发新的创造设想。比如将人们所熟悉的热水器用不熟悉的态度来重新分析、思考、研究，创造出气压热水瓶、电热水瓶等。

3）特性列举法

它通过对被研究对象进行分析，逐一列出其特征，然后着手探讨能否改进、如何改进。先要根据功能分析、功能评价的指向，确定一个明确的课题，课题一般宜小不宜大。如果课题较大，则可先分解为几个小课题，再从各个角度详尽地列举对象的各种特征。特征的列举一般分成以下三个部分：

①名词特征

如产品、材料、加工方法等各有其特征，可用名词表达。

②形容词特征

如产品的性质、大小、轻重、薄厚、色泽等方面的物理化特征，可用形容词描述。

③动词特征

如产品的技术性能、可靠性、维修性等功能方面的特征，可用动词描述。

4）类比法

类比法是一种通过类比联想、引申、扩展，从异中求同，从同中求异的创新方法。在表面上看来似乎与研究对象并无关系的类似事物，往往却可从中得到启发，找到办法，获得创造性成果。常用的类比法有以下几种。

①直接类比

从已有的技术成果中寻找与创造对象类似的事物，如仿照大型空气清新器设计的“颈挂式个人空气消毒电子口罩”。

②拟人类比

用创造对象模仿人的动作和特征，即“拟人化”设计，比如机械手、婴儿奶瓶。

③象征类比

从人们向往的，而在表面上看来似乎难以实现的想象中得到启发，扩展想象，如保密、防盗方面，从《天方夜谭》中阿里巴巴与四十大盗的故事中得到启发，发明了声控锁。

④因果类比

根据一种事物的因果关系推论另一事物的因果关系而创新，如根据负离子空气清新器推出负离子保健洗脚盆。

⑤综合类比

综合事物的各种相似特征进行类比，如汽车的模拟试验等。

5）设想创造法

在开发新产品时，往往通过一定的提问，发现现有事物存在的问题，找到需要改进的地方，从而激发设想与创意。

在这些辅助方法的帮助下，设计者有了设想后便可以借助排列组合的方法寻找问题解决的多种渠道，学会分解问题是提出更多方案变体的前提，将现有的主要问题分解为诸多子问题，每一个子问题可以提出相应的几种解决方案，将不同子问题的解决方案做排列组合，就会得出令人意想不到的绝佳创意。

4．方案筛选与优化

（1）“较优化”的评价方法与方案初选

人们在工业设计实践中发现，由于解决问题过程中的制约因素具有多样性和动态性，故在选择与评价设计方案时，很难确定最优化的标准。并且，在设计过程中，由于任何方案结论面对客观环境的适应性而言，也总是局部的、暂时的，这就为当前工业设计的评价目标提出了相对和暂时的原则，把这种“合理的生存方式”界定在有限的范围内，因此这种“合理”与“适应”也就是“较优化”的评价方法，如图 10-13 所示。虽然不同的项目具有不同的标准，但是一般情况下，一个好的设计应该符合下列几项标准：

①高的实用性；

②安全性能好；

③较长的使用寿命和适应性；

④符合人体工程学要求；

⑤技术和形式的特创性、合理性；

⑥环境的适应性好；

⑦使用的语义性能好；

⑧符合可持续发展的要求；

⑨造型质量高——自信的结构，造型原则的明确性；整体与局部的统一和明确性；色彩风格的流畅性。

图 10-13　产品创意方案优选

（2）方案优化——绘制带比例尺度的设计草图

在对各个草图方案及方案变体的初步评价与筛选后，选出几个可行性较强的方案，在更加严谨的限制条件下进行方案优化，这时设计师要学会严谨理性地综合考虑各种具体的制约因素，包括比例尺度、功能要求、结构限制、材料选用、工艺条件等。因此，带有比例尺度的设计草图也就显现出独特的优势。通过进行这种较为严谨的草图推敲，一方面，使得初期的方案构思得到深入延展，因为作为一种创造性活动，设计构思通过平面视觉效果图的绘制过程不断加以提高和改进。这一过程不仅锻炼延展了思维想像能力，而且诱导设计师探求、发展、完善新的形态，获得新的构思。这时的表现图绘制要求更为清晰严谨地表达出产品设计的主要信息（外观形态特征、内部构造、加工工艺与材料等），设计师可以根据个人习惯选择得心应手的工具：色粉、马克笔、签字笔、彩色铅笔等，也可以借助于各种二维绘图软件及数位绘图板等计算机辅助设计工具。另一方面，它能够有效传达设计预想的真实效果，作为下一步进行实体研讨与计算机建模研讨奠定有效的量化依据。设计者应用表现技法完整地提供产品设计有关功能、造型、色彩、结构、工艺、材料等信息，忠实客观地表现未来产品的实际面貌，如图 10-14 所示。

图 10-14 带比例尺度的设计草图

5．实体研究模型的制作

当前在计算机辅助设计导入产品设计领域的技术前提下，设计者有时为了缩短方案制作时间，往往忽视研讨实体研究模型这一过程，但是，实体研究模型的制作目的是为了把先前二维图纸上的构想转化成可以触摸与感知的三维立体形态，并在这种制作过程中进一步细化、完善设计方案。尤其是在当前先进的数字化、虚拟化技术广泛应用的前提下，设计者对于方案的感性评价知觉受到了前所未有的挑战——凡使用过计算机进行设计建模的人都会有一种莫名的迷茫，尽管现代虚拟技术下模拟的数字化模型可以在屏幕上任意修改与旋转，但真正敏感的设计师会发现那摸不着的形体在细节、质感等诸多因素上难以控制得得心应手，因为我们生活在一个物质化的世界中，我们感知与使用产品的手段是综合的，不仅仅要看到，还要听到、摸到、嗅到。实体研究模型可以让设计师在更为感性的细节问题上进行深入研讨，用自己的手去感知与创造一个更为微妙的情感物质混合体，而非冷冰冰的机器物品。故从这一点上，作为创造物质化产品的工业设计者应当更像是雕塑家，如图 10-15 所示。

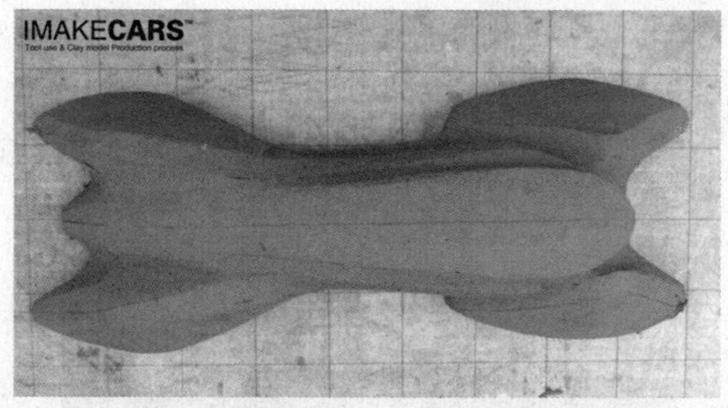

图 10-15　实体研究模型

实体研究模型制作过程是目的性较强的分析模型的过程，设计者可以根据需要就设计中的某些具体问题进行实体模型的研讨，可以专门为研究形态的变化而制作模型，也可以在选择色彩时制作模型，可以就某一工艺细节制作模型，还可以为改良功能组件的分布制作模型……由于实体模型的特殊性要求，在选材制作上应该尽量做到快速有效地达到研讨的目的，一般都选择较为容易成型的材料，如石膏、高密度发泡、油泥等。

6．构建三维数据模型并对其进行渲染与机加工

设计者在工业产品设计过程中所遇到的问题是多方面的：首先，在设计概念的表达方面，无论是设计师手工绘制的，还是借助于计算机“电子手绘图板”等实现的草图、产品三视图或效果图，都很难从全方位准确描述产品的造型信息；其次，在设计概念的评价方面，以往通过产品效果图和手工制作的产品模型，难以达到对设计方案的反复修改，且在修改过程中将消耗大量的精力、时间，同时也缺乏精确性。不过有了计算机辅助设计和辅助制造的软件的介入，这些难题便迎刃而解了，常见的如三维可视化软件 Rhino、Alias，三维参数化软件 Solidworks、PRO/E 等，如图 10-16 为 Alias 软件数据模型。

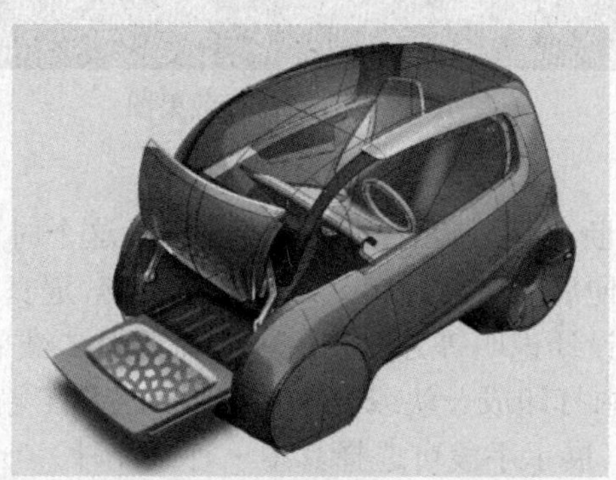

图 10-16　用 Alias 构建三维数据模型

由于计算机辅助设计和辅助制造的软件界面及功能的智能化与易操作性，使得设计者可以更加充分地发挥自己的才智与判断力，并且借助实体研究模型阶段对方案的探索，从直观的三维实体入手，获得精确的方案电子模型数据。这种方式大大提高了设计效率与精确度，而且做到三维软件之间方便地进行数据交换，使得设计方案与模型机加工输出形成有机结合，借助三维雕刻机、三维打印机等三维机加工成型设备，电子数据模型高效、精确地输出为实体仿真模型，加强了设计者与观者之间毫无障碍的沟通与交流。此外，三维数字模型经过渲染插件可

获得与真实使用环境高度相似的三维虚拟仿真效果图与动画视频，更加真实地虚拟出产品在真实使用环境下的工作情形，如图 10-17、图 10-18 所示。

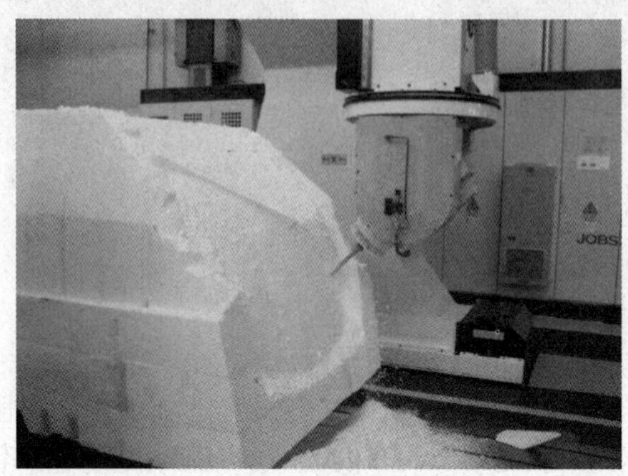

图 10-17　模型机加工制作

图 10-18　渲染仿真效果图

7．打印输出展板

经过上述诸多步骤的不断深化，设计已经基本定型，这个时候设计工作需要将整个工作成果展示给评审者与观者以便后期进行评审或进行方案交流。逼真清晰的效果图以及设计过程图、设计理念图和文字方案设计说明等方案相关内容需要经二维平面软件（如 Photoshop）排版后，按毕业设计任务书要求打印成一块或若干块展板，与加工输出的实体加工模型、实体研究模型、产品三维视频动画（展示手段可选择其中一种或几种）一起布置成毕业设计作品个人展示空间，完成整个毕业设计作品创作任务。

三、文化产品设计实例——陶瓷香薰实物制作过程

1．市场调研：前期的市场调研、数据分析、资料整合、设计定位等几项工作同上一案例。

2．制定草图方案：在草图方案中，要体现出设计的外部与内部结构关系、形态的调整、色彩方案的确立、材料的的选择、功能的体现、制作过程的环节衔接等内容。

3．绘制方案图：这个环节要细致地画出产品的外形，尺寸，如图 10-19 所示。

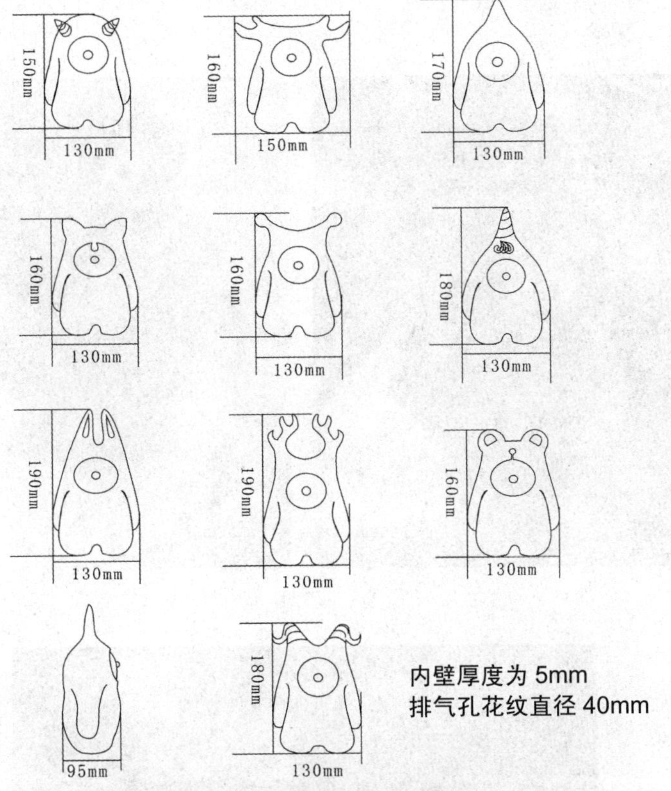

图 10-19　陶瓷香薰设计方案图

4．中期实施：中期是设计的实施阶段，包括草方案的确定，具体步骤如以下实例。如图 10-20—图 10-22 所示。

图 10-20　陶瓷狮子香薰实物制作过程（一）

图 10-21　陶瓷狮子香薰实物制作过程（二）

图 10-22　陶瓷狮子香薰实物制作过程（三）

5. 作品调整：此阶段要对产品进行细节上的刻画。以茶壶制作为例，如图 10-23、图 10-24 所示。

6. 作品完成。

图 10-23　创意茶具实物制作过程细节图

图 10-24　创意茶具实物制作过程细节

10.4　工业产品设计方向毕业设计选题领域

工业设计方向毕业设计选题应尽量结合本人在今后工作中专业上的需要，注意在理论和实践上均达到一定的水准，既具有运用知识表现设计的能力，又要符合学生的实际水平。课题不应太大，但也不能等同于一般的大型作业，要注重综合多学科知识解决实际问题的能力体现。题目难度要适中，任务量要保证中等水平，以学生在规定时间内经过努力后可以顺利完成为宜。具体要求如下：

1．毕业设计选题要符合专业培养目标，满足教学基本要求，要充分体现培养计划对基本理论、基本训练和基本能力的培养要求。

2．毕业设计应有利于学生得到较全面的训练，有利于培养学生的独立工作能力，有利于巩固、深化和扩大学生所学的知识。

3．毕业设计课题可分为实际工程和虚拟工程两个主要来源，实际工程最好选择企业的开发项目，虚拟工程可选择能代表当今设计发展水平与潮流的项目，实际工程与虚拟工程课题都应具有与毕业设计要求相符合的工作量与难度要求。

4．毕业设计选题主要由指导教师提出，学生从中选择一个题目或由学生自己根据实践中的问题自行命题。学生自行命题，必须征得指导教师同意，方能确定。

5．论文选题要以唯物主义基本原理为指南，以被科学实践反复证实的客观规律为基础，不可违背唯物主义原理和客观规律而别出心裁，异想天开，要遵循科学性，这包括：概念和理论观点要准确，不能含糊其辞；运用材料要真实可靠，推断要言之成理；反映和论断客观事物要实事求是，富有真实感。

6．工业产品毕业设计在选题上要注重产品设计的创新性和在消费市场的前瞻性，但是课题选择不应太大，要符合学生的实际能力。毕业设计课题可分为实际工程和虚拟工程两个主要来源，实际工程最好选择企业的开发项目，虚拟课题可选择能代表当今设计发展水平与潮流的项目，实际工程与虚拟工程课题都应具有与毕业设计要求相符合的工作量与难度要求。但也不能等同于一般的大型作业，要注重综合多学科知识解决实际问题的能力体现。题目难度要适中，任务量要保证中等水平，以学生在规定时间内经过努力后可以顺利完成为宜。

10.4.1　基于工业设计理念与思想的理论研究方面

选题研究领域：工业产品设计理论

题类型：理论研究

选题完成形式：设计+论文

选题参加人数：独立完成

选题准备

阅读工业设计理念与思想的理论书籍，通过网络查找相关理论文献资料。

工业产品设计大多都基于以人为本的设计观念和设计方法，它是工业产品设计理论的基本课题。产品设计的理念（如产品的仿生设计理念、绿色设计理念、人性化设计理念等）在产品设计的形式、色彩、材料与结构设计等方面有着明确的要求。

相似选题拓展：

1．心理学在交互设计中的应用
2．工业产品设计中的安全向度
3．工业设计事理学研究
4．工业产品设计中的符号学研究
5．工业产品设计的程序与方法研究
6．对工业产品中系统设计的探析
7．工业产品设计中的通用设计理念研究
8．产品语意学在工业产品设计中的应用

10.4.2　基于美学的工业产品设计理论研究方面

选题研究领域：美学与工业产品设计
选题类型：理论研究
题完成形式：设计+论文
选题参加人数：独立完成
选题准备：
阅读美学思想、中国文化理论的书籍，通过网络查找相关理论文献资料。
相似选题拓展：

1．工业产品设计中融入中国传统文化元素的研究
2．五大构成在工业产品设计中的应用
3．色彩的情感化因素在产品设计中的应用研究
4．工业产品设计中的雕塑之美
5．工业产品设计中的绿色美学研究
6．工业设计中的细节美研究
7．产品材质美的研究

10.4.3　基于工业产品生产实践方面

选题研究领域：工业产品设计实践
选题类型：设计与实现
选题完成形式：设计+论文
选题参加人数：独立完成
选题准备：
寻找到企业、公司的实习机会，通过图书馆、网络查找相关技术文献资料。
相似选题拓展：

1．工业产品的开发与创新
2．工业产品的改良设计
3．产品设计中塑料制件的选材研究
4．“绿色”工业产品设计生产与制造
5．软性材料在产品设计中的应用

6．企业产品策划专题研究
7．基于并行设计的工业产品测试设备的设计研究
8．为满足不同层次的使用者需求而设计
9．虚拟设计在新产品开发中的应用

10.4.4　基于家电产品设计实践方面

选题研究领域：家电产品设计
选题类型：设计与实现
选题完成形式：设计+论文
选题参加人数：独立完成
选题准备：

了解家电产品的目标消费人群定位与设计特征，通过网络查找相关产品图片与设计、技术资料，寻找到相关企业、公司的实习机会。

相似选题拓展：
1．电冰箱设计
2．洗衣机设计
3．豆浆机设计
4．电动工具设计
5．液晶电视设计
6．热水器设计
7．加湿器设计
8．室内空气净化器设计

10.4.5　基于生活用品设计方面

选题研究领域：生活用品设计
选题类型：设计与实现
选题完成形式：设计+论文
选题参加人数：独立完成
选题准备：

了解日常生活用品的目标消费人群定位与设计特征，通过网络查找相关产品图片与设计、技术资料，寻找到相关企业、公司的实习机会。

相似选题拓展：
1．家居产品设计
2．炊具设计
3．灯具设计
4．日用品设计
5．玩具设计

10.4.6　基于文化产品设计方面

选题研究领域：文化产品设计
选题类型：设计与实现
选题完成形式：设计+论文
选题参加人数：独立完成
选题准备：

了解文化产品的目标消费人群定位与设计特征，通过网络查找相关产品图片与设计、技术资料，寻找到相关企业、公司的实习机会。

相似选题拓展：

1．婚庆手捧花系列设计
2．皮雕表设计
3．皮雕灯设计
4．皮包设计
5．台历礼品设计
6．陶艺茶具设计
7．陶艺狮子香薰炉设计
8．文化用品设计
9．家居装饰品设计
10．玉器设计
11．礼品设计
12．首饰设计

10.4.7　基于 3C 产品设计方面

选题研究领域：3C 产品设计
选题类型：设计与实现
选题完成形式：设计+论文
选题参加人数：独立完成
选题准备：

了解 3C 的目标消费人群定位与设计特征，通过网络查找相关产品图片与设计、技术资料，寻找到相关企业、公司的实习机会。

相似选题拓展：

1．手机设计
2．家用电脑产品设计
3．笔记本电脑设计
4．投影仪设计
5．网络音箱设计
6．数码相机设计

10.4.8 基于交通工具设计方面

选题研究领域：交通工具设计
选题类型：设计与实现
选题完成形式：设计+论文
选题参加人数：独立完成
选题准备：

了解交通工具产品的设计特征，通过网络查找相关产品图片与设计、技术资料，寻找到相关企业、公司的实习机会。

相似选题拓展：

1．自行车设计
2．电动滑板车设计
3．汽车设计
4．飞行器设计
5．游艇设计
6．景区观光车设计

10.4.9 基于 VI 设计方面

选题研究领域：VI 设计
选题类型：设计与实现
选题完成形式：设计+论文
选题参加人数：独立完成
选题准备：

了解 VI 设计特征，通过网络、电视等媒体寻找相关设计项目实际案例，寻找到相关企业、公司的实习机会。

相似选题拓展：

1．企业形象标识设计
2．企业产品包装设计
3．企业标准色设计
4．企业吉祥物设计

10.4.10 基于 UI 设计方面

选题研究领域：UI 设计
选题类型：设计与实现
选题完成形式：设计+论文
选题参加人数：独立完成
选题准备：

了解 UI 设计特征，通过网络查找相关图片与设计、技术资料，寻找到相关企业、公司的实习机会。

相似选题拓展：

1．手机操作界面设计
2．网页界面设计
3．手机系统 APP 界面设计
4．产品界面设计

10.4.11　基于公共设施设计方面

选题研究领域：公共设施设计
选题类型：设计与实现
选题完成形式：设计+论文
选题参加人数：独立完成
选题准备：

了解公共设施产品的设计特征，通过网络查找相关产品图片与设计、技术资料，寻找到相关企业、公司的实习机会。

相似选题拓展：

1．公共候车亭设计
2．公共座椅设计
3．路灯设计
4．分类垃圾桶设计
5．道路指示系统设计
6．公共充电设施设计
7．公共饮水设施设计
8．流动售货车设计

10.5　工业产品设计方向毕业设计（论文）成果最终呈现与要求

10.5.1　毕业设计提交内容

1．设计方案
2．结构设计及尺寸确定

文字说明、爆炸图、某些典型结构简图、产品外形图及主要零件施工图纸。

3．造型设计

（1）手工效果图
（2）计算机绘制效果图

4．选定造型材料和加工工艺：文字、图示说明
5．产品模型
6．设计报告书

（1）将调研和设计过程的所有资料整理、归纳、总结，并在设计报告中全面地表达设计方案。要求重点突出，清晰明了，形象直观，条理性强，引人注目。

（2）文字叙述要简练，设计简图、效果图、外形尺寸图等要能准确地表达所设计的产品。

（3）设计报告书要用 A3 纸打印后装订成册。

（4）设计报告书应包括文字说明、图表、设计草图、效果图和照片等内容。其中文字说明不少于 1000 字。

10.5.2　毕业论文提交要求

1．开题报告要按统一标准的格式排版完成，用 A4 纸打印。

2．毕业论文的内容与设计的内容必须具有关联性。

3．毕业论文原则上要求每人一题，如果确属实际需要，也可以不同的同学选择同一题目，但是论文的副标题及依附的毕业设计项目背景必须不同。

4．毕业设计论文要求不少于 5000 字，应写出 300 字左右的中文摘要并译成英文，中英文摘要要放在论文的首页。

5．要求按照期刊发表论文的格式完成。

6．论文要章节清楚，语言通顺，概念准确，力求见解独特，有严谨的因果关系，并总结论述出自己的创新理念。

7．要求一律用计算机的 A4 纸打印，项目齐全（包括：毕业设计任务书，目录，中英文摘要，正文，图形，中、外文参考书目）。

8．毕业设计（论文）分别由指导教师和学生写出评语，供答辩委员会参考。

10.5.3　毕业设计答辩要求

1. PPT：要求准备 10～15 分钟的 PPT 答辩文件。其中每页的内容要根据自己的毕业设计、毕业论文的实际感受进行阐述和论证。组成形式为图片、文字、图标等。

2．光盘刻制

（1）一级文件夹以班级、学号、姓名命名。

（2）二级文件夹设置三个文件夹。包括：

①“方案册部分”

“方案册部分”文件夹需包含的内容：排版好的全部手册内容，包括封面、封底、目录、设计说明、设计过程草图、效果图、模型实物图等。格式为排版的原始文件（.psd）和导出的 jpg 文件（dpi 像素为 150）的文件。

②“展板部分”

“展板部分”文件夹需包含的内容：排版的原始文件（.psd 文件）和导出的 jpg 文件（dpi 像素为 300）。

③效果图若采用手绘方式，需将图纸扫描保存为 dpi 像素为 300、格式为 jpg 格式的文件。

3．“毕业论文”文件夹

毕业论文以题目命名（Word 文档）。

说明：

（1）经指导老师审核通过后，方可将毕业设计文件以电子文件存入。

（2）用“毕业论文”建立文件夹，并刻录的 DVD 光盘，必须用油性记号笔在刻录光盘表面用注明“××级××毕业设计文件”、姓名、学号、毕业设计题目、指导教师。

10.5.4　毕业设计展览要求

要求布展的内容按要求准备，个人空间布局要精心设计，展示的作品摆放角度要有美感，便于观者审视，如图 10-25 所示。

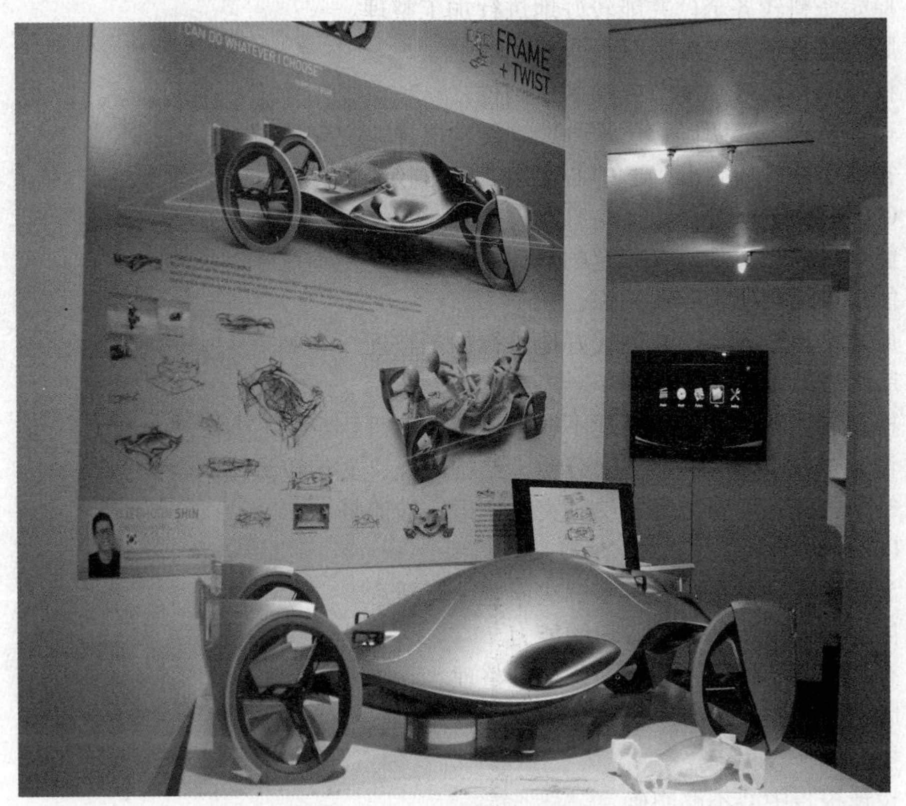

图 10-25　毕业设计作品展出

10.6　工业产品设计方向毕业设计成绩评定方法

毕业设计是对毕业生在专业知识与能力的综合检验，其评定要从多方面、多角度细化，毕业设计成绩分为优秀（90～100 分）、良好（80～89 分）、中等（70～79 分）、及格（60～69 分）、不及格（59 分以下）五等，其评定方法如下：

优秀（90～100 分）

（1）能理论联系实际，正确全面地分析和解决实际问题，功能合理，有一定的深度和新意，对实际工作和学习研究有一定的参与和价值。

（2）综合运用所学专业知识的能力强。

（3）原始资料齐全，并能运用科学方法加以整理。

（4）版面合理、美观。

（5）产品体验方案演示效果好、全面、完整或者模型制作精良，有细节处理。

（6）设计报告中心突出、层次分明、结构严谨、文句流畅。

（7）答辩中仪态大方、回答问题正确、中心突出、语言流畅。

良好（80～89分）

（1）能较好地理论联系实际，有一定的创意能力。

（2）综合运用所学专业知识的能力较强。

（3）原始资料较齐全，并能较好地进行加工整理。

（4）版面较合理、美观。

（5）模型制作较好，细节处理基本到位。

（6）设计报告中心明确、层次分明、结构严谨、文句较流畅。

（7）答辩中回答问题准确、中心突出、语言较流畅。

中等（70～79分）

（1）能理论联系实际，有一定的创意能力。

（2）能综合运用所学专业知识。

（3）原始资料较齐全，并能较好地进行加工整理。

（4）版面设计干净，较合理。

（5）模型制作较好，细节处理不够。

（6）设计报告中心明确、层次分明、结构严谨、文句较流畅。

（7）答辩中回答问题准确、中心突出、语言较流畅。

及格（60～69分）

（1）尚能理论联系实际分析和解决问题，有新意。

（2）尚能够运用所学专业知识的能力。

（3）有一些原始资料，做了一些加工整理。

（4）版面制作一般。

（5）模型制作较粗糙。

（6）设计报告中心不够明确。

（7）答辩中大致能回答问题，或有错误，经提示后能改正。

不及格（59分以下）

（1）不能理论联系实际分析和解决问题，功能混乱不合理。

（2）不能够运用所学专业知识。

（3）无原始资料。

（4）版面制作杂乱无序。

（5）模型制作粗糙。

（6）设计报告无中心，层次混乱不清，文句不通。

（7）答辩中基本不能回答问题，以及回答问题有严重错误，或不参与答辩。

10.7 工业产品设计方向毕业设计作品实例与欣赏

1. 家用电器产品设计实例

随着社会的发展，人们的生活越来越忙碌，日常洗衣服的家务劳动与去健身场所的健身活动往往成为一种时间和金钱上的双重奢侈。毕业设计作品《健身节能洗衣机》的创意灵感就来源于现代人日常生活中的这两个困扰。方案结合脚踏健身器与洗衣机于一体，仿生造型活泼可爱，色彩鲜艳；功能操作上，可以实现电动洗衣、脚踏洗衣、脚踏充电这三种模式，三种模式对应的健身强度各不相同，使得健身功能也趋于专业化。技术原理方面，设计操作方式为人脚踏踏板做功，通过齿轮传动传给二级带传动，带传动部分及转换装置工作，实现电能和人力的双驱动装置，简单易行。

这款健身洗衣机设计属于创意多功能产品设计，一举多得，从经济角度考虑，节约了人们的时间、空间与金钱；从环保的角度来看，节省了能源，实现了低碳的生活模式；从更深层次角度看，它是一种正能量生活方式理念，丰富了生活的内涵，如图 10-26 所示。

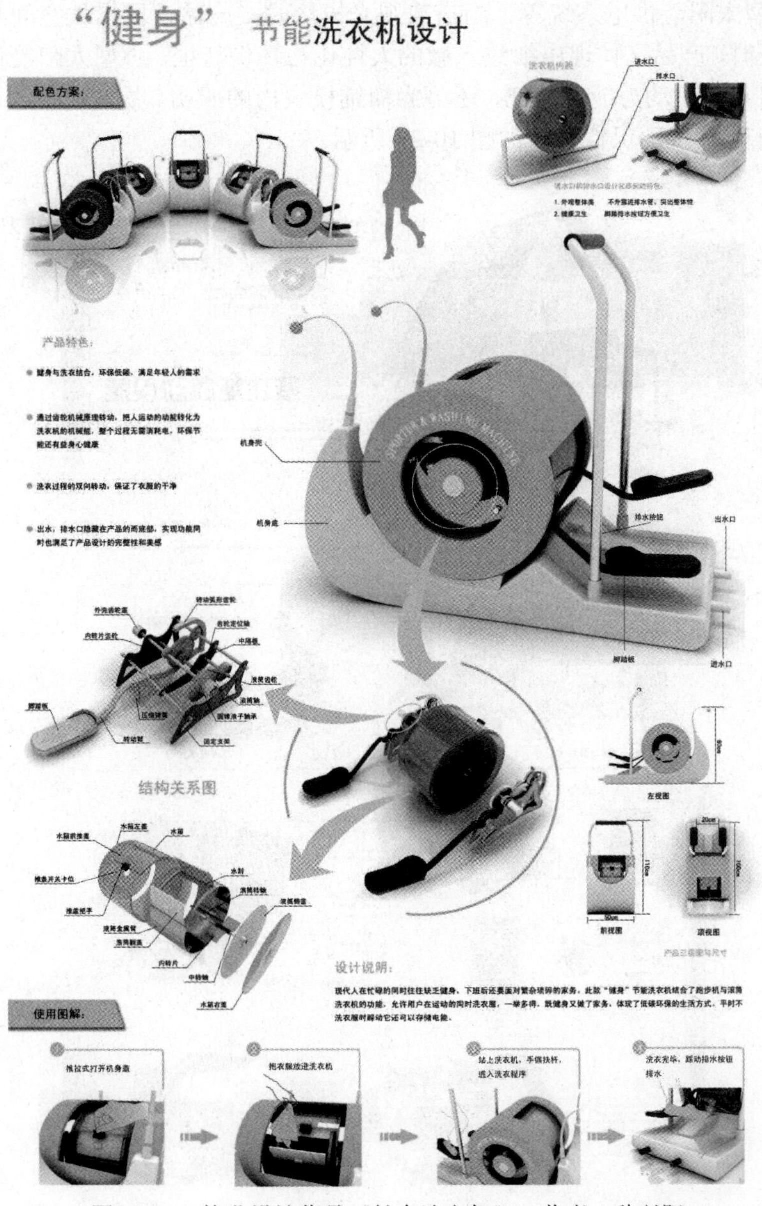

图 10-26　毕业设计作品《健身洗衣机》　作者：魏兴阳

本作品内容全部完成所用时间历时 60 天，构建三维数据模型所用软件 Rhinoceros 4.0，图像渲染所用插件为 KeyShot_2.3.2，后期处理与排版软件 Photoshop CS2。

2. 公共设施产品设计实例

一般地，公共设施是指由政府或其他社会组织提供的、给社会公众使用或享用的公共建筑或设备，按照具体的项目特点，可分为教育、医疗卫生、文化娱乐、交通、体育、社会福利与保障、行政管理与社区服务、邮政电信和商业金融服务等。而不同于以往的公共设施，毕业设计作品《多功能移动设施》则为多功能移动公共设施设计，由观光车与小型公共商业设施两种功能模块构成，形成新的创意产品。

本方案造型简洁，比例适当，色彩清新，并融入了多种科技与环保理念，如滤光玻璃、LED 照明、小型太阳能供电系统等。当搭载观光模块时，产品体现出大空间与舒适性；当搭载移动商铺模块时，产品又体现出细致入微的人性化与环保特征。小型太阳能供电系统的运用不仅为电动车自身提供动力能量补充，还可为商铺模块内的照明、炊具电器提供电力，最大限度地减少能源消耗,体现环保特征，如图 10-27 所示。

图 10-27 毕业设计作品《多功能移动设施》 作者：魏兴阳

本作品内容全部完成所用时间历时 45 天，构建三维数据模型所用软件 Rhinoceros 4.0，图像渲染所用插件为 KeyShot_2.3.2，后期处理与排版软件 Photoshop CS2。

3. 玩具设计实例

“我国的儿童约占总人口的 30%。独生子女的政策使我国儿童在家庭和社会上的地位是特殊的，据城市的调查，儿童在家庭消费的总开支中约占 40%”。可见，儿童玩具的市场需求量是很大的，玩具产品设计也越来越受到全社会的关注。

毕业设计作品《飓风》是玩具概念摩托车惯性玩具设计，设计者对市场上大量玩具产品进行调研后形成产品的定位，采用原理为带式齿发条启动式惯性设计，创造性地可实现前后轮同时驱动，或前、后轮分别独自驱动前进。玩具在被使用的过程中可以激发儿童的动手参与竞争意识，并在游戏娱乐过程中理解物理原理与机械构造，增加对科学技术原理的兴趣。本方案造型前卫新颖，色彩亮丽，材质由合金、树脂、橡胶等安全材料构成，表面柔软内芯坚固，无尖锐棱角，减小风阻性能的考虑使得产品在惯性行驶过程中加强了稳定性与持久性因素，增加了儿童在玩具娱乐中的仿真性与趣味性，如图 10-28 所示。

图 10-28　毕业设计作品《飓风》　作者：梁密飞

本作品内容全部完成所用时间历时 75 天，构建三维数据模型所用软件 Rhinoceros 4.0，图像渲染所用插件为 KeyShot_2.3.2，后期处理与排版软件 Photoshop CS。

4. 娱乐设施产品设计实例

毕业设计作品《MAGLEV》设计灵感来自于作者去科技馆参观时所看到的磁悬浮球，原理采用磁悬浮技术，产品形式上又从概念车、观景摩天轮与弹射舱游乐设施那里得到了启发，形成全新的创意设计。

现代都市人群生活压力大，在游乐场娱乐休闲时多会选择刺激性较强的极限游乐设施以发泄压抑情绪、缓解压力，而那些传统的游乐设施（如旋转木马、摩天轮、轨道脚踏车等）则受冷落，多被家长与低龄儿童选择。本方案中，作者希望用新技术手段将极限游乐项目的刺激性与传统娱乐项目的惬意结合，创造一种新的娱乐设施，让人们体验科技带来的神奇同时，也能放松身心，体验腾云驾雾之感，并且针对的目标人群比较宽泛，无过多年龄限制，安全系数高，相信会受到各类人群的喜欢，如图 10-29 所示。

图 10-29 毕业设计作品《MAGLEV》 作者：廖瑜丹

本作品内容全部完成所用时间历时 60 天，构建三维数据模型所用软件 Rhinoceros 4.0，图像渲染所用插件为 KeyShot_2.0，后期处理与排版软件 Photoshop CS2。

5. 出行工具产品设计实例

毕业设计作品《蜂族》是一款为 90 后年轻群体打造的代步电动车，取名为“蜂族”是源自目前大城市 90 后年轻人的生存现状。由于刚刚毕业步入社会，90 后群体无力应对高昂的房价而选择租房生活，而造型时尚、结构简单、价格相对低廉的代步车则成为他们继 Iphone 后的另一必备产品。除了作为出行工具，“蜂族”电动车也承载了未来年轻人的住房梦想，故造型上酷似蜂巢，亦或一座移动的房子，空间实用并具有多种网络功能，可以与时尚电子产品相接驳，借助应用程序实现以导航 APP 或驾驶 APP 操控行驶，同时与其他“同类”相联系与沟通，形成“蜂群”。群内成员可以实现互帮互助，如某个单体在行驶中电量不足时，其他附近成员可以与其靠近并结成团队实现能源补给。

除此，“蜂族”电动车的实用六边形造型还充分考虑了停车空间的利用，节约城市中有限的空间资源。随着 90 后年轻力量的崛起，“蜂族”必将引领一个新时代的潮流，如图 10-30 所示。

图 10-30　毕业设计作品《蜂族》　作者：王珍珍

本作品内容全部完成所用时间历时 55 天，构建三维数据模型所用软件 Rhinoceros 4.0，图像渲染所用插件为 KeyShot_2.0，后期处理与排版软件 Photoshop CS2。

6. 未来概念交通工具设计实例

概念设计是由分析用户需求到生成概念产品的一系列有序的、可组织的、有目标的设计活动，它表现为一个由粗到精、由模糊到清晰、由抽象到具体的不断进化的过程，通过设计概念，将设计者繁复的感性和瞬间思维上升到统一的理性思维，从而完成整个设计。工业设计中的概念设计往往是对未来世界未知领域的探索，具有一定的前瞻性与科幻感。

毕业设计作品《海洋魅力》就是伴随未来人类开发海洋世界而产生的一个未来磁动力海底高速交通工具，在远距离出行上可以替代现有飞机。造型设计上具有低风阻流线之感，有仿生意味，由于采用磁动力，车体悬浮于地面，具有超强的高速稳定性。更加值得一提的是，它的氢能量来源于海洋能源，在长距离行驶中可实现能源补给，且对地球环境无污染，如图 10-31 所示。

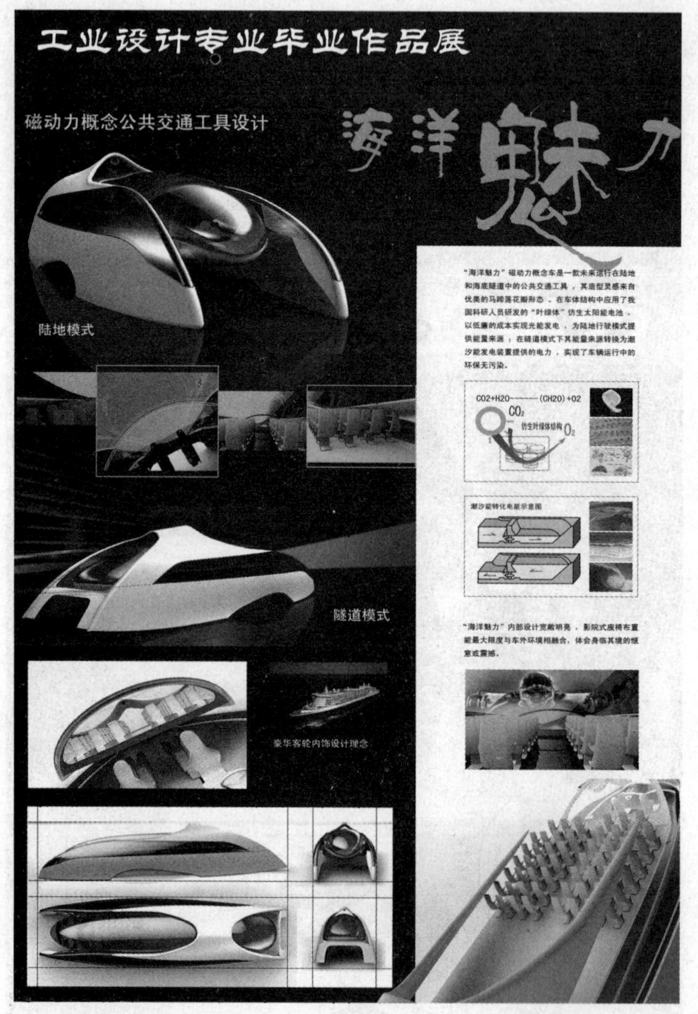

图 10-31 毕业设计作品《海洋魅力》 作者：岳振雨

本作品内容全部完成所用时间历时 65 天，构建三维数据模型所用软件 Rhinoceros 3.0，图像渲染所用插件为 KeyShot_2.0，后期处理与排版软件 Photoshop CS2。

7. 文化产品设计实例

文化产品毕业设计基本在大四的上学期就着手做准备工作，前期的工作安排主要集中在选题上，文化产品的选题方向广泛，其中主要包括：家居装饰品设计、玉器设计、陶瓷设计、礼品设计、首饰设计等几大方向，每个方向又有细致的分工，设计的产品各有风格。如图 10-32 —图 10-45 所示为文化产品毕业设计。

图 10-32　玉猪龙装饰灯设计

图 10-33　装饰皮雕挂表盘设计

图 10-34　陶瓷香薰设计

图 10-35　地域文化礼品设计

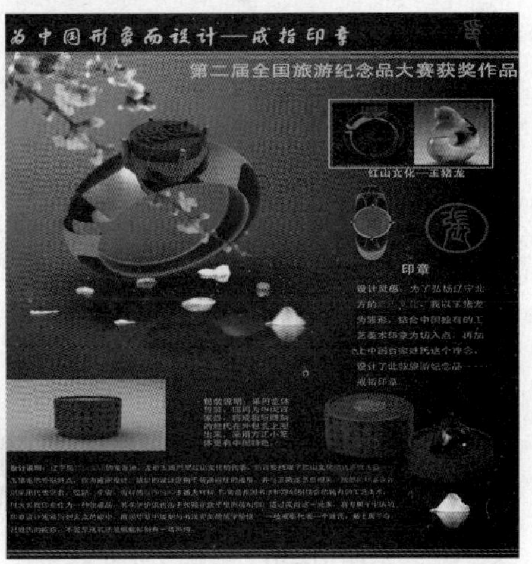

图 10-36　学生毕业设计参赛获奖作品

图 10-37　北京奥运会文化礼品设计

图 10-38　毕业设计作品——皮具包设计

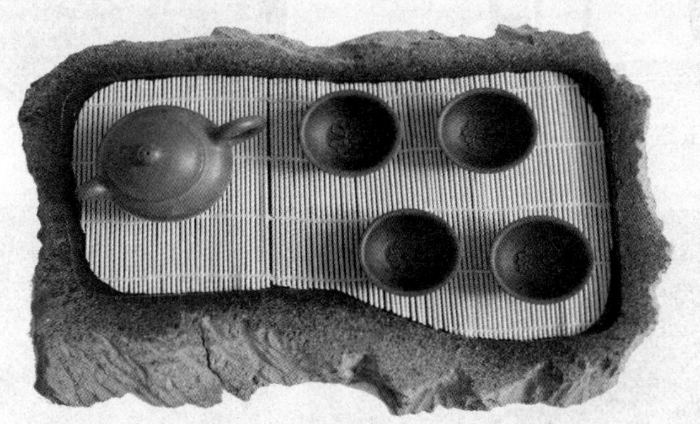

图 10-39　紫砂文化产品茶艺套组

图 10-40　地域文化礼品设计

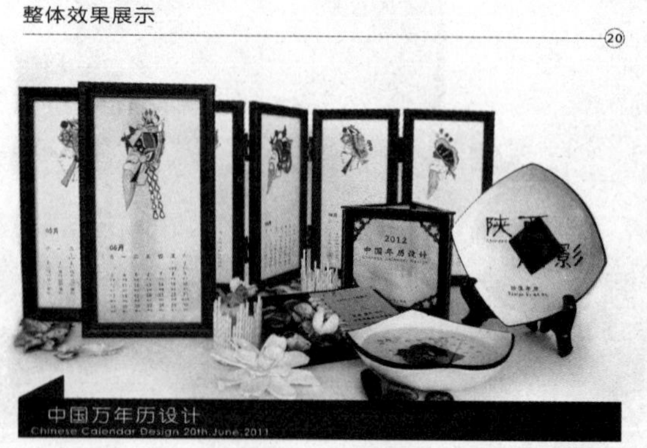

图 10-41　万年历设计

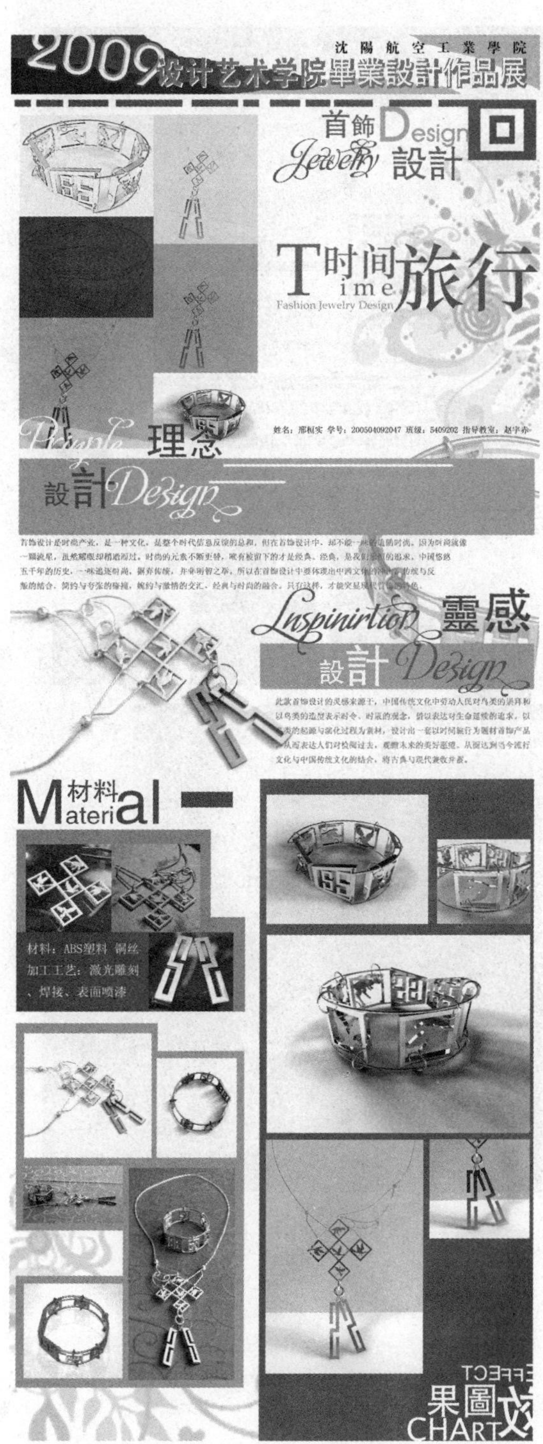

图 10-42　首饰设计　　　　图 10-43　陶瓷香薰设计

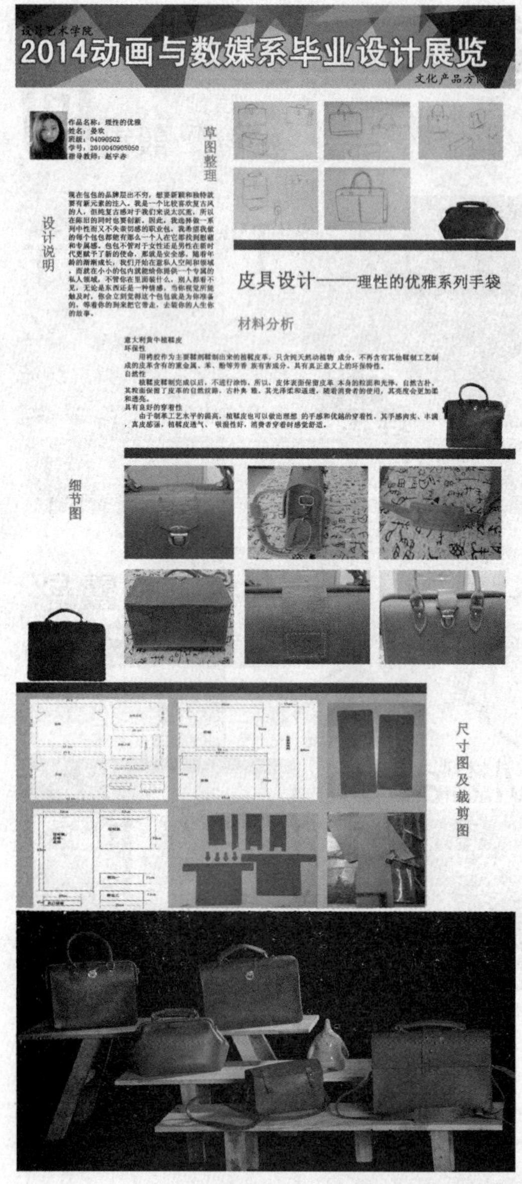

图 10-44　皮具包设计

图 10-45　文房四宝设计

参考文献

[1] 杜文洁，景秀丽．计算机专业毕业设计指导教程[M]．北京：清华大学出版社，2013．

[2] 北京服装学院．高等学校毕业设计/论文指导手册．艺术设计卷[M]．北京：中国纺织出版社，2005．

[3] 何辉，朱和平．艺术设计专业毕业论文与设计指导．长沙：湖南大学出版社，2006．

[4] 高婉炯，刘美欧．从居住模式的变迁看住宅中厨房的设计[J]．山西建筑．2008（06）．

[5] 孙娜蒙．北欧室内人性化设计发展研究．2007．

[6] 郑曙阳．室内设计资料集．北京：中国建筑工业出版社，1993．

[7] （英）边克利・麦克阿瑟．时装设计元素：造型与风格．北京：中国纺织出版社

[8] 李知非．手稿图册在服饰设计中的应用．鲁迅美术学院毕业论文．2012．

[9] （英）麦凯维・玛斯罗．时装设计：过程、创新与实践．北京：中国纺织出版，2004．

[10] 廖伦建．应用写作美学．北京：中国文史出版社，2013．

[11] 徐键主．平面广告设计，郑州：郑州大学出版社，2012．

[12] （英）伊莱扎・威廉姆斯．这就是广告．北京：中国摄影出版社，2012．

[13] （德）波尔斯特・北欧设计图典[M]．北京：机械工业出版社，2009．

[14] 陈进海，李正安．陶瓷的现代设计[M]．长沙：湖南美术出版社，1998．

[15] 朱会平．瑞典设计[M]．北京：中国建筑工业出版社．2005．